TABLES
STATISTIQUES

DES DIVERS PAYS DE L'UNIVERS

POUR L'ANNÉE 1877

PAR

G. BAGGE

PARIS
LIBRAIRIE HACHETTE ET Cie
79, BOULEVARD SAINT-GERMAIN, 79

1877

TABLES STATISTIQUES

DES DIVERS PAYS DE L'UNIVERS

POUR L'ANNÉE 1877

PAR

G. BAGGE

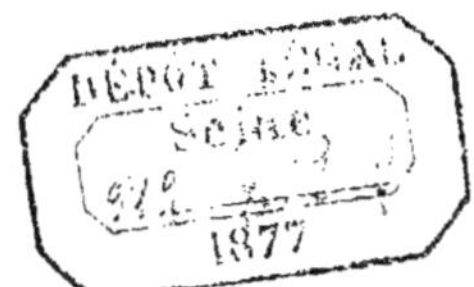

PARIS

LIBRAIRIE HACHETTE ET Cie

79, BOULEVARD SAINT-GERMAIN, 79

—

1877

TABLE DES MATIÈRES

TERRE

DIVISIONS

La terre se divise en cinq grandes parties, savoir : l'EUROPE, l'ASIE, l'AFRIQUE, l'AMÉRIQUE et l'OCÉANIE.

BUDGET

DÉPENSES. . . . . 20.895 millions de francs.
RECETTES. . . . . 20.694 millions de francs.
DETTE. . . . . 127.346 millions de francs.

COMMERCE

IMPORTATION. . . . . 36.257 millions de francs.
EXPORTATION . . . . 32.244 millions de francs.

TÉLÉGRAPHES

LIGNES . . . . 671.723 kilomètres.

CHEMINS DE FER

LIGNES (1874) 294.400 kilom.; (1860) 106.886; (1870) 211.859.

SUPERFICIE

134.617.885 kilomètres carrés (10,6 habit. |par kilom. carré).

POPULATION

1.423.917.000 habitants.

EUROPE

SITUATION ASTRONOMIQUE

36° — 71°,12′ latit. N. et 11°,54′ longit. O. — 62° longit. E.

DIVISIONS

L'Europe se divise en ÉTATS dont les 6 principaux sont désignés sous le nom de GRANDES PUISSANCES, savoir : La FRANCE, l'ALLEMAGNE, l'AUTRICHE-HONGRIE, la GRANDE-BRETAGNE et l'IRLANDE, l'ITALIE la RUSSIE. Les autres États sont : la Belgique, le Danemark, l'Espagne, la Grèce, les Pays-Bas, le Portugal, la Roumanie, la Finlande la Serbie, la Suède et la Norvége, la Suisse, la Turquie, la république d'Andorre, le duché de Liechtenstein, le Luxembourg, la principauté de Monaco, le Monténégro et la république de San-Marino.

BUDGET

DÉPENSES . . . . 14.372 millions de francs.
RECETTES . . . . 14.195 millions de francs.
DETTE . . . . 94.777 millions de francs.

COMMERCE

IMPORTATION. . . . . 27.177 millions de francs.
EXPORTATION . . . . 22.225 millions de francs.

TÉLÉGRAPHES

LIGNES . . . . 336.925 kilomètres.

CHEMINS DE FER

LIGNES : 143.039 kilomètres; (1860) 51.544; (1870) 104.955.

SUPERFICIE

9.902.149 kilomètres carrés (31.2 habitants par kilomètre carré).

POPULATION

309.178.300 habitants.

FRANCE

(RÉPUBLIQUE)   **FRANCE**   (CAP. PARIS)

SITUATION ASTRONIQUE : 51° 5′ 27″ et 42° 20′ lat. N. 7° 8′ O. et 4° 51′ 46″ long. E.

CLIMAT : TEMP. MOYENNE de l'année env. +11° c. » » de l'été +18° 2′ » » de l'hiver — 6°

PLUIE : La hauteur de la pluie qui tombe annuellement est d'environ 8 décimètres.

GOUVNEMENT
CHEF DE L'ÉTAT — POUV'EXÉCUTIF — POUV' LÉGISLAT

CHEF DE L'ÉTAT. De Mac Mahon, Marie-Edme-Patrice-Maurice, maréchal, duc de Magenta. Président nommé pour 7 ans par l'Assemblée nationale le 20 novembre 1873.

LE POUVOIR EXÉCUTIF, ADMINISTRATIF ET JUDICIAIRE est personnifié dans le président de la République. LE POUVOIR LÉGISLATIF est exercé par l'Assemblée nationale, divisée en deux chambres : *le Sénat* (300 membres) dont une partie élue (75 membres) à vie par l'Assemblée nationale, et l'autre partie (225 membres) élue pour 9 ans par les conseils municipaux. *La Chambre des députés* (532 membres), dont les membres sont élus pour 5 ans par le SUFFRAGE UNIVERSEL, selon la loi de 1849.

9 MINISTÈRES : les ministères *de la justice et des cultes, des affaires étrangères, de l'intérieur, des finances, de la guerre, de la marine et des colonies, de l'instruction publique et des beaux-arts, des travaux publics, de l'agriculture et du commerce.*

Le CONSEIL D'ÉTAT est composé : du garde des sceaux, ministre de la justice, président ; de 22 conseillers d'État en service ordinaire ; de 15 conseillers d'État en service extraordinaire ; de 24 maîtres des requêtes, d'un secrétaire général, de 30 auditeurs ; d'un secrétaire spécial du contentieux. Les ministres ont rang et séance au conseil d'État.

JUSTICE
JURID. CIVILE — JURID. CRIMIN. — JURID. SPÉCIAL — C⁰ DE CASSAT⁰

On distingue trois espèces de juridictions : I° JURIDICTION CIVILE dont la juridiction commerciale est une subdivision. Au-dessus des *tribunaux* de 1ʳᵉ instance et des *tribunaux de commerce* sont les *cours d'appel*. II° JURIDICTION CRIMINELLE : *tribunaux de simple police*, présidés par les maires ou par les juges de paix ; *tribunaux de police correctionnelle* et *cours d'assises*. Les cours d'assises sont aux chefs-lieux des départements, excepté : 1° dans les départements où la cour d'appel n'est pas au chef-lieu ; 2° Cantal (Saint-Flour), Charente-Inférieure (Saintes), Loire (Montbrison), Manche (Coutances), Meuse (Saint-Mihiel), Pas-de-Calais (Saint-Omer), Saône-et-Loire (Châlon-sur-Saône), Vaucluse (Carpentras), Marne (Reims). III° JURIDICTION SPÉCIALE, savoir : les *tribunaux administratifs*, les *tribunaux militaires*, les *conseils de discipline*. Au-dessus de tous les tribunaux est la COUR DE CASSATION.

CULTES

Trois cultes reconnus par l'État et entretenus à ses frais : le culte catholique, apostolique et romain ; le culte protestant et le culte israélite. La France se divise religieusement en 17 archevêchés et 67 évêchés suffragants. (Voir la table.)

INTÉRIEUR
DÉPARTEMENT — ARRONDISSEM. — CANTONS — COMMUNES — TÉLÉGRAPHES — BIENFAISANCE — PRISONS

La France se divise en 86 DÉPARTEMENTS : subdivisés en 362 *arrondissements*, ceux-ci en 2.865 *cantons* et les cantons en 37.500 *communes*. Chaque département est régi par un *préfet*, et chaque arrondissement par un *sous-préfet* qui réside au chef-lieu d'arrondissement ou SOUS-PRÉFECTURE. Le canton est surtout une circonscription judiciaire. La commune est administrée par le maire, les adjoints et les conseillers municipaux qui forment le *corps municipal*. Autrefois la France était divisée en 36 provinces. (Voir la table.)

TÉLÉGRAPHES. 51.615 kilomètres ; stations, 2.070 ; dépêches, 17 millions.

BIENFAISANCE. Établissements généraux de bienfaisance au nombre de 9 ; asiles publics d'aliénés, 45 ; 1 comité supérieur de protection des enfants du premier âge (siège à Paris) ; 1 comité d'inspection et de surveillance du service des enfants assistés dans chaque département (département de la Seine, 4).

PRISONS. Maisons centrales de force et de correction, 25 ; dépôt de forçats, 1 ; maisons de détention, 2 ; pénitenciers agricoles de la Corse, 3 ; colonies pénitentiaires de jeunes détenus, 5 ; prisons départementales, 59 (département de la Seine, 9).

FINANCES
DÉPENSES — RECETTES — DETTE — POSTES — MONNAIES

DÉPENSES	FR.
1° *Dette publique* (rentes, intérêts et remboursements) et dotations (traitement et frais de maison du président 1.300.000 fr.).	1.181.850.281
2° *Services généraux des ministères :*	
de la justice et des cultes (cultes, 53.727.995 fr.).	87.499.635
des affaires étrangères	11.225.500
de l'intérieur, 85.406.084 fr. (télégraphes, 15.152.500 fr.; sûreté publique, 12.141.051 fr.; prisons, 24.020.500 fr.); plus pour le gouvernement de l'Algérie, 26.808.631 fr.	112.214.715
des finances	19.823.250
de la guerre	500.058.115
de la marine (126.387.481 fr.) et des colonies.	165.893.496
de l'instruction publique et des beaux-arts (instruction, 38.220.415 fr.; beaux-arts et musées, 6.692.130 fr.).	44.912.545
de l'agriculture et du commerce.	19.156.500
travaux publics.	161.105.158
3° *Frais de perception et non-valeurs*	266.796.538
Total.	2.570.475.513

RECETTES		FR.
1° *Contributions directes* et taxes assimilées aux contributions directes		407.408.700
2° *Enregistrement*, timbre et domaines		619.489.515
3° *Produits des forêts*		58.064.680
4° *Douanes et sels*		236.933.250
5° *Contributions indirectes*		998.615.455
6° *Postes*		110.176.000
7° *Revenus et produits divers* (savoir : impôt de 3 p. 100 sur le revenu des valeurs mobilières.	35.174.000	
Produits de la télégraphie privée	16.580.000	
— universitaires	4.552.347	
— et revenus d'Algérie	23.708.100	
— des amendes	6.364.659	
— desengagements conditionnels de 1 an	18.000.000	
etc., etc.		162.341.182
Total.		2.573.028.582
DETTE : dette consolidée.		19.900.206.933
Capitaux remboursables.		3.503.000.000
Total.		23.403.206.933

POSTES. — *Lettres* (1874) 341.068.000; journaux et échantillons : 331.786.000; recettes : 110.176.000; dépenses : 71.797.000; excédant : 38.579.000 fr. La France fait partie de l'Union générale des postes.

FRANCE (SUITE)

FINANCES — MONNAIES. POIDS ET MESURES

MONNAIES. — Cinq grammes d'argent au titre de 9 dixièmes de fin constituent l'unité monétaire sous le nom de *franc*. Les autres pièces d'argent sont au titre de 835 millièmes d'argent pur et 165 millièmes d'alliage. Les monnaies d'or contiennent un dixième d'alliage et neuf dixièmes de métal pur.

Nature des Pièces en Francs		Poids droit en Grammes	Diamètre en Millimètres
Or	100	32,258	35
»	50	16,129	28
»	20	6,451	21
»	10	5,225	19
»	5	1,612	17
Argent.	5	25	37
»	2	10	27
»	1	5	23
»	0,50	2,50	18
»	0,20	1	16
Bronze.	0,10	10	30
»	0,05	5	25
»	0,02	2	20
»	0,01	1	15

POIDS ET MESURES. Le système métrique décimal a été rendu obligatoire et exclusif le 2 novembre 1801 (Voir page 84).

GUERRE — ARMÉE. DIV⁵ MILITAIR⁵⁵ PLACES FORTES (voir la table.)

ARMÉE. 450.000 hommes en temps de paix. (*Armée active*), 2.000.000 en temps de guerre, comprenant : *l'armée active, la réserve de l'armée active, l'armée territoriale et la réserve de l'armée territoriale*.

L'armée active se compose:

1° INFANTERIE (280.000 h.) 144 régiments *Infanterie de ligne*, 4 bataillons de 4 compagnies plus 2 corps de dépôt (1644 h.) 50 bataillons de *chasseurs à pied*, 4 compagnies plus 1 compagnie de dépôt (392 h.) 4 régiments de *zouaves*, 4 bataillons de 4 compagnies, plus 1 compagnie de dépôt (2.580 h.) 3 régiments de *tirailleurs* algériens, 4 bataillons de 4 compagnies. 1 *légion étrangère*, 4 bataillons de 4 compagnies. 5 *compagnies de discipline* dont 1 de pionniers et 4 de fusiliers.

2° CAVALERIE (75.000 hommes et 65.000 chevaux), 77 régiments, savoir :

12 régiments de *cuirassiers*
26 régiments de *dragons*
20 régiments de *chasseurs*
12 régiments de *hussards*
} de 5 escadrons, 850 hommes et 710 chevaux.

4 régiments de *chasseurs d'Afrique*, 1.057 hommes et 950 chevaux.
3 régiments de *spahis*, 1.159 hommes et 1.141 chevaux.
} à 6 escadrons.

19 escadrons d'*éclaireurs volontaires*.
8 compagnies de *cavalerie de remonte*.

3° ARTILLERIE (64.000 hommes et 60.000 chevaux), savoir : 38 régiments de 15 batteries (en moyenne 1.426 hommes et 1.513 chevaux).
2 régiments de *pontonniers* de 14 compagnies chacun.
10 compagnies d'*ouvriers d'artillerie*.
3 compagnies d'*artificiers*.
57 compagnies de *train d'artillerie* (90 hommes et 44 chevaux).

4° GÉNIE (11.000 hommes et 550 chevaux), savoir : 4 régiments de *sapeurs-mineurs*, de 5 bataillons de 4 compagnies, 1 compagnie de dépôt, 1 d'ouvriers de chemin de fer, 1 de *sapeurs-pompiers* (2193 hommes, 138 chevaux).

5° TRAIN. 20 escadrons de 5 compagnies (270 hommes, 198 chevaux).

PERSONNEL DE L'ÉTAT-MAJOR GÉNÉRAL ET DES SERVICES GÉNÉRAUX DE L'ARMÉE, 4 maréchaux, 193 généraux de division, 393 généraux de brigade. Total : 591 hommes, 983 chevaux ; service d'état-major : 556 hommes: 702 chevaux.

ÉTATS-MAJORS ET SERVICES PARTICULIERS. Pour l'artillerie (y compris 457 sous-officiers et soldats) 1.393 hommes, 560 chevaux. Pour le génie (y compris 298 sous-officiers et soldats), 1554 hommes, 266 chevaux. Corps de l'Intendance militaire, 324 hommes, 409 chevaux. Corps des officiers de santé militaires (non compris les médecins des troupes et des écoles), 525 hommes. Officiers d'administration, 1.248. Aumôniers militaires, 134. Personnel de la justice militaire, 517 hommes.

GENDARMERIE (27.014 hommes, 15.663 chevaux). Corps d'élite divisé en légions et compagnies pour le service départemental, 20.897 hommes, 12.067 chevaux ; pour le service de l'Algérie, 4 compagnies : 900 hommes, 646 chevaux ; 1 légion de gendarmerie mobile de 8 compagnies et 1 escadron, 1.205 hommes, 202 chevaux ; Garde républicaine de Paris, 3 bataillons de 8 compagnies et 1 escadron, 4.014 hommes, 752 chevaux.

SAPEURS-POMPIERS DE LA VILLE DE PARIS. 12 compagnies.

DIVISIONS MILITAIRES. — 18 *corps d'armée* et avec l'Algérie 19. Au point de vue du recrutement, la France est divisée en 18 *régions territoriales*, chacune de ces régions est commandée par le général de division qui y est établi. Chaque corps d'armée est subdivisé en 2 divisions commandées par un général de division ; les divisions sont subdivisées en brigades, commandées par un général de brigade.
L'armée territoriale forme la réserve en temps de guerre.

MARINE — MAR. DE L'ÉTAT. ARRONDISSEM⁵⁵ MARITIMES. MAR. MARCH. COLONIES

MARINE DE L'ÉTAT. — MATÉRIEL. 480 bâtiments, savoir : 148 bâtiments de combat (23 cuirassés de 1re classe, 12 de 2e classe, 10 garde-côtes cuirassés, 7 batteries flottantes cuirassées, 26 canonnières, 11 croiseurs de 1re classe, 15 de 2e, 22 de 3e et 24 avisos), 31 transports, 70 bâtiments de flottille, 124 bâtiments à voiles et 112 bâtiments de service des ports.

PERSONNEL, environ 28.400 hommes dont : 2 amiraux, 15 vice-amiraux, 30 contre-amiraux, 100 capitaines de vaisseau, 200 capitaines de frégate, 640 lieutenants de vaisseau, 1.528 enseignes et aspirants. — Ingénieurs maritimes, 129 ; ingénieurs hydrographes, 17 ; commis-ariat, 443 ; corps de santé, 557 ; aumôniers, 61 ; mécaniciens, 50 ; magasiniers, 560 ; matelots, environ 26.800 hommes ; de plus 4 régiments d'infanterie de marine, 16.000 hommes ; 1 corps d'artillerie de marine, 4.500 hommes ; corps du génie de marine ; 5 compagnies de gendarmerie et 1 compagnie d'ouvriers.

ARRONDISSEMENTS MARITIMES, 5 : Cherbourg, Brest, Lorient, Rochefort et Toulon.

MARINE MARCHANDE, I. *Cabotage* (navigation de cap en cap), pêche côtière et pêche du hareng (12.532 navires jaugeant 274.780 tonnes). II. *Navigation au long cours*. L'effectif de la marine marchande est de 15.000 navires jaugeant plus de 1 million de tonnes, dont 516 navires à vapeur jaugeant 185.000 tonnes. Sur ce total, plus de 1.500 navires sont affectés à la navigation au long cours.

COLONIES : Algérie. Sénégambie, Gabon, Réunion, Mayotte, Nossi-Bé et dépendances, Sainte-Marie (Afrique), Inde française, Cochinchine française (voir Asie), Nouvelle-Calédonie, Iles Loyalty, Iles Marquises, Ile Clepperton (voir Océanie), Guyane, Martinique, Guadeloupe et dépendances, Saint-Pierre et Miquelon (voir Amérique).

INSTRUCT⁵⁵ PUBLIQUE

I. *L'enseignement primaire* se donne dans les écoles communales (chaque commune de 500 âmes est tenue d'avoir une école de garçons et une école de filles (1872 environ).

II. *L'enseignement secondaire* se divise en enseignement secondaire classique et en enseignement industriel. L'enseignement secondaire classique est donné par l'État dans les lycées (75 avec 30.000 élèves ; par les communes dans les collèges communaux (244 avec 26.000 élèves dont 15.500 reçoivent l'enseignement classique) ; par le clergé dans les petits séminaires ; par le clergé et les laïques dans des établissements libres (environ 1.000, comptant approximativement 80.000 élèves).

III. *L'enseignement supérieur* est donné au nom de l'État par les facultés (15 facultés des lettres, 15 facultés des sciences, 11 facultés de droit, 7 facultés de théologie, 3 facultés de médecine, 3 écoles supérieures de pharmacie dans les 3 facultés de médecine et 21 écoles préparatoires de médecine et de pharmacie. Le Collège de France et le Muséum d'histoire naturelle représentent les hautes études indépendantes.

FRANCE — (SUITE)

INSTRUCTON PUBLIQUE
ÉCOLES

ÉCOLES SPÉCIALES

A Paris:
École polytechnique.
— nationale des Mines.
— des Ponts et Chaussées.
— centrale des Arts et Manufactures.
— des Chartes.
— normale supérieure.
— pratique des hautes Études.
— des Langues orientales modernes.
Conservatoire de musique et de déclamation.

Hors Paris:
3 écoles Arts et Métiers.
3 — d'Agriculture,
3 — Vétérinaires.
1 — des Mineurs.
1 — des Maîtres-Ouvriers mineurs.
1 — d'Horlogerie.
1 — d'Irrigation, Drainage, et de la Légion d'honneur.
École française à Athènes pour l'étude de la langue, de l'histoire et des antiquités grecques.

ÉCOLES MILITAIRES

Pour l'Armée:
Prytanée militaire de la Flèche.
École spéciale militaire de Saint-Cyr.
École de cavalerie de Saumur.
École d'application d'État-Major.
École d'Artillerie et du Génie.
École de Médecine et de Pharmacie militaires.
Environ 48 habit. sur 100 savent lire et écrire.

Pour la Marine:
École navale (Brest).
La frégate-école d'application.
École d'Hydrographie.
— de Médecine navale.
— de Génie maritime.
— de Pyrotechnie.
— de Dessin.
— de Maistrance.
École normale des instituteurs des mousses.

BEAUX-ARTS
École des Beaux-Arts, à Paris, à Lyon et à Dijon.
Écoles de Dessin, à Paris et dans les départements.
Académie de France, à Rome.

TRAV. PUBL.
CHEM. DE FER
P. & CHAUSSÉES
Chemins de fer: En exploitation, 28.374 kil., dont: 23.907 k. lignes d'intérêt général; 4.288 k. lignes d'intérêt local et 179 k. de lignes industrielles.
Ponts et Chaussées: 16 inspections.

COMMERCE
IMPORTATION
EXPORTATION
PORTS

MARCHANDISES	IMPORT par millions	EXPORT par millions
Matières textiles (soie, coton, laine, lin)	982	276
Peaux, crins, cuirs.	216	170
Denrées coloniales (sucre, café, cacao, thé, vanille, bois de teinture).	275	176
Métaux, minéraux (cuivre, plomb, fonte de fer, houille, bitume, soufre)	196	103
Bois.	179	50
Matières premières de l'industrie (graines oléagineuses, suif, huiles grasses, huiles d'olive, potasse).	172	89
Produits chimiques (indigo et autres couleurs).	126	157
Produits employés par l'agriculture.	471	319
Substances alimentaires (vins, liqueurs, sucre, poissons de mer, fromage, beurre, fruits, riz, viande, huile, œufs).	298	398
Céréales	266	210
Produits manufacturés (tissus de laine, de chanvre, de lin, de coton, de soie, de paille, articles de toilette, chapeaux, modes, parfumerie, machines, horlogerie).	367	1.860
Total (marchandises).	3.546	3.788
Métaux précieux	565	492
TOTAL GÉNÉRAL	4.111	4.280

PORTS. Dunkerque, Calais, Boulogne, Dieppe, le Havre, Rouen, Honfleur, Caen, Cherbourg, Granville, St-Mâlo, Lorient, Nantes, St-Nazaire, la Rochelle, Rochefort, Bordeaux, Libourne, Bayonne, Port-Vendres, Cette, Marseille, Toulon, Nice, Bastia.

SUPERFICIE
528.570 kilom. carrés, dont: 320.000 cultivés; 89.000 en forêts, et 119.570 en terrains incultes (avant 1871 la superficie était de 543.050 kil. carr.

POPULATION
NAISSANCES
MARIAGES
DÉCÈS
36.000.000 d'hab. (exactement 36.102.000) dont 35.387.705 catholiques; 580.707 protestants, israélites et autres cultes, 133.590. (70 hab. par kil. carré). Il y a 150 ans, on évaluait la population de la France à 20 millions d'hab.; en 1789, à 25 millions; en 1836, à 32 millions, et en 1866, à 38 millions.
NAISSANCES. 958.000 (1871), 966.000 (1872), 946.364 (1873), dont environ 500.000 garçons, 445.000 filles.
MARIAGES. Près de 300.000 par an, dont 255.000 en premières noces.
DÉCÈS. 793.064 (1872), 844.588 (1873).

TABLE POLITIQUE ET ADMINISTRATIVE DE LA FRANCE

36 PROVINCES	86 DÉPARTEMENTS	SUPERFICIE POPULATION habitants par kil. carré.	86 PRÉFECTURES avec leur hab. par mille.	284 Sous-Préfectures avec leurs habitants par mille — les places fortes sont indiquées par ⊔	Nos des 17 archevêchés.	17 ARCHEVÊCHÉS 67 ÉVÊCHÉS	26 COURS D'APPEL	16 ACADÉMIES	18 RÉGIONS TERRITORIALES	17 ARRONDISSEMENTS DES MINES
FLANDRE	Nord	5.680—1.447.764— 255	Lille, 158,2	⊔ Dunkerque, 34. Hazebrouck, 9. ⊔ Douai, 25. ⊔ Valenciennes, 24.7. ⊔ Cambrai, 22.9. Avesnes, 5.6.	I	CAMBRAI.	Douai.	Douai.	Lille.	1. Lille.
ARTOIS	Pas-de-Calais	6.605— 761.158— 115	Arras, 27.4.	⊔ Boulogne, 59.7. St-Omer, 22.4. Béthune, 8.4. Saint-Pol, 5.8. ⊔ Montreuil, 5.7.	I	ARRAS.	—	—	—	—
PICARDIE	Somme	6.161— 537.015— 90	Amiens, 63.8.	Abbeville, 18.2. Doullens, 4.8. Péronne, 4,2. Montdidier, 4.25.	I	AMIENS.	Amiens.	—	Amiens.	2. Paris.
NORMANDIE	Seine-Inférieure	6.053— 790.022— 133	Rouen, 102.5	⊔ Le Havre, 87. Yvetot, 8.5. ⊔ Dieppe, 20.2. Neufchâtel, 5.6.	II	ROUEN.	Rouen,	Caen.	Rouen.	5. Rouen.
	Eure	5.957— 377.874— 63	Évreux, 15.4.	Bernay, 7.3. Pont-Audemer, 6.1. Louviers, 11.4. Les Andelys, 5.4.	II	ÉVREUX.	—	—	—	—
	Calvados	5.520— 450.012— 82	Caen, 41.5.	Vire, 6.8. Bayeux, 8.6, Falaise, 8. Pont-l'Évêque, 2.9. Lisieux, 12.6.	II	BAYEUX.	Caen.	—	—	—
	Orne	6.097— 398.250— 65	Alençon. 16.1.	Domfront, 4.5. Argentan, 5.7. Mortagne, 4.9.	II	SÉEZ.	—	—	L: Mans.	—
	Manche	5.928— 544.776— 92	Saint-Lô, 9.3.	⊔ Cherbourg, 55.6. Valognes, 5.6. Coutances, 8.1. Avranches, 8.2. Mortain, 2.4.	II	COUTANCES.	—	—	—	—

56 PROVINCES	86 DÉPARTEMENTS	SUPERFICIE POPULATION habitants sur 1 kil. c.	86 PRÉFECTURES avec leurs hab. par mille.	284 SOUS-PRÉFECTRES Avec leurs habitants par mille. Les places fortes sont indiquées par ☐	N° des 17 archevêchés.	17 ARCHEVÊCHÉS 67 ÉVÊCHÉS	26 COURS D'APPEL	16 ACADÉMIES	18 RÉGIONS TERRITORIALES.	17 ARRONDISSEMENTS DES MINES
BRETAGNE	Ille-et-Vilaine	6.725— 589.532— 88	Rennes, 52	☐ St-Malo, 12.4. Fougères, 11.2. Vitré, 8.8. Redon, 6.1. Montfort, 2.2.	III	RENNES.	Rennes.	Rennes.	Rennes.	1. Rennes.
	Côtes-du-Nord	6.885— 622.295— 90	St-Brieuc, 15.3	Lannion. 6.2. Guingamp, 7.1. Loudéac, 6. Dinan, 7.7.	III	Saint-Brieuc,	—	—	—	—
	Finistère	6.721— 642.963— 96	Quimper, 13.2	☐ Brest, 66 5. Morlaix, 14.5. Chateaulin, 5.5. Quimperlé, 6.5.	III	Quimper.	—	—	Nantes.	—
	Morbihan	6.797— 590.552— 72	Vannes, 14.8	☐ Lorient, 34.7. Pontivy, 7.9. Ploërmel, 5.5.	III	Vannes.	—	—	—	—
	Loire-Inférieure	6.874— 602.206— 88	Nantes, 118.6	St-Nazaire, 17. Chateaubriant, 5.1. Ancenis, 4.4. Paimbeuf, 2.9.	XVI	Nantes.	—	—	—	5. Nantes.
ANJOU	Maine-et-Loire	7.120— 518.471— 75	Angers, 58.5	Segré, 2.9. Baugé, 5.4. Saumur, 12.6. Cholet, 13.6.	XVI	Angers.	Angers.	—	Tours.	—
MAINE	Mayenne	5.170— 550.657— 68	Laval, 26.4	Mayenne, 10.2. Château-Gontier, 7.	XVI	Laval.	—	—	Le Mans.	Rennes.
	Sarthe	6.206— 446.603— 79	Le Mans, 46	Mamers, 5.4. Saint-Calais, 5.5. La Flèche. 9.4.	XXI	Le Mans.	—	Caen.	—	—
ILE-DE-FRANCE	Seine-et-Oise	5.605— 589.180— 104	Versailles, 61.7	Mantes, 5.7. Pontoise, 6,5. Corbeil, 6. Etampes, 7.8. Rambouillet, 4.7.	XVI	Versailles.	Paris.	Paris.	Amiens, Orléans et le Mans.	Paris.
	Seine	475—2.220.060—4.675	☐ PARIS, 1.832. 78 kilom. carrés.	St-Denis, 32. Sceaux, 2.3.	IV	PARIS.	—	—	Amiens, Rouen, le Mans, Orléans.	—
	Seine-et-Marne	5.756— 341.490— 60	Melun, 11.1	Meaux, 11.2. Coulommiers, 4.5. Provins, 7.5 Fontainebleau, 11.	IV	Meaux.	—	—	Orléans.	—
	Oise	5.855— 396.804— 68	Beauvais, 15.6	Compiègne, 12.3. Clermont, 5.8. Senlis, 6.1.	V	Beauvais.	Amiens.	—	Amiens.	—
	Aisne	7.352— 552,459— 75	☐ Laon, 10.4	Saint-Quentin, 54.8. Vervins, 2.9. ☐ Soissons, 10.4. Ch.-Thierry, 6.6.	V	Soissons.	—	Douai.	—	—
CHAMPAGNE	Ardennes	5.232— 320.277— 61	☐ Mézières, 4.5	☐ Rocroy, 2.5. ☐ Sedan, 14.5. Vouziers, 5.1. Rethel, 7.1.	V	REIMS.	Nancy.	—	Châlons.	6. Troyes.
	Marne	8.180— 386.157— 47	Châlons, 16.5	Reims, 72. Sainte-Menehould, 4.2. ☐ Vitry-le-François, 7.2. Epernay, 12.9.	V	Chalons.	Paris.	Paris.	—	—
	Aube	6.001— 255.687— 45	Troyes, 58.1	Nogent-s-Seine, 5.5. Arcis-s-Aube, 2.8. Bar-s-Aube, 4.5. Bar-s-Seine, 2.8.	VII	Troyes.	—	Dijon.	—	—
	Haute-Marne	6.219— 251.196— 40	Chaumont, 8.6	Vassy. 3.1. ☐ Langres, 9.6.	VIII	Langres.	Dijon.	—	Besançon.	7. Dijon.
LORRAINE	Meuse	6.227— 284.725— 46	Bar-le-Duc, 15.2	☐ Montmédy, 2. ☐ Verdun, 10.7. Commercy, 4.2.	VI	Verdun.	Nancy.	Nancy.	Châlons.	Troyes.
	Meurthe-et-Moselle	5.244— 565.157— 70	Nancy, 55	Briey, 2. ☐ Toul, 6 9. Lunéville, 12.4.	VI	Nancy.	—	—	—	—
	Vosges	5.869— 592.988— 67	Épinal, 11.8	Neuchâteau, 5.8. Mirecourt, 5.5. St-Dié, 12.5. Remiremont, 6.5.	VI	Saint-Dié.	—	—	—	—
FRANCHE-COMTÉ	Haute-Saône	5.559— 509.088— 57	Vesoul, 7.7	Lure, 5.6. Gray, 7.	VI	BESANÇON.	Besançon.	Besançon.	Besançon.	Dijon.
	Doubs	5.227— 291.251— 56	☐ Besançon, 49.4	Montbéliard, 6.5. Beaume-lès-Dames, 2.5. Pontarlier, 5.	VI	—	—	—	—	8. Châlons-s-Saône.
	Jura	4.994— 287.634— 58	Lons-le-Saulnier 10.7	Dôle, 11.4. Poligny. 5. St-Claude, 7 1.	VIII	Saint-Claude.	—	—	—	—
BOURGOGNE	Ain	5.798— 365.200— 65	Bourg, 14.3	Gex, 2.7. Nantua, 5.4. Belley, 4.7. Trévoux, 2.7.	VI	Belley.	Lyon.	Lyon.	Amiens.	—
	Saône-et-Loire	8.551— 598.544— 70	Mâcon, 17.4	Autun, 11.7. Châlon-s-Saône, 20.4. Louhans, 4. Charolles, 5.4.	VIII	Autun.	Dijon.	—	Bourges.	—
	Côte-d'Or	38.761— 574.510— 45	Dijon, 24.6	Châtillon-s-Seine, 4.8. Semur, 5.8. Beaune, 11.2.	VIII	Dijon.	—	Dijon.	—	Dijon.

56 PROVINCES	86 DÉPARTEMENTS	SUPERFICIE	POPULATION	habitants sur 1 kil. c.	86 PRÉFECTURES (avec leurs hab. par mille)	284 SOUS-PRÉFECTURES (Avec leurs habitants par mille. Les places fortes sont indiquées par ⊞)	N°s des 17 archevêchés	17 ARCHEVÉCHÉS — 67 ÉVÉCHÉS	26 COURS D'APPEL	16 ACADÉMIES	18 RÉGIONS TERRITORIALES	17 ARRONDISSEMENTS DES MINES
LYONNAIS	Loire	4.750	530 611	116	St-Étienne, 86.5.	Roanne, 18.6. Montbrison, 6.6.	VIII	LYON.	Lyon.	Lyon.	Clermont.	9. St-Étienne.
	Rhône	2.700	670.247	240	⊞ Lyon, 561.9.	Villefranche, 11.5.	VIII	—	—	—	Besançon, Bourges, Clermont, Grenoble.	—
DAUPHINÉ	Isère	8.289	575.784	69	⊞ Grenoble, 42.7.	La Tour-du-Pin, 2.9. Vienne, 26. Saint-Marcellin, 3.5.	VIII	GRENOBLE.	Grenoble.	Grenoble.	Grenoble.	10. Chambéry.
	Drôme	6.521	520.417	49	⊞ Valence, 20.7.	Die, 5.9. Montélimar, 11.1. Nyons, 5.6.	X	VALENCE.	—	—	—	11. Marseille.
	Hautes-Alpes	5.589	118.898	24	Gap, 6.9.	⊞ Briançon, 1.9. ⊞ Embrun, 3.1.	XI	GAP.	—	—	—	Chambéry.
SAVOIE	Savoie	5.750	267.958	47	Chambéry, 19.1.	Albertville, 4.4. Moutiers, ».». St-Jean-de-Maurienne, 5.1.	IX IX	CHAMBÉRY. MOUTIERS.	Chambéry.	Chambéry.	—	—
	Haute-Savoie	4.517	275.027	65	Annecy, 11.6.	Thonon, 5.5. Bonneville, 2.2. St-Julien, ».».	IX IX	S.-JEAN-DE-MAURIENNE. ANNECY.	—	—	—	—
COMTAT-VENAISSIN	Vaucluse	3.547	265.451	74	Avignon, 35.2.	Orange, 6.6. Carpentras, 8. Apt, 4.4.	X	AVIGNᴺ.	Nîmes.	Aix.	Marseille.	Marseille.
PROVENCE	Bouches-du-Rhône	5.104	554.911	109	⊞ Marseille, 256.	Arles, 15.8. Aix, 25.1.	XI	AIX.	Aix.	—	—	—
	Var	6.083	295.757	48	⊞ Draguignan, 8.2.	Brignoles, 4.8. ⊞ Toulon, 50.8.	XI XI	MARSEILLE. FRÉJUS.	—	—	—	—
	Basses-Alpes	6.954	139.332	20	Digne, 5.5.	Barcelonnette, ».». Castellane, ».». Forcalquier, 1.8. ⊞ Sisteron, ¼.	XI	DIGNE.	—	—	—	—
COMTÉ DE NICE	Alpes-Maritimes	3.859	194.057	52	⊞ Nice, 52.4.	Puget-Théniers, ».». Grasse, 12.6.	XI	NICE.	—	—	—	—
CORSE	Corse	8.747	258.507	30	Ajaccio, 16.6.	Bastia, 17. Calvi, 2.2. Corte, 5.4. Sartène, 4.2.	XI	AJACCIO.	Bastia.	—	—	—
LANGUEDOC	Haute-Loire	4.962	308.752	62	Le Puy, ».».	Brioude, 4.5. Yssengeaux, 3.5.	XVII	LE PUY.	Riom.	Clermont.	Clermont.	12. Clermont-Ferr.
	Ardèche	5.526	380.277	69	Privas, 7.8.	Tournon, 5.4. Largentière, 5.1.	X	VIVIERS.	Nîmes.	Grenoble.	Marseille.	13. Alais.
	Lozère	5.169	135.190	26	Mende, 5.9.	Marvejols, 4.5. Florac, 1.7.	XII	MENDE.	—	Montpellier.	Montpellier.	—
	Gard	5.855	420.131	72	Nîmes, 60.1.	Le Vigan, 5.0. Alais, 16.1. Uzès, 5.1.	X	NÎMES.	—	—	Marseille.	—
	Hérault	6.198	429.878	69	Montpellier, 54.5.	Saint-Pons, 5.5. Lodève, 8.9. Béziers, 50.1.	X	MONTPELLIER.	Montpellier.	Montpellier.	Montpellier.	—
	Aude	6.313	285.927	45	Carcassonne, 25.6.	Castelnaudary, 9.5. Limoux, 5.9. Narbonne, 17.5.	XIII	CARCASSONNE.	—	—	—	—
	Tarn	5.742	352.718	61	Alby, 15.5.	Gaillac, 4. Lavaur, 4.7. Castres, 18.2.	XII	ALBY.	Toulouse.	—	—	—
	Haute-Garonne	6.289	479.562	76	Toulouse, 111.1.	Muret, 2.7. Villefranche, 2.3. Saint-Gaudens, 4.	XIII	TOULOUSE.	—	Toulouse.	Toulouse.	14. Toulouse.
ROUSSILLON	Pyrénées-Orientales	4.122	191.856	47	⊞ Perpignan, 24.4.	Prades, 5.1. Céret, 5.1.	XII	PERPIGNAN.	Montpellier.	—	Montpellier.	—
COMTÉ DE FOIX	Ariège	4.895	246.298	50	Foix, 6.7.	Pamiers, 8.7. St-Girons, 4.7.	XIII	PAMIERS.	Toulouse.	—	Toulouse.	—
GUYENNE ET GASCOGNE	Hautes-Pyrénées	4.520	235.156	52	Tarbes, 16.4.	Argelès, ».». Bagnères, 7.5.	XIV	TARBES.	Pau.	Toulouse.	Bordeaux.	—
	Gers	6.280	284.717	45	Auch, 11.5.	Condom, 5.2. Lectoure, 5. Lombez, ».». Mirande, 5.5.	XIV	AUCH.	Agen.	—	Toulouse.	16. Bordeaux.
	Tarn-et-Garonne	3.720	221.610	60	Montauban, 18.9.	Moissac, 5.1. Castel-Sarrasin, 5.1.	XIII	MONTAUBAN.	Toulouse.	—	—	—
	Aveyron	8.745	402.474	46	Rodez, 12.1.	Espalion, 5.8. Milhau, 15.1. Saint-Affrique, 7.5. Villefranche, 9.5.	XII	RODEZ.	Montpellier.	Montpellier.	Montpellier.	15. Rodez.
	Lot	5.211	281.404	54	Cahors, 15.1.	Gourdon, 2.9. Figeac, 5.6.	XII	CAHORS.	Agen.	—	Toulouse.	Toulouse.
	Dordogne	9.182	480.141	52	Périgueux, 21.9.	Nontron, 5.5. Ribérac, 3.6. Sarlat, 6.2. Bergerac, 11.7.	XV	PÉRIGUEUX.	Bordeaux.	Bordeaux.	Limoges.	17. Périgueux.
	Lot-et-Garonne	5.358	319.289	60	Agen, 16.6.	Marmande, 5.4. Villeneuve-d'Agen, 8.5. Nérac, 5.4.	XV	AGEN.	Agen.	—	Bordeaux.	—
	Gironde	9.740	705.149	72	Bordeaux, 190.7.	Le-parre, 2.2. ⊞ Blaye, 5.8. Libourne, 12.7. La Réole, 5.5. Bazas, 2.8.	XIV	BORDEAUX.	Bordeaux.	Bordeaux.	Bordeaux.	16. Bordeaux.
	Landes	9.521	300.528	52	Mt-de-Marsan, 7.4.	Dax, 8.1. Saint-Sever, 2.2.	XIV	AIRE.	Pau.	—	—	—

36 PROVINCES	86 DÉPARTEMENTS	SUPERFICIE	POPULATION	habitants sur 1 kil. c.	86 PRÉFECTURES avec leurs hab. par mille.	284 Sous-Préfectures — Avec leurs habitants par mille. Les places fortes sont indiquées par ⊠	N°s des 17 archevêchés	17 ARCHEVÊCHÉS 67 évêchés	26 COURS D'APPEL	16 ACADÉMIES	18 RÉGIONS TERRITORIALES	17 ARRONDISSEMENTS DES MINES
BÉARN	Basses-Pyrénées	7.622—	426.700—	15	Pau, 25.6	⊠ Bayonne, 22.6. Orthez, 4.8. Oloron, 7.4. Mauléon, ».».	XIV	Bayonne.	Pau.	Bordeaux.	Bordeaux.	Bordeaux.
ANGOUMOIS	Charente	5.942—	567.520—	62	Angoulême, 23.9	Ruffec, 5.2. Confolens, 2.8. Cognac, 13.7. Barbezieux, 5.9.	XV	Angoulême.	Bordeaux.	Poitiers.	Limoges.	Périgueux.
AUNIS & SAINTONGE	Charente-Inférieure	6.825—	465.520—	68	⊠ La Rochelle, 19.5	Marennes, 4.5. ⊠ Rochefort, 28.5. Saint-Jean-d'Angély, 6.8. Saintes, 12.5. Jonzac, 5.5.	XV	La Rochelle.	Poitiers.	—	Bordeaux.	--
POITOU	Vendée	6.705—	401.446—	60	La Roche-s-Yon, 8.1	Les Sables-d'Olonne, 8.1. Fontenay-le-Comte, 6.4.	XV	Luçon.	—	—	Nantes.	Nantes.
POITOU	Deux-Sèvres	5.999—	331.243—	55	Niort, 20	Bressuire, 5.1. Parthenay, 5.9. Melle, 2.2.			—	—	—	—
POITOU	Vienne	6.970—	320.598—	46	Poitiers, 28.2	Loudun, 4.1. Châtellerault, 13.4. Montmorillon, 4.1 Givray, 2.2.	XV	Poitiers.	—	—	Tours.	—
TOURAINE	Indre-et-Loire	6.415—	317.027—	52	Tours, 43.4	Loches, 5.5. Chinon, 0.5.	XVI	TOURS.	Orléans.	—	—	—
ORLÉANAIS	Loir-et-Cher	6.550—	268.801—	42	Blois, 17.5	Vendôme, 7.9. Romorantin, 7.	IV	Blois.	—	Paris.	Orléans.	—
ORLÉANAIS	Eure-et-Loir	5.874—	282.622—	48	Chartres, 19.5	Dreux, 6.7. Nogent-le-Rotrou, 6.1. Châteaudun, 5.9.	IV	Chartres.	Paris.	—	Le Mans.	Paris.
ORLÉANAIS	Loiret	6.771—	355.021—	52	Orléans, 49	Pithiviers, 4.5. Montargis, 8.2. Gien, 6.5.	IV	Orléans.	Orléans.	—	Orléans.	—
BERRI	Cher	7.199—	355.392—	47	Bourges, 31.5	Sancerre, 3.7. Saint-Amand, 8.2.	XVII	BOURGES.	Bourges.	—	Bourges.	Clermont-Ferrand
BERRI	Indre	6.795—	257.695—	41	Châteauroux, 16.9	Issoudun, 11.9. La Châtre, 4.5. Le Blanc, 4.4.	XVII	—	—	Poitiers.	Tours.	Périgueux.
MARCHE	Creuse	5.568—	274.665—	49	Guéret, 5.7	Boussac, ».». Aubusson, 5.4. Bourganeuf, 5.6.	XVII	Limoges.	Limoges.	Clermont.	Limoges.	—
LIMOUSIN	Haute-Vienne	5.516—	322.447—	58	Limoges, 48.9	Bellac, 2.7. Rochechouart, 1.8. St-Yrieix, 5.5.	XVII	—	—	Poitiers.	—	—
LIMOUSIN	Corrèze	5.866—	502.746—	52	Tulle, 15.7	Ussel, 3.8. Brive, 10.8.	XVII	Tulle.	—	Clermont.	—	—
AUVERGNE	Cantal	5.741—	251.867—	40	Aurillac, 11.1	Mauriac, 5.2. Murat, 2.9. Saint-Flour, 5.	XVII	Saint-Flour.	Riom.	—	Clermont.	Clermont-Ferrand
AUVERGNE	Puy-de-Dôme	7.950—	566.465—	71	Clermont-Ferrand, 55	Riom, 10. Thiers, 11.6. Ambert, 5.7. Issoire, 5.7.	XVII	Clermont-Ferrand.	—	—	—	—
BOURBONNAIS	Allier	7.308—	390.812—	55	Moulins, 20.4	Montluçon, 21.2. Gannat, 5.7. La Palisse, 2.8.	VII	Moulins	—	—	—	—
NIVERNAIS	Nièvre	6.816—	339.917—	50	Nevers, 22.5	Cosne, 5.1. Clamecy, 4.7. Château-Chinon, 2.	VII	Nevers.	Bourges.	Dijon.	Bourges.	—
ALSACE	⊠ Territoire de Belfort	608—	56.781—	93	»	»	»	»	»	»	»	Dinan.

(EMPIRE) ALLEMAGNE [Deutschland] (CAP. BERLIN)

SITUAT. ASTR.	47° 10' — 55° 10' lat. nord et 5° 30' — 20° 50' long. est.
CLIMAT	Température moy. à Berlin, + 8° 90; à Königsberg, + 6° 42; à Ratibor, + 7° 69; à Cologne, + 10° 07. PLUIE. La moy. de pluie qui tombe annuellement à Berlin, 59,74 centim.; à Königsberg, 60,38; à Ratibor, 57,86, et à Cologne, 59,07.

GOUVNEMENT
CHEF DE L'ÉTAT
POUV. EXÉCUT.
POUV. LÉGISLAT
BUNDESRATH
REICHSTAG

CHEF DE L'ÉTAT. Frédéric-Guillaume I, empereur d'Allemagne, roi de Prusse, né en 1797, proclamé empereur en 1871 (Maison de Hohenzollern), avènem. sur le trône de Prusse 1861. (Augusta, impératrice, reine, née en 1811; Frédéric-Guillaume, prince impérial, né en 1831). LE POUVOIR EXÉCUTIF est entre les mains de l'empereur. L'empire n'a pas de ministère, mais seulement un chancelier responsable. Le pouvoir impérial exerce exclusivement le droit de législation sur les affaires militaires de terre et de mer, sur les finances de l'Empire, sur la douane et sur le commerce allemand, sur les postes et télégraphes et sur les chemins de fer, en tant qu'ils sont jugés nécessaires dans l'intérêt de la défense du pays, sur les modifications et les développements successifs de la constitution de l'Empire. LE POUVOIR LÉGISLATIF est exercé en commun par le *Bundesrath* (Conseil fédéral) et par le *Reichstag* (diète de l'Empire). L'accord des décisions de la majorité des deux assemblées est nécessaire pour faire une loi de l'Empire. L'empereur n'a pas le droit de *veto*. La présidence (das Präsidium) appartient au roi de Prusse qui porte, en cette qualité, le titre d'Empereur allemand. — Le *Bundesrath* (Conseil fédéral) se compose des représentants des États, membres de la Confédération. Chaque État a un nombre de voix, qui n'est qu'approximativement en rapport avec la population. Total des voix 58 (Voir la *Table*). Chaque membre (États) de la Confédération peut envoyer au Bundesrath autant de représentants qu'il a de voix, mais les voix des divers représentants ne peuvent être données que dans le même sens (*einheitlich*, unitairement). — Le *Reichstag* (diète de l'Empire) est composé de membres élus par le suffrage universel direct et au scrutin secret. La loi électorale accorde un député par 100.000 âmes, l'excédant de 50.000 âmes ou moins donnant également droit à un député. (Voir la *Table*). Tout Allemand âgé de 25 ans, habitant l'Allemagne et jouissant de ses droits civils et politiques, est électeur et éligible.

JUSTICE

Le pouvoir impérial exerce la juridiction suprême en cas de contestations entre les États fédéraux, en cas de délits commis par des consuls dans l'exercice de leurs fonctions, en cas de haute trahison et de trahison envers la patrie, etc., etc.

INTÉRIEUR
ÉTATS

L'Empire allemand comprend les différents États désignés dans la Table, ainsi que ceux que des lois postérieures pourraient y ajouter (voir la *Table*). L'Allemagne forme une unité internationale qui doit une égale protection à tous les sujets de l'Empire; mais l'Allemagne constitue aussi une unité intérieure, en ce sens que les lois de l'Empire priment les lois particulières des États qui en font partie, et que la nationalité allemande prime la nationalité du pays dans lequel on est né. En qualité d'Allemand on peut s'établir dans tous les pays fédéraux.

FINANCES
DÉPENSES
RECETTES
DETTE
MONNAIES

DÉPENSES		RECETTES	
Chanc. fédérale, Cons. féd.	5.104.575	Douanes et imp. de consom.	305.286.462
Parlement	597.687	Timbre (lettres de change)	8.758.062
Affaires étrangères et consul.	6.957.819	Postes et télégraphes (brut, 149.975 250)	15.202.795
Administration militaire	395.257.172	Chemins de fer (brut, 46.425.000)	11.841.250
— de la marine	26.355.601	Banque de l'Empire	2.262.500
Offic. impér. des chemins de fer	545.612	Divers	2.554.592
Intérêts des dettes de l'Empire	3.428.575	Du fonds des invalides	56.055.764
Cour des comptes	498.082	Excédant des exercices de 1870, 74, 75	42.960.457
Tribunal sup. de com.	441.712	Monnayage	12.750.000
Pensions	29.255.926	Intérêts des capitaux de l'Empire	13.522.500
Fonds des invalides	56.055.764	Recettes extraordinaires	56.869.795
	504.056.525	Quotes-parts matricul.	89.520.269
Dépenses extraordinaires (pour l'armée 44.867.015; p. la marine, 5.961.625; p. les postes et télégr. 1.828.625; p. les ch. de fer, 22.262.992)	88.764.921	Total	592.921.246
Total	592.821.246	DETTE	50.000.000

MONNAIES. L'empire d'Allemagne a adopté l'étalon d'or. L'unité monétaire est le *mark*, appelé aussi *neumark* ou *reichsmark*. Le mark a une valeur de F. 1,25c,15. Le mark est divisé en 100 *pfennig* = F. 0,01c,25. — On : pièces de 20 (= F. 24,69), 10 et 5 marks. ARGENT : pièces de 5 (= F. 5,56), 2, 1 mark, de 50 et de 20 pfennige. NICKEL : pièces de 10 et de 5 pfennige. CUIVRE : pièces de 2 et de 1 pfennige.

GUERRE
ARMÉE
DIVISION MILIT.

Les forces militaires de l'empire se divisent en *armée, marine* et *landsturm*. Tout Allemand doit le service militaire dans l'ARMÉE pendant 12 ans, dont 3 dans l'armée active, 4 dans la réserve, 5 dans la landwehr.

Le LANDSTURM comprend tous les hommes tenus de servir et qui n'appartiennent ni à l'armée ni à la marine. Il n'est convoqué qu'en cas d'invasion du territoire de l'Empire. L'armée active est répartie en 4 inspections et se compose de 18 corps d'armée, dont le corps d'armée de la garde prussienne et 12 corps d'armée prussiens (de I à XI et XV) du corps d'armée saxon (n° XII), du corps d'armée de Wurtemberg (n° XIII) et de 2 corps d'armée bavarois (n°° I et II), du corps d'armée badois (n° XIV).

DIVISION MILITAIRE : 17 *districts de corps d'armée*. La garde se recrutant de toutes les provinces de l'État prussien ne fait pas partie de cette division. Chaque district de corps d'armée comprend 2 districts de division et 4 districts de brigade d'infanterie, comprenant eux-mêmes 4 districts de bataillons de la landwehr, divisés en districts de compagnies.

Sur pied de paix. On compte 850 bataillons d'infanterie, 465 escadrons de cavalerie, 501 batteries d'artillerie avec 1.210 canons. — 17.011 officiers; 401.659 hommes; et 97.547 chevaux.

Sur pied de guerre. L'armée se répartit : 1° en armée de campagne; 2° en troupes de dépôts; 3° en troupes de garnison. ·

EMPIRE D'ALLEMAGNE
TABLE POLITIQUE ET ADMINISTRATIVE

ÉTATS	Kilom. carrés.	Population.	Habit. par kil.	Voix pour le Bundesrath.	Députés au Reichstag.
Royaume de PRUSSE	348.359	25.772.562	74.0	17	238
— de BAVIÈRE	75.865	5.022.904	66.1	6	50
— de SAXE	14.993	2.760.342	181.4	4	28
— WURTEMBERG	19.504	1.881.505	96.4	4	18
Gd-duché de BADE	15.075	1.506.551	95.4	3	15
— de HESSE	7.678	882.349	114.9	3	9
— MECKL. SCHWÉRIN	13.304	555.754	41.5	2	6
— — STRÉLITZ	2.950	95.675	52.6	1	1
— SAXE-WEIMAR	5.636	292.953	80.5	1	5
— OLDENBOURG	6.400	519.514	49.4	1	5
Duché de BRUNSWICK	3.690	527.495	88.7	2	3
— de SAXE-MEININGEN	2.468	194.494	78.5	1	2
— de SAXE-ALTENBOURG	1.321	145.844	110.4	1	1
— SAXE COBOURG-GOTHA	1.968	182.599	92.7	1	2
— de ANHALT	2.347	215.689	91.0	1	2
Princip. de Schwarzb-Rudolstadt	942	76.676	81.4	1	1
— de Schwarzb Sondershou.	862	67.480	78.2	1	1
— de WALDECK	1.155	54.711	48.2	1	1
— de REUSS (ligne aînée)	316	46.985	148.6	1	1
— de REUSS (lig. cadette)	829	92.575	111.4	1	1
— SCHAUMBOURG-LIPPE	445	33.133	74.8	1	1
— de LIPPE	1.155	112.442	99.0	1	1
Ville libre de LUBECK	285	56.912	20.1	1	1
— de BRÊME	250	141.848	567.3	1	1
— de HAMBOURG	407	388.618	954.8	1	1
Pays de l'Emp. ALSACE-LORR.	14.512	1.529.408	105.5	?	15

ALLEMAGNE (SUITE)

GUERRE (SUITE)

TROUPES DE CAMPAGNE

	Officiers	Hommes	Chevaux	Canons
État-major	863	5.170	5.070	
Infanterie, 443 bat...	10.190	455.620	17.908	
Chasseurs, 26 bat....	572	26.676	1.046	
Cavalerie, 372 escad..	2.144	59.814	65.608	
Artillerie, 300 bat....	2.286	78.120	77.452	1.800
Pionniers, 54 comp...	555	20.917	9.647	
Train..............	844	58.451	46.017	
Administration......	216	2.826	10.864	
Total......	17.670	687.594	233.592	1.800

TROUPES DE DÉPOT

	Officiers	Hommes	Chevaux	Canons
État-major......*....	375	1.856	522	
Infanterie, 148 bat...	2.812	179.524	1.036	
Chasseurs, 26 comp...	104	8.008	26	
Cavalerie, 95 escad..	465	25.994	19.716	
Artillerie, 71 bat.....	340	13.261	5.507	426
Pionniers, 20 comp...	90	4.950	20	
Train, 37 comp.......	240	11.522	5.903	
Total......	4.426	243.095	30.530	426

TROUPES DE GARNISON

	Officiers	Hommes	Chevaux	Canons
Bureaux.............	850	40.000	1.850	
Infanterie, 295 bat...	9.424	250.244	2.044	
Chasseurs, 26 comp...	104	6.500	26	
Cavalerie, 144 escad..	828	22.968	25.580	
Artillerie, 54 bat. et 232 comp.	1.570	54.832	8.114	524
Pionniers, 48 comp...	551	8.558		
Total......	10.107	353.102	7.414	524
Total général..	**32.203**	**1.283.791**	**301.536**	**2.550**

Total général.. 32.203 1.283.791 301.536 2.550 officiers et soldats et 68 aides d'hôpital. *Infanterie* 40 officiers et 1,111 sous-officiers et soldats. En outre, 12 officiers de réserve et de la seewehr. *Artillerie* 17 officiers et 458 sous-officiers et soldats, en outre 6 officiers de la seewehr.

MARINE DE L'ÉTAT

VAPEURS A HÉLICE	Chevaux	Tonneaux	Can.
8 vaiss. blindés (dont 3 en const.)	48.500	34.872	91
3 corvettes dont 2 en construct.	14.200	12.440	20
2 vaisseaux cuirassés.........	2.400	2.009	7
5 canonnières cuirassées......	5.500	3.920	5
1 vaisseau de ligne..........	3.000	3.318	25
11 corvettes à pont couvert.....	27.600	24.194	181
7 corvettes à pont ras........	10.800	9.521	56
4 avisos............	5.050	2.618	6
2 yachts (dont 1 en construct.)	5.650	1.997	2
16 canonnières (dont 1 en const.)	5.050	5.556	41
4 transports (dont 2 en const.).	320	425	—
63 vapeurs..............	122.020	100.650	432
NAVIRES A VOILES			
1 frégate................		1.052	10
5 bricks...............		1.708	18
4 navires à voiles...........		2.760	28
67 bâtim. de guerre dont 20 en c..	122.050	101.410	460

En outre 10 vapeurs et 5 voiliers au service des ports et 9 navires pour la pose des mines sous-marines.

Personnel 544 officiers (dont 6 amiraux, 17 ingénieurs, 7 aumôniers, 55 officiers d'administration), 82 officiers et cadets de marine de réserve et de la *seewehr*, 2 *divisions de matelots* avec 89 officiers, 608 sous-officiers et 4,628 matelots, 1 *division de mousses* avec 1 officier, 10 sous-officiers et 400 mousses, 2 *divisions de chantiers* avec 134 officiers, 1549 sous-officiers et soldats.

COMMERCE
IMPORTATION
EXPORTATION
POIDS ET MES.
CHEM. DE FER
POSTES
TÉLÉGRAPHES
CANAUX

IMPORTATION : 4,594,250,000 fr. (céréales et farines, denrées coloniales, tabac, fruits et semences, animaux et leurs produits, combustibles, pierres et minerais, métaux bruts, produits chimiques, huiles, graisses, résines, peaux, cuirs, poils, matières textiles, tissus et vêtements, bois d'œuvre, machines et appareils, monnaies et métaux précieux, etc., etc.). EXPORTATION : 3,041,000.000 fr. (céréales et farines, animaux et leurs produits, combustibles, pierres et minerais, métaux plus ou moins travaillés, produits chimiques, peaux, cuirs, poils, matières textiles, tissus et vêtements, bois d'œuvre, bijoux et objets d'art, monnaies et métaux précieux, etc.) POIDS ET MESURES : Le système métrique est adopté dans tout l'empire allemand. Les dénominations de quelques mesures ont été changées, ou du moins on a permis de désigner : le mètre sous le nom de *stab* (aune) ; le centimètre, de *neuzoll* (nouveau pouce) ; le millimètre, de *stricht* (ligne) ; le décamètre, de *kette* (chaîne) ; le mètre carré, de *quadratstab* (aune carrée) ; le mètre cube, de *kubikstab* (aune cube) ; le litre, de *kanne* (pot) ; le demi-litre, de *schoppen* (chopine). CHEMINS DE FER : 27,984 kil., dont 12,010 à l'État ; en Prusse 16,244 kil., dont 4,237 à l'État ; autres lignes dans l'Allemagne du nord 1,709 kil., dont 127 à l'État ; en Oldenbourg 325 kil., dont 245 à l'État ; en Bavière 3,961 kil., dont 3,178 à l'État ; en Saxe 1,793 kil., dont 989 à l'État ; en Wurtemberg 1,214 kil., dont 1197 à l'État ; dans le duché de Bade 1,150 kil., dont 1,045 à l'État ; de la Hesse 715 kil., dont 139 à l'État ; en Alsace-Lorraine 870 kil., dont 856 à l'État. POSTES : Le ressort de l'administration des postes et des télégraphes de l'empire embrasse tous les États allemands, à l'exception de la Bavière et du Wurtemberg. (Voir ces deux pays.) *Bureaux de postes :* 4,734 ; bureaux des postes et télégraphes réunis 1,650 ; lettres 498,181,831 ; journaux 285,272,632 ; cartes postales 61,905,555 ; sous bandes 85,874,288 ; échantillons 47,708,601. Total 978,875,905. Paquets 60,296,022. TÉLÉGRAPHES : Bureaux 4,558, dont 1,945 à l'État et 2,595 aux chemins de fer. Lignes 132,009 kil. Dépêches 11.044,426, dont 7,114,095 à l'intérieur. CANAUX ET FLEUVES NAVIGABLES : 12,650 kilomètres dont 7,906 kil. en fleuves et rivières navigables, 2,656 en rivières flottables et 2,108 kil. en canaux.

VILLES

(Voir les différents États).

SUPERFICIE

540,651 kil. carrés, dont terres cultivées 364,598 et forêts 138,270 (79 hab. par kil. carré).

POPULATION

42,752,554 habitants, dont Allemands 37,820,000, Polonais 2,450.000, Wendes 140,000, Tchèques 50,000, Lithuaniens et Courlandais 130,000, Danois 150,000, Français et Wallons 220,000. Selon les cultes (1871) : protestants 25,580,615, catholiques romains 14,868,608, catholiques grecs 2,060, israélites 512,160, autres cultes 96,652. *Naissances* (1874) 1,752,273. *Mariages* 400,282. *Décès* 1,191,694.

ALSACE-LORRAINE

CLIMAT

La température moyenne est de + 8°52 ; moyenne de l'été + 16°89 ; de l'hiver + 0°83.
PLUIE : La moyenne de pluie qui tombe annuellement est de 67 cent. 25 m.

GOUVERNEMENT
POUVOIR EXÉC.
POUVOIR LÉGIS.

Les deux provinces sont gouvernées immédiatement par les organes de l'empire auquel elles appartiennent d'après le traité de paix signé à Francfort, le 10 mai 1871. LE POUVOIR EXÉCUTIF appartient à l'empereur. LE POUVOIR LÉGISLATIF est exercé par l'empereur, le *conseil fédéral* et le *Reichstag*. Le nombre des députés au parlement allemand est fixé à 15. L'administration du pays est placée sous la direction d'un président supérieur, assisté d'un conseil impérial siégeant à Strasbourg.

JUSTICE

6 Tribunaux civils de première instance, la cour d'appel siége à Colmar ; pour les matières commerciales on peut en appeler à la cour suprême fédérale de Leipzig (troisième instance).

CULTES

Le culte catholique a 2 évêques à la tête de l'Église (à Strasbourg et à Metz). *Le culte évangélique* a un directoire de la confession d'Augsbourg à Strasbourg, et pour l'*Église réformée* il existe 5 consistoires à Markich, à Mulhouse, à Bischweiler, à Strasbourg et à Metz ; *le culte israélite* a 3 consistoires à Strasbourg, à Colmar et à Metz.

INSTR. PUBL.

L'instruction primaire est obligatoire.

ALLEMAGNE — ALSACE-LORRAINE (SUITE)

INTÉRIEUR	Le pays est divisé administrativement en 3 districts (départements : Haute-Alsace. Basse-Alsace, Lorraine), subdivisés en cercles (arrondissements). Le préfet qui administre le département est secondé par le conseil administratif, composé des fonctionnaires supérieurs. À la tête de chaque arrondissement est un directeur ayant provisoirement les attributions d'un sous-préfet.

FINANCES
DÉPENSES
RECETTES

DÉPENSES	FR.	RECETTES	FR.
Administ. ett rais divers (dont 4,190,694 pour l'instruction publique)...........	38.495.038	Impôts, douanes, administration des forêts, etc...........................	51.584.875
Dépenses extraordinaires (dont 581,062 pour l'instruction publique)...........	16.251.585	Manufactures de tabac..............	3.141.750
Total.............	54.726.625	Total.............	54.726.625

GUERRE	Le service militaire est obligatoire.
VILLES PRIN. HAB. PAR MILLE	Strasbourg 94 habitants, Metz 46 habitants, Mulhouse 59 habitants, Haguenau 12 habitants. Markirch 12 habitants, Gebweiler 12 habitants.
SUPERFICIE	14,812 kil. carrés, dont Haute-Alsace 5,505, Basse-Alsace 4,774, Lorraine 6,235, forêts 4,580 kil. carrés (environ 105 hab. par kil. carré).
POPULAT.	1,529,408 hab., dont Haute-Alsace 452,642, Basse-Alsace 597,850 et Lorraine 478,916. Selon les cultes (1871) 1,235.495 catholiques, 270,752 protestants, 40,928 israélites et 2,865 autres sectes.

TABLE ADMINISTRATIVE

PAYS	kil.car.	populat.	hab. k.
Haute-Alsace	5.505	452.612	129 1
Basse-Alsace	4.774	597.850	125.2
Lorraine	6.235	478.916	76.8

DUCHÉ ANHALT (CAP. DESSAU)

CLIMAT	La température moyenne est de + 8°81 ; moyenne de l'été + 17°79, de l'hiver — 0°81. PLUIE : la moyenne de pluie qui tombe annuellement est de 62 cent. 15.
GOUVNEMENT CHEF DE L'ÉTAT POUVOIR EXÉC. POUVOIR LÉGIS.	CHEF DE L'ÉTAT. Léopold Frédéric, duc, né en 1831, avénement en 1871 (Antoinette, duchesse, née en 1838 ; Léopold, prince héréditaire, né en 1855). Le duché d'Anhalt est une monarchie constitutionnelle et héréditaire. LE POUVOIR EXÉCUTIF est entre les mains du duc, assisté par un ministre d'État. LE POUVOIR LÉGISLATIF est exercé par le duc et la diète (représentation du peuple), qui se compose de 56 membres, dont 12 représentent l'ordre équestre (noblesse et grands propriétaires), 12 les villes et 12 les campagnes. Les représentants de l'ordre équestre sont élus à vie par leurs pairs ; les députés des villes sont les bourgmestres des 4 principales villes et 8 bourgeois nommés, pour 6 ans, par un conseil urbain ; les députés des campagnes sont également élus, pour 6 ans, par les maires des villages. Tout citoyen âgé de 30 ans, appartenant à l'un des cultes chrétiens et habitant le pays depuis 3 ans, est éligible.
JUSTICE	La troisième instance est la cour d'appel supérieure de Iéna (en commun avec le grand-duché de Saxe, les 5 duchés de Saxe, les principautés de Reuss et de Schwarzbourg). 2ᵉ instance : tribunal supérieur. 1ʳᵉ instance : les tribunaux des cercles.
CULTES INSTR. PUBL.	Les cultes jouissent de la plus entière liberté. INSTRUCTION PUBLIQUE. Il existe 4 gymnases, 5 écoles supérieures de filles, 1 école de commerce, 5 écoles normales primaires, 335 écoles primaires et collèges municipaux.
INTÉRIEUR	Les communes s'administrent elles-mêmes, par le corps municipal, composé du bourgmestre et du conseil urbain ou rural, auquel s'ajoute, pour les affaires importantes, une assemblée de délégués.
GUERRE	L'armée se compose d'environ 2,000 habitants incorporés dans l'armée impériale.
FINANCES	DÉPENSES 9,640,000 francs. RECETTES 9,655,000 francs. DETTE 7,155,022 francs.
VILLES H.P.M.	Dessau 20, Bernbourg 17, Cœthen 15.
SUPERFICIE	2.347 kilom. carrés (91 habitants par kil. carré).
POPULAT.	213,689 habitants ; selon les cultes 118,105 protestants, 5,550 catholiques, 465 juifs et 284 d'autres cultes.

GRAND-DUCHÉ BADE [Baden] (CAP. CARLSRUHE)

CLIMAT	La température moyenne est de + 10°37 ; moyenne de l'été + 19°04 et moyenne de l'hiver + 0°48. PLUIE : la hauteur de la pluie qui tombe annuellement est de 72 cent. 31.
GOUVNEMENT CHEF DE L'ÉTAT POUVOIR EXÉC. POUVOIR LÉGIS.	CHEF DE L'ÉTAT : Frédéric, grand-duc, né en 1826, avén. en 1852 (Louise, grande-duchesse, née en 1838 ; Frédéric-Guillaume, grand duc héréditaire, né en 1857). Le duché de Bade est une monarchie constitutionnelle et héréditaire. LE POUVOIR EXÉCUTIF est confié au grand-duc, assisté d'un ministère responsable. LE POUVOIR LÉGISLATIF est partagé entre le grand-duc et la représentation du pays ou « les États » divisés en 2 chambres. *La première chambre* se compose des princes du sang, des chefs des maisons médiatisées, de l'archevêque de Fribourg, des prélats protestants, de 8 représentants de la noblesse territoriale, de 2 représentants des Universités et de 8 membres nommés à vie par le grand-duc. *La deuxième chambre* se compose de 63 membres, 22 élus par les villes et 41 par les campagnes. L'élection est à 2 degrés. Tout citoyen, âgé de 25 ans, est électeur au premier degré et est éligible comme électeur du deuxième degré. Tout citoyen, âgé de 30 ans, est éligible comme député. Le mandat de député est de 4 ans ; la Chambre est renouvelée par moitié tous les 2 ans. 4 DÉPARTEMENTS MINISTÉRIELS : les départements de la justice et des affaires étrangères, de l'intérieur, des finances et du commerce
JUSTICE	La justice a 3 instances : 1 cour suprême à Manheim, 5 cours *d'appel* à Constance, Fribourg, Oldenbourg, Carlsruhe et à Manheim. Dans chaque bailliage il y a 1 *tribunal de première instance* (Amtsgericht).
CULTES INSTR. PUBL.	La liberté des cultes est reconnue. Le culte protestant est dirigé par le conseil supérieur de l'Église protestante, le culte catholique a pour chef l'archevêque de Fribourg. Le conseil supérieur israélite est chargé des affaires de ce culte. INSTRUCTION PUBLIQUE : L'instruction primaire est obligatoire. La direction de l'instruction publique est exercée par l'État. On compte 1826 *écoles primaires ordinaires* (Volksschulen) avec environ 200,000 élèves ; 19 écoles secondaires, dont 17 confèrent une instruction principalement classique ; les 8 premières possèdent le droit de délivrer des certificats de maturité pour l'Université. Pour l'instruction supérieure 2 Universités, 1 protestante à Heidelberg et 1 catholique à Fribourg, qui ont chacune 4 facultés. La plupart des villes possèdent des écoles d'industrie (Gewerbschulen), et chaque cercle a une école agricole ; école polytechnique et école des beaux-arts à Carlsruhe.

ALLEMAGNE — BADE (SUITE)

INTÉRIEUR
DISTRICTS

Le pays est divisé en 4 DISTRICTS (voir la Table). Dans chaque district il y a un *commissaire général* (Landes-commissaire) qui surveille les administrations des bailliages et des cercles.
Administrativement, le pays est divisé en 11 *cercles* chargés de pourvoir aux affaires communes à plusieurs bailliages; ceux-ci sont subdivisés en 54 *bailliages*. Dans chaque bailliage un conseil de district (*Bezerksrath*) élu par la représentation du cercle, assiste le bailli. Le nombre des communes est de 1.584; elles ont chacune une administration communale qui est entre les mains du bourgmestre et du conseil municipal, élus par les habitants.

FINANCES
DÉPENSES
RECETTES
DETTE

DÉPENSES	FR.	RECETTES	FR.
Ministères (dont liste civile, 2.255.437, et instruction publique, 5.055.155). . . .	40.880.247	Impôts.	20.458.086
(Dépenses pour les chemins de fer, 62.029.255).		Ministères	12.855.521
DETTE.. Dette générale	60.713.955	Droits divers et douanes.	7.166.427
Dette des chemins de fer . . .	545.975.202	Total.	40.460.034
Total. . . .	404.689.157	(Recettes des chemins de fer, 78.461.560)	

GUERRE

L'armée badoise forme, avec 2 régiments prussiens d'infanterie et 1 de cavalerie, le XIVe corps d'armée de l'Empire allemand dont le *commandant en chef* réside à Carlsruhe. Le pays fournit en temps de paix 1 0/0 de la population, soit 14.550 hommes; en temps de guerre 48.000 hommes (6 régim. d'infant., 3 de cavalerie, 1 d'artillerie, 1 bataillon du génie et 1 bataillon du train).

VILLES PRINCIP
HAB. PAR MILLE

Carlsruhe, 45; Manheim, 47; Fribourg, 51; Pforzheim, 24; Heidelberg, 22; Rastadt, 12.

SUPERFICIE

15.257 kilomètres carrés, dont la partie badoise du lac de Constance, 182 kilom. carrés (99 habitants par kilom. carré).

POPULATION

1.506.551 hab.: dont selon les cultes (1871) 491.008 protest., 942.560 catholiques, 25.705 juifs, et 2.291 d'autres sectes. — *Naissances*, 60.600; *mariages*, 14.599; *décès*, 41.152.

TABLE ADMINISTRATIVE

DISTRICTS	kil. c.	populat.	hab.kil.
Constance	4.551	276.575	65 5
Fribourg	4.740	441.569	95.0
Carlsruhe	2.575	587.514	150.5
Manheim	5.594	401.475	111.7

(ROYAUME) BAVIÈRE [Bayern] (CAP. MUNICH (Munchen))

CLIMAT

La température moy. est de + 8° 50; moyenne de l'été + 17° 01; de l'hiver — 2° 08. PLUIE. La moyenne de pluie qui tombe annuellement est de 85 centimètres 22 millim.

GOUVERNEMENT
CHEF DE L'ÉTAT
POUV. EXÉCUT.
POUV. LÉGISL.

CHEF DE L'ÉTAT. Louis II, roi, né en 1845 (Maison de Wittelsbach), avèn. 1864. La Bavière est une monarchie constitutionnelle et héréditaire dans la Maison de Wittelsbach de mâle en mâle par ordre de primogéniture. Lors de l'extinction de la ligne masculine, si aucun traité de succession n'a été conclu avec une maison princière de l'Allemagne, la couronne passe à la ligne féminine. LE POUVOIR EXÉCUTIF est entre les mains du roi. LE POUVOIR LÉGISLATIF s'exerce par le roi et la diète (*landstag*) formée de 2 chambres: *la Chambre des pairs* (*Reichsræthe*), qui comprend des membres héréditaires et des membres à vie, nommés par le roi; et *la Chambre des députés* qui comprend 154 membres élus pour 6 ans par l'assemblée de la population (1 député par 31.500 hab.). Tous les citoyens majeurs qui payent une contribution directe sont électeurs primaires. Il y a un électeur secondaire par 500 hab.; ce sont les électeurs secondaires qui nomment le député. Tous les citoyens de 50 ans au moins sont éligibles. 6 MINISTERES: Les ministères de la maison du roi et des affaires étrangères, de l'intérieur, des cultes et de l'instruction publique, de la justice, des finances, de la guerre. Le *Conseil d'État* se compose du roi (comme président) et de 12 membres du service ordinaire, dont les 6 ministres et 16 membres en service extraordinaire.

JUSTICE

Il y a une *Cour d'appel supér.*, en même temps *Cour de cassation* pour le Palatinat. 1 Cour d'appel commerciale siégeant à Nuremberg. 6 Cours d'appel à Munich, Passau, Deux-Ponts, Bamberg, Nuremberg et Augsbourg. Le nombre des ressorts de première instance est de 4 à 7 par Cour d'appel.

CULTE

La liberté religieuse est reconnue, la protection de l'État ne peut être retirée à personne pour cause de religion. Les cultes reconnus par l'État sont: les cultes catholique, luthérien et réformé; les autres cultes ne peuvent être exercés publiquement que par l'autorisation du roi; les communions grecque, anglicane, israélite, etc., ne forment que des associations privées.

INSTRUCT.
PUBLIQUE

La fréquentation de l'école est obligatoire à partir de l'âge de 6 ans jusqu'à 13 ans; les enfants doivent ensuite fréquenter une école du dimanche jusqu'à leur 16e année révolue. L'instruction primaire est donnée par *les écoles allemandes* que les communes sont obligées d'établir et d'entretenir. On compte actuellement 7.200 de ces écoles. Les instituteurs sont formés dans 10 écoles normales primaires. L'instruction secondaire est donnée en premier degré dans les *écoles latines* au nombre de 96, dont 72 renferment les 4 classes normales, les autres n'en ont que 2 ou 3; et, en deuxième degré, dans les 28 gymnases qui n'ont que les 4 classes supérieures. Pour l'instruction supérieure il y a 5 universités, à Munich, Wurzbourg et Erlangen.

INTÉRIEUR
CERCLES
BIENFAISANCE

Administrativement, la Bavière est divisée en 8 CERCLES (*Kreise*), dont 7 situés sur la rive droite du Rhin et 1 sur la rive gauche (le Palatinat — voir la table). Ces cercles sont subdivisés en *districts*, et les districts en *communes locales*. Il y a 225 communes urbaines et 7.890 communes rurales.
Les cercles sont administrés par un *gouvernement* ou *comité gouvernemental*; les districts, par un conseil élu pour 5 ans, choisi parmi les membres des corps municipaux. — BIENFAISANCE. Le bien-être est assez général, puisque 2 p. 100 seulement de la population sont à la charge de la bienfaisance publique.

FINANCES
DÉPENSES
RECETTES
DETTE

DÉPENSES	FR.	RECETTES	FR.
Liste civile et apan.	6.785.588	Contributions	74.198.528
Enseignement et cultes.	24.857.846	Domaine et droits divers.	117.659.506
Armée.	51.797.777	Rég. et établ. de l'État (dont chemins de fer, 105.182.155; postes, 10.751.375; télégraphes, 1.746.995).	129.845.120
Ministère, dette publique, frais, etc. (dont chemins de fer, 67.945.987; postes, 10.059.762; télégraphes, 1.595.272). . .	258.261.745	Total.	521.700.954
		DETTE Dette générale	450.205.752
		Dette des chemins de fer . . .	910.522.886
Total.	521.700.954	Total.	1.560.726.658

POSTES: Bureaux 1.474. Lettres, etc. 149.687.476. TÉLÉGRAPHES: Bureaux 779. Lignes 7.146 kil.

GUERRE

L'armée bavaroise forme une partie à part et distincte dans l'armée de l'Empire allemand, ayant une administration indépendante qui est placée sous la souveraineté militaire de S. M. le roi de Bavière. L'armée bavaroise forme le 1er et le IIe corps d'armée fédérale, divisé chacun en 2 divisions (16 régiments d'infant., 10 bat. de chasseurs, 32 bat. de landwehr, 10 rég. de cavalerie, 4 rég. d'artillerie, 2 rég. d'artillerie à pied, 2 bat. de pionniers, 2 bat. de train). En temps de paix: infanterie, 52.687 h.; caval., 7.092; artill., 5.585; pionniers, 1.585; train, 1.124. Total: 47.871 homm. — Sur pied de guerre: inf., 112.016 h.; caval., 11.562 h.; artill., 18.106 h.; pionn., 5.554; train, 5.450. Total: 150.488 hommes.

TABLE ADMINISTRATIVE

DISTRICTS	kil. carr.	populat.	hab.kil.
Haute Bavière	17.046	894.404	52.4
Basse Bavière.	10.768	622.577	57.8
Palatinat.	5.957	644.567	108.0
Haut Palatinat et Ratisbonne.	9.665	505.422	52.0
Haute Franconie	6.999	555.045	80.0
Moyenne Franconie.	7.559	607.085	80.5
Basse Francon. et Aschaffenb.	8.598	597.086	71.0
Souabe et Neubourg	9.491	601.950	6.12

ALLEMAGNE — BAVIÈRE (SUITE)

VILLES PRIN.
HAB. PAR MILLE
Munich 193, Nuremberg 91, Augsbourg 57, Wurzbourg 45, Ratisbonne 32, Furth 27, Bamberg 27, Kaiserslautern 23, Bayreuth 19.

SUPERFICIE
75,864 kil. carrés, dont 34,140 en terre arable, 1,298 en jardins, 11,378 en prés, 7,507 en pàturages, 21,541 en forêts (66 habitants par kil. carré).

POPULAT.
5,022,904 hab. La population se compose principalement de Bavarois, de Franconiens et de Souabes. Selon les cultes le pays comptait (1871) 3.464,364 catholiques, 1,342,592 protestants, 50,662 israélites et 5,832 d'autres cultes. *Naissances* 201,476. *Mariages* 52.045. *Décès* 159,361.

(VILLE LIBRE) BRÊME [Bremen] (HANSÉATIQUE)

CLIMAT
La température moyenne est de + 8°90; moyenne de l'été + 16°90; de l'hiver + 0°57. PLUIE : La moyenne de pluie qui tombe annuellement est de 70 cent. 95.

GOUVNEMENT
POUVOIR EXÉC.
POUVOIR LÉGIS.
LE POUVOIR EXECUTIF est exercé par le Sénat. LE POUVOIR LEGISLATIF se partage entre le *Sénat* et la *bourgeoisie*. Le Sénat se compose de 18 sénateurs dont 10 au moins doivent être des légistes et 5 des négociants; ils sont élus à vie par le concours du Sénat et de la bourgeoisie. Deux des membres du Sénat, élus pour 4 ans par ce corps, ont le titre de bourgmestre et de président alternativement. La bourgeoisie est l'assemblée des 150 représentants des citoyens ou bourgeois, 14 sont élus par les lettrés, 42 par les négociants, 22 par les industriels et 44 par les autres habitants, 28 par les villes, dont 8 pour Bremerhafen, 4 pour Vegesack et 16 pour les campagnes

JUSTICE
La justice est exercée par des tribunaux qui n'ont aucune attribution administrative, 1 cour suprême d'appel (Voir Lubeck, page 24), 1 tribunal supérieur et 1 tribunal de commerce.

CULTES
Tous les cultes sont libres, 97 p. 100 sont protestants

INTÉRIEUR
Le territoire de Brème comprend, outre la ville même, les 2 petites villes maritimes de Vegesack et de Bremerhafen et une banlieue d'env. 60 kil. carrés. Brème est une des plus anciennes villes du nord de l'Allemagne; on en parle déjà en 788, sous Charlemagne, qui y fonda le siège d'un diocèse.

FINANCES
DÉPENSES : 14,999,425 francs. RECETTES : 14,979,250 francs. DETTE : 100,808,009 francs.

GUERRE.
L'armée fait partie du IX° corps de l'armée impériale.

MARINE MAR.
239 nav. jaugeant 186,582 tonnes, dont 49 vap. d'une force de 17,430 chevaux, jaugeant 65,070 tonnes.

COMMERCE
IMPORTATION : 519,500,000 francs. EXPORTATION : 548,875,000 francs.

SUPERFICIE
250 kilom. non compris la superficie du Weser qui est d'environ 5 kilom. carrés (567 hab. par kil. carré.

POPULAT.
141,848 habitants.

(DUCHÉ) BRUNSWICK [Braunschweig] (CAP. BRUNSWICK)

CLIMAT.
La température moyenne est de + 8°70; moyenne de l'été + 16°72, de l'hiver + 0°46. PLUIE : La moyenne de pluie qui tombe annuellement est de 72 cent. 05.

GOUVNEMENT
CHEF DE L'ÉTAT
POUVOIR EXÉC.
POUVOIR LÉGIS.
CHEF DE L'ÉTAT : Guillaume. duc, né en 1806 (Maison des Guelfes ou de Brunswick-Lunebourg, ligne aînée), avénem. 1831. LE POUVOIR EXECUTIF est exercé par le duc qui est assisté d'un ministère responsable. LE POUVOIR LEGISLATIF est confié à une chambre unique (*Landesversammlung*, assemblée du pays), composée de 46 membres, nommés pour 6 ans, dont 21 choisis parmi les personnes les plus imposées, 10 élus par les villes, 12 par les communes rurales et 3 par le clergé. Pour être éligible, il faut être âgé de 30 ans et remplir des conditions de cens; dans les villes l'élection est directe; dans les campagnes elle est à deux degrés. 5 *membres ordinaires de la commission ministérielle*: Intérieur et police, finances et commerce, justice, cultes et instruction publique, affaires militaires.

JUSTICE
Il y a une *cour suprême* siégeant à Wolfenbüttel. Dans chacun des cercles il y a un tribunal qui fonctionne selon les affaires, comme première instance ou comme instance d'appel pour les tribunaux locaux.

CULTES
INSTR. PUBL.
Le consistoire évangélique siége à Wolfenbüttel et se compose d'un président et de 5 membres. Dans chacun des cercles il y a une inspection générale qui ressort au consistoire, et chacune d'elles a pour chef un superintendant général. Les catholiques font partie du diocèse de Heldesheim Tous les cultes sont libres.
INSTRUCTION PUBLIQUE : *L'instruction primaire* est obligatoire. Il existe 396 écoles primaires publiques et 2 écoles normales; pour l'instruction secondaire 396 écoles primaires supérieures et 5 gymnases. Il y a en outre une école polytechnique (collegium Carolinum) à Brunswick, 1 école agronomique à Schoppenstedt, 1 séminaire évangélique à Wolfenbüttel et 1 école d'architecture à Holzminden. Le Brunswick contribue à l'entretien de l'Université de Gœttingue.

INTÉRIEUR
Le pays est divisé en 6 CERCLES (voir la table) subdivisés en communes, celles-ci jouissent de l'autonomie municipale.

FINANCES
RECETTES 9,625,167 fr. Revenu des domaines 1,285,457 fr. DEPENSES 9,625,167 fr. Liste civile 1,285,457 fr. DETTE 114,843,058 fr.

GUERRE
L'armée fait partie du X° corps d'armée de l'empire allemand; en temps de paix elle comprend 2,700 hommes, et sur pied de guerre environ 5,400 hommes.

TABLE ADMINISTRATIVE

CERCLES	kil. c.	populat.	hab. k.
BRUNSWICK.	545	100.392	183
WOLFENBUTTEL. . .	763	62.584	82
HELMSTEDT	788	54.457	69
GANDERSHEIM . . .	548	45.290	79
HOLZMINDEN	574	42.732	75
BLANKENBOURG. . .	475	24.038	51

VILLES H.P.M.
Brunswick 66, Helmstedt 8, Schöningen 6.

SUPERFICIE
3,690 kil. carrés (89 hab. par kil. carré).

POPULAT.
327,493 hab. selon les cultes (1871), protestants 302,989, catholiques 7,030, israélites 1,171, autres cultes 574.

VILLE LIBRE HAMBOURG (HANSÉATIQUE)

CLIMAT
La température moyenne est de + 8°98; moyenne de l'été + 17°83, de l'hiver + 0°09. PLUIE : La moyenne de pluie qui tombe annuellement est de 75 cent. 28.

GOUVNEMENT
POUVOIR EXÉC.
POUVOIR LÉGIS.
LE POUVOIR EXECUTIF est exercé par le Sénat. LE POUVOIR LEGISLATIF par le Sénat et la bourgeoisie. Le Sénat se compose de 18 membres, dont 9 doivent avoir étudié le droit ou les finances; des 9 autres, 7 doivent appartenir au commerce. Le Sénat choisit au scrutin secret pour la présidence un premier et un second bourgmestre, nommés pour 2 ans.

ALLEMAGNE — HAMBOURG (SUITE)

GOUVNEMENT (SUITE)	La bourgeoisie se compose de 196 membres, dont 88 sont choisis aux élections générales par scrutin secret; les 108 autres se composent de 48 propriétaires choisis par les propriétaires fonciers et de 60 représentants des tribunaux et des administrations. 10 administrations (ministères) : des Cultes, des Finances, du Commerce, des Travaux publics, Militaire, de l'Instruction publique, de la Justice, de la police et de l'Intérieur, de la Bienfaisance publique, des Affaires étrangères.
JUSTICE	Un tribunal de 1re instance juge toutes les affaires civiles et criminelles; l'appel de ces affaires est porté à la cour supérieure, dont les arrêts sont définitifs toutes les fois que le jugement en première instance est confirmé; dans le cas contraire, les affaires sont jugées en dernier ressort par la cour suprême d'appel, commune aux trois villes libres (voir Lubeck, page 24). 1 tribunal de commerce.
CULTES	Les affaires concernant l'Église évangélique (luthérienne) sont traitées par le Sénat et le collège des soixante. Tous les cultes sont libres.
INST. PUBL.	Il y a dans la ville environ 200 écoles et pensions particulières. Parmi les institutions publiques : 1 gymnase académique (*johanneum*), comptant env. 1.000 élèves; les écoles paroissiales et celles des bureaux de bienfaisance, au nombre d'env. 60, ou 4.500 enfants des deux sexes, reçoivent une instruction gratuite; en outre, un très-grand nombre d'établissements consacrés aux arts, aux sciences et à la bienfaisance.
FINANCES	DÉPENSES : 32.212.625 fr. — RECETTES : 30.151.125 fr — DETTE : 154.828.407 fr.
GUERRE	L'armée fait partie du IXe corps d'armée fédérale et la ville lui fournit 2.200 hommes dont 300 cavaliers. La garde civique : infanterie, chasseurs et artillerie, comprend 10.000 hommes.
MARINE	MARINE MARCHANDE : 451 nav. jaug 210.585 ton., dont 102 vap. d'une force de 20.268 chev., jaug. 88.187 ton.
COMMERCE	IMPORTATION : 2.434.000.000 fr.
SUPERFICIE	407 kilom. carrés y compris les faubourgs Saint-Georges et Saint-Paul et les deux dépendances : Ritzebuttel et Cuthaven (la superficie de l'Elbe, 2.56 kilom. carrés, n'est pas comprise dans ce chiffre).
POPULATION	388.618 hab. dont Hambourg avec les faubourgs 264.675 hab.; les communes limitrophes comptent 83.772, et le reste du territoire 40.171 hab. Selon les cultes, on compte 306.555 protest., 7.771 cathol., 13.796 israélites et 10.854 d'autres cultes.

(GRAND-DUCHÉ) HESSE [Hessen] (CAP. DARMSTADT)

CLIMAT	La température moy. est de + 8° 74'; moy. de l'été + 16° 98'; de l'hiver — 0° 79. PLUIE. La moy. de pluie qui tombe annuellement est de 53 centim. 29 m.
GOUVNEMENT **CHEF DE L'ÉTAT** **POUV. EXÉCUT.**	CHEF DE L'ETAT. Louis III, grand-duc, né en 1806 (Maison de Hesse, ligne cadette), avén. 1848. La monarchie est constitutionnelle et héréditaire. LE POUVOIR EXÉCUTIF est entre les mains du grand-duc, assisté d'un ministère. LE POUVOIR LÉGISLATIF s'exerce par le grand-duc avec le concours des *Etats*, divisés en 2 chambres. La 1re comprend les princes du sang, majeurs, les chefs des familles médiatisées, le doyen de la famille des barons de Riedesel, l'évêque catholique, un prélat protestant, le chancelier de l'université, 2 membres élus parmi la noblesse territoriale et au plus 12 membres nommés à vie par le grand-duc. La 2e chambre comprend 10 députés des huit plus grandes villes, et 40 députés des petites villes et des communes rurales. Les élections ont lieu à 2 degrés. Les membres de la 1re chambre doivent être âgés de 25 ans; ceux de la 2e, de 30 ans et censitaires. 4 *Ministères* : les ministères de la maison du grand-duc et des affaires étrangères, de la justice, de l'intérieur, des finances. CONSEIL D'ETAT.
JUSTICE	1 cour supérieure d'appel et de cassation; 1 cour de justice dans chacune des 3 provinces; 1 tribunal de commerce à Mayence. Le Code Napoléon est encore en vigueur.
CULTES	La liberté de conscience est assurée par les lois. Les affaires protestantes sont administrées par un consistoire supérieur siégeant à Darmstadt. L'évêque de Mayence dirige les intérêts du culte catholique.
INST. PUBL.	L'instruction est obligatoire pour tous les enfants entre 6 et 14 ans; on compte 1.800 écoles primaires, 2 écoles normales primaires, 6 gymnases, plusieurs écoles spéciales et une université à Giessen.
INTÉRIEUR	Administrativement, le pays est divisé en 3 PROVINCES, chacune administrée par un *directeur provincial*. L'organisation communale ressemble à celle de la France; le gouvernement doit choisir le bourgmestre parmi les membres du conseil municipal. Les conseillers municipaux sont élus pour 9 ans par les habitants de la commune, le renouvellement a lieu par tiers tous les 5 ans. Environ 11.000 habitants.

FINANCES / **DÉPENSES** / **RECETTES** / **DETTE**

DÉPENSES	FR.	RECETTES	FR.
Liste civile	1.682.856	Impôts	15.540.715
Chemins de fer	3.125.000	Droits divers, dom. et forêts	14.639.450
Ministères, dette publique, etc.	20.560.339	Total	28.180.145
Total	25.568.195	DETTE	30.975.385

GUERRE	L'armée fait partie du XIe corps d'armée fédérale (25 divisions), 2 brigades d'infanterie, 1 brigade de caval. et 2 sections d'artill. de 5 batail. dont 1 à cheval (environ 11.000 habitants).
VILLES HAB. PAR MILLE	Darmstadt, 44; Mayence, 58; Offenbach, 26.
SUPERFICIE	7.678 kilom. carrés, dont 4.140 de terre arable, 1.100 de prés et pâturages, 97 de vignes, 2.341 de forêts (115 habit. env. par kilom. carré).
POPULATION	882.549 hab., selon les cultes (1871); 584.591 protestants; 259.088 cathol.; 25.373 israélites; 4.042 d'autres cultes.

TABLE ADMINISTRATIVE

PROVINCES	kil. car.	populat.	hab. k.
Starkenbourg	3.018	369.422	122.4
Hesse-Supérieure	3.285	253.765	77.2
Hesse-Rhénane	1.374	259.161	187.9

(PRINCIPAUTÉ) LIPPE (CAP. DETMOLD)

CLIMAT	La température moyenne est de + 9° 02'; moy. de l'été + 17° 07'; de l'hiver + 0° 50. PLUIE. La moyenne de pluie qui tombe annuellement est de 57 centim. 09 mill.
GOUVNEMENT **CHEF DE L'ÉTAT** **POUV. EXÉCUT.** **POUV. LÉGISL.**	CHEF DE L'ETAT. Waldemar, prince, né en 1824, avénem. en 1875 (Sophie, princesse, née en 1854). La principauté de Lippe est une monarchie constitutionnelle et héréditaire. LE POUVOIR EXÉCUTIF est entre les mains du prince, assisté d'un ministère. Le POUVOIR LÉGISLATIF est exercé par le prince et la diète qui se compose de 21 députés, dont 7 de la classe des contribuables les plus imposés et 14 des deux autres classes d'électeurs. Les élections sont directes. — Ministères du cabinet, des affaires étrangères, de la maison du prince, de la diète, du contrôle supérieur de la justice, de la police, des cultes, de l'instruction.
JUSTICE	La cour suprême de justice est la cour suprême de Celle (Hanovre). Il y existe une chambre de justice criminelle et un tribunal aulique.

ALLEMAGNE — LIPPE (SUITE)

CULTES	Tous les cultes sont libres.
INSTR. PUBLIQ.	2 lycées, 5 colléges, 124 écoles primaires et 1 école normale primaire.
INTÉRIEUR	La principauté de Lippe possède le bailliage de Lipperode, enclavé dans la province de Westphalie. Administrativement le pays est divisé en cantons.
FINANCES	DÉPENSES : 1.045.835 fr. — RECETTES : 1.077.111 fr. — DETTE : 1.714.959 fr.
GUERRE	L'armée de la principauté de Lippe fait partie du VII° corps de l'armée fédérale ; elle compte environ 900 hommes.
CAPITALE	Detmold avec 6.950 habitants environ.
SUPERFICIE	1.134 kilomètres carrés. (99 hab. par kil. carré.) || **POPULATION** | 112 442 habitants.

(VILLE LIBRE) LUBECK (HANSÉATIQUE)
(Voir page 24.)

(GRAND-DUCHÉ) MECKLEMBOURG-SCHWERIN (CAP. SCHWERIN)

CLIMAT	La température moyenne est de + 8°.98 ; moyenne de l'été + 16°.80, de l'hiver — 0°,89. || **PLUIE** | La moyenne de pluie qui tombe annuellement est de 57 centim. 8.
GOUVNEMENT / **CHEF DE L'ÉTAT** / **POUV. EXÉCUT.** / **POUV. LÉGISL.** / **MINISTÈRES**	CHEF DE L'ETAT, FRÉDÉRIC-FRANÇOIS II, grand-duc, né en 1823, avénement 1842 (MARIE, grande-duchesse, née en 1850 ; FRÉDÉRIC-FRANÇOIS, grand-duc héréditaire, né en 1851). Les deux grands-duchés de Mecklembourg-Schwerin et de Mecklembourg-Strelitz ont une Constitution et une Diète communes. La Diète siége tous les ans alternativement dans les villes de Sternberg et de Malchin, situées toutes deux dans le duché de Mecklembourg-Schwerin. Les Etats de la Diète se composent de deux ordres : les chevaliers et les villes. Les chevaliers possesseurs d'un bien équestre, nobles ou non, sont au nombre d'environ 750 ; ils représentent la population de leurs domaines. Les 45 villes ayant droit de représentation députent à la Diète des membres choisis parmi leurs magistrats ou leurs bourgmestres. Les villes ont le droit de demander que chaque ordre délibère séparément. — LE POUVOIR EXÉCUTIF est entre les mains du chef de l'Etat, assisté par un ministère d'Etat. — LE POUVOIR LEGISLATIF est exercé par la Diète. — 4 MINISTÈRES : les ministères des affaires étrangères, de la maison du grand-duc et de l'intérieur ; de la justice, auquel on a réuni les affaires ecclésiastiques ; de l'instruction publique et tout ce qui concerne le service de la santé publique ; des finances.
JUSTICE	L'organisation judiciaire est très-arriérée, le magistrat réunit les pouvoirs judiciaire et administratif. La législation civile n'est pas la même dans les diverses parties du pays, mais à Rostock fonctionne une cour suprême commune aux deux grands-duchés. 3 chancelleries de justice à Schwerin, à Gustrow et à Rostock. Une cour criminelle à Butzou.
CULTES / **INSTR. PUBLIQ.**	La religion dominante est le protestantisme, les autres cultes sont libres. L'INSTRUCTION PUBLIQUE est obligatoire. Il y a 132 écoles primaires, 1 école normale primaire, 46 écoles primaires supérieures et une université à Rostock.
INTÉRIEUR / **BIENFAISANCE**	L'organisation communale n'existe que dans les villes. Dans les seigneuries ou biens équestres, le chevalier réunit tous les pouvoirs entre ses mains. Dans 23 villes le bourgmestre est nommé par le grand-duc ; dans les autres il est élu par les bourgeois. Chaque ville a un conseil municipal. BIENFAISANCE. Il existe un grand nombre de bureaux de bienfaisance (3 salles d'asile).
FINANCES	DÉPENSES. Administration dite du souverain 15 millions de fr. ; administration financière, commune (souverain et Etats) 2.561.452 fr — DETTE. 27.500.000 fr.
GUERRE	L'armée fait partie du IX° corps d'armée impériale ; elle comprend 5 400 hommes environ et 1 000 chevaux.
MARINE MARCH.	426 navires jaugeant 113.656 tonnes, dont 7 vapeurs d'une force de 508 chevaux, jaugeant 2.827 tonnes.
VILLES PRINC. HABIT. P' MILLE	Schwerin 27, Rostock 34.
SUPERFICIE	13.303 kilomètres carrés. (41.6 hab. par kil. carré.) || **POPULATION** | 553 734 habitants.

(GR.-DUCHÉ) MECKLEMBOURG-STRELITZ (CAP. NEU-STRELITZ)

CLIMAT	La températuraure moyenne est de + 8°,21 ; moyenne de l'été + 16°.91. de l'hiver — 0°,96. || **PLUIE** | La moyenne de pluie qui tombe annuellement est de 65 centim. 2.
GOUVNEMENT / **CHEF DE L'ÉTAT**	CHEF DE L'ETAT. FRÉDÉRIC-GUILLAUME, grand-duc, né en 1819, avénement 1860. (AUGUSTA, grande-duchesse, née en 1822 ; ADOLPHE-FRÉDÉRIC, prince héréditaire, né en 1844). Pour le reste de la constitution voir le duché de Mecklembourg-Schwerin. Ministère d'Etat et gouvernement (Neu-Strelitz) se compose du ministre d'Etat et de 4 conseillers intimes.
JUSTICE	(Voir Mecklembourg-Schwerin).
CULTES	(Voir Meckembourg-Schwerin). — L'INSTRUCTION PUBLIQUE est obligatoire. Il existe une école normale primaire, 13 écoles primaires supérieures.
INTÉRIEUR / **BIENFAISANCE**	(Voir Mecklembourg-Schwerin). — BIENFAISANCE. Il existe un grand nombre de bureaux de bienfaisance. (9 salles d'asile.)
FINANCES	Il n'y a pas de données certaines sur le budget de Mecklembourg-Strelitz. — DETTE. Environ 7.500.000 fr.
GUERRE	L'armée fait partie du IX° corps d'armée impériale.
CAPITALE	Neu-Strelitz 8.525 habitants.
SUPERFICIE	2.929 kilom. carrés, dont le duché de Strelitz 2.547 et la principauté de Ratzebourg 382 kilom. carrés.
POPULATION	95.673 habit., dont le duché de Strelitz 79.530, et la principauté de Ratzebourg 16.343. (52 h. p k. c.)

TABLE ADMINISTRATIVE

PAYS	MECKLEMBOURG-STRELITZ		
	KILOMÈTRES CARRÉS	POPULATION	HABIT. PAR KIL. CARRÉ
Duché de Strelitz	2.547	79.530	31.1
Principauté de Ratzebourg	382	16.343	42.7

ALLEMAGNE

OLDENBOURG

(GRAND-DUCHÉ)   (CAP. OLDENBOURG)

CLIMAT	La température moyenne est de + 8° 51 ; de l'été + 16° 62 ; de l'hiver + 0° 56. PLUIES. La moyenne de pluie qui tombe annuellement est de 72 centim.
GOUVNEMENT **CHEF DE L'ÉTAT** **POUV. EXÉCUT.** **POUV. LÉGISL.**	CHEF DE L'ÉTAT. Frédéric-Guillaume-Pierre, grand-duc, né en 1827, avénement 1853 (Elisabeth, grande-duchesse, née en 1826 ; Auguste, grand-duc héréditaire, né en 1852). Le grand-duché de Oldenbourg est une monarchie constitutionnelle et héréditaire. LE POUVOIR EXÉCUTIF s'exerce par le grand-duc assisté d'un ministère responsable. LE POUVOIR LÉGISLATIF est entre les mains du grand-duc et de la *diète*, qui forme une seule Chambre (1 député sur 6.000 habitants, élu pour 3 ans). L'élection a lieu à deux degrés. Tout citoyen de réputation intacte, et âgé de 25 ans, est électeur primaire ; 300 électeurs primaires nomment l'électeur secondaire. 3 MINISTÈRES : les ministères de l'Intérieur, de la Maison du grand-duc et des Affaires étrangères, des Finances, de la Justice, des Cultes et des Affaires militaires.
JUSTICE	Les juridictions sont à 5 degrés. *Cour de justice de l'État* (5e instance), *Cour d'appel supérieure* (2e inst.), et *Tribunaux de 1re instance*. La liberté individuelle est garantie. Tout citoyen arrêté doit connaître dans les 24 heures les motifs de son arrestation et être interrogé dans les 36 heures. S'il a été injustement détenu, un recours lui est ouvert contre le coupable et au besoin contre l'État, qui lui doit des dommages et intérêts.
CULTES **INSTR. PUBL.**	Tous les cultes sont libres ; la plupart des habitants appartiennent à la religion protestante. — INSTRUCTION PUBLIQUE : 4 lycées, 10 collèges, 1 école normale protestante, 1 école normale catholique, 417 écoles primaires protestantes, 155 écoles primaires catholiques et 7 écoles primaires israélites.
INTÉR'EUR **PROVINCES**	Le pays est divisé en 5 PROVINCES, administrées chacune par un comité dit *gouvernement* (Regierung). Les communes nomment les conseils *municipaux* qui choisissent les *bourgmestres* pour 12 ans. Dans les grandes villes les *directeurs*, nommés à vie, doivent être légistes. Les communes administrent leurs propriétés et sont chargées de la police locale. Font partie du grand-duché : *les principautés de Birkenfeld et de Lubeck*, administrées chacune par un *conseil municipal*.
FINANCES **DÉPENSES** **RECETTES**	Dans le budget central ou commun, *le duché d'Oldenbourg* contribue pour 80 1,2 0,0 ; *la principauté de Lubeck*, pour 12, et *la principauté de Birkenfeld* pour 7 1,2. Chacune de ces parties a en outre son budget spécial. DÉPENSES : 8.824.550 fr. — RECETTES : 10.549.750 fr. — DETTE : 42.854.727 fr. (dont 18.635.550 fr. pour les chemins de fer).
GUERRE	L'armée fait partie du Xe corps d'armée impériale (env. 3.000 hommes infanterie, 500 h. cavalerie, et 500 h. artillerie. — Total, 4.000 hommes).
MARINE	MARINE MARCHANDE : 361 navires, jaugeant 55.167 tonnes, dont 2 vapeurs d'une force de 55 chevaux.
CAPITALE	Oldenbourg, 15.701 habitants.
SUPERFICIE	6.400 kilom. carrés, dont Oldenbourg 5.376 kilom. carrés. Les princip. de Lubeck 521, et de Birkenfeld 505.

POPULATION	319.314 habitants, dont Oldenbourg 248.156 ; les principautés de Lubeck 34.085 et de Birkenfeld 37.075. Selon les cultes : Oldenbourg, 182.160 protest. ; 64.189 cathol ; 879 israélites et 908 d'autres cultes. Principauté de Lubeck, 33.927 protestants ; 119 catholiques et 39 d'autres cultes. Principauté de Birkenfeld, 28.967 protestants ; 7.455 catholiques et 691 israélites.

TABLE ADMINISTRATIVE

PAYS	kil. car.	populat.	hab. k.
Duché d'Oldenbourg. . .	5.375	248.156	46.1
Principauté de Lubeck. . .	522	34.085	65.5
Princip. de Birkenfeld. . .	505	37.095	73.7

PRUSSE

(ROYAUME)   (CAP. BERLIN)

CLIMAT	(Voir *Empire d'Allemagne*).
GOUVNEMENT **CHEF DE L'ÉTAT** **POUV. EXÉCUT.** **POUV. LÉGISL.**	CHEF DE L'ÉTAT. Frédéric-Guillaume I, roi, empereur d'Allemagne (maison de Hohenzollern), né en 1797, avén. 1861 (empereur 1871), Augusta, reine, impératrice, née en 1811 ; Frédéric-Guillaume, prince royal, impérial, né en 1851). La Prusse est un pays constitutionnel et héréditaire. LE POUVOIR EXÉCUTIF est entre les mains du roi qui est assisté d'un ministère. LE POUVOIR LÉGISLATIF est partagé entre le roi et le *Landtag* (parlement), divisé en deux chambres. *La chambre des Seigneurs*, composée de membres héréditaires, appartenant à la haute noblesse, de membres nommés à vie par le roi, de membres nommés par le roi sur la présentation de certaines corporations et associations. *La chambre des Députés*, composée de 437 membres élus par toute la nation. L'élection est à deux degrés. Tout Prussien âgé de 24 ans, jouissant de ses droits civils et *politiques*, est électeur primaire. Il y a un électeur secondaire sur 250 habitants. Les élections sont publiques. Tout Prussien âgé de 30 ans, jouissant de ses droits civils et habitant la Prusse depuis au moins un an, est éligible comme député. Les députés sont nommés pour 3 ans. 7 MINISTÈRES : les ministères de la Justice, de l'Intérieur, des Affaires ecclésiastiques et de l'Instruction publique, des Finances, de la Guerre, de l'Agriculture, du Commerce. — Le *Conseil d'État* se compose des princes de la maison royale, des fonctionnaires de l'État que leur emploi appelle à en faire partie et des fonctionnaires nommés par le roi.
JUSTICE	On distingue les *tribunaux ordinaires* et les *tribunaux spéciaux*. Les premiers sont les tribunaux de première instance (env. 250). Le ressort de la plupart de ces tribunaux comprend un *cercle* (arrondissement), les autres sont établis dans les villes de 50.000 hab. Les Tribunaux de seconde instance sont les *cours d'appel* (26). Le *tribunal suprême* (5e instance) siège à Berlin. Dans la province rhénane, il y a 125 *justices de paix*. Les *tribunaux spéciaux* sont les tribunaux de commerce, les tribunaux universitaires, les tribunaux douaniers ou fiscaux, les tribunaux militaires, etc.
CULTES	La liberté des cultes est établie en Prusse depuis le siècle dernier. Les cultes protestant et catholique sont entretenus par l'État. Les catholiques forment la majorité de la population dans la province rhénane, dans la Poznanie et dans la Silésie ; dans les autres provinces les protestants sont les plus nombreux. Le roi est le chef suprême du culte protestant. Le clergé catholique est obligé de reconnaître la suprématie de l'État, depuis 1875. L'ordre des jésuites a été complétement banni de l'Allemagne en 1872. Le culte israélite n'est soumis à aucune surveillance de la part de l'État, qui ne lui a encore accordé aucune subvention. Pour le culte protestant il y a 11 consistoires des provinces, et pour le culte catholique 15 archevêques et évêques.
INSTRUCT. **PUBLIQUE**	L'instruction n'est pas encore tout à fait gratuite, mais elle est obligatoire. La Prusse comptait (1872) 34.070 *écoles primaires* avec 3.650.000 élèves (tout l'Empire allemand comptait [1876] 60.000 écoles primaires avec 6.000.000 élèves). 76 *écoles normales*, dont 56 protestantes et 20 catholiques. L'enseignement secondaire est représenté par 204 *gymnases* (lycées) fréquentés par env. 60.000 élèves ; 55 *progymnases* (collèges) avec env. 4.000 élèves ; 76 *Realschulen* (écoles des sciences exactes) avec env. 25.000 élèves, etc. Total des élèves prenant part à l'enseignement secondaire, env. 115.000 (pour tout l'Empire, 1.058 écoles secondaires avec 200.000 élèves). Pour l'enseignement supérieur il y a des *universités* à Berlin, *Königsberg, Greifswald, Breslau, Halle, Bonn, Göttingen, Kiel, Marburg et Munster*, comptant ensemble env. 8.000 étudiants. En 1872, ces universités comptaient 404 professeurs ordinaires (titulaires), 166 professeurs extraordinaires (agrégés), 241 professeurs libres, etc.

ALLEMAGNE — PRUSSE (SUITE)

INTÉRIEUR — PROVINCES. La Prusse est divisée en 12 PROVINCES gouvernées chacune par un *président supérieur* (Oberpräsident), qui représente l'organe du gouvernement et dont les attributions sont plutôt politiques qu'administratives. Chaque province est divisée en plusieurs *gouvernements* (Regierungs-Bezirk [voir la table]) qui sont administrés chacun par un *comité de fonctionnaires* chargés chacun d'un service. Les gouvernements se divisent en *cercles*. Le *Landrath* (conseiller du pays), qui administre le cercle, est nommé par le roi sur une liste présentée par les États du cercle, se composant des propriétaires des biens nobles, des députés des villes et de ceux des campagnes. Les communes urbaines administrent les affaires de la ville par un *comité exécutif*, dit *magistral*, composé d'un bourgmestre et de quelques conseillers, et par un *conseil urbain*; ces deux assemblées sont élues pour 6 ans et renouvelées par tiers tous les 2 ans. Les communes rurales consistent : 1° en villages ; 2° en propriétés. Les villages sont administrés par le maire (*schulze*), les échevins (*schöppen*) et l'assemblée des propriétaires. Dans les propriétés qui forment à elles seules une commune, le propriétaire représente l'autorité locale.

FINANCES — DÉPENSES — RECETTES — DETTE.

DÉPENSES	FR.
Frais généraux (dont p. les chemins de fer 146.451.885)...	337.186.400
Dot., dette publ., etc. ...	78.082.725
Min. du Com., de l'Ind. et des Trav. publ.	24.346.669
Min. des Fin. (dont p. les apan. 418.150)	137.385.714
— des Aff. étrangères...	514.500
— d'État...	1.213.007
— de la Justice...	82.018.750
— de l'Intérieur...	44.830.690
— de l'Agriculture...	12.295.884
— des Cultes et de l'Instr. publ. (dont p. l'Instr. publ. 37.571.208)...	55.873.809
Total...	775.930.148
Dép. extraord. (dont p. les Cultes et l'Inst. publ. 5.557.845 et pour les chemins de fer 4.548.902)...	40.356.602
Total général...	814.286.750

RECETTES	FR.
Ministère des Finances savoir : impôts 238.652.500, Dom. et For. 97.289.182, Contrib. indirectes 57.765.500) ...	409.778.906
Ministère du Commerce, de l'Industrie et des Travaux publics (dont Chem. de fer 209.166.674)...	340.265.823
Ministère d'État...	603.162
— de la Justice...	53.518.750
— de l'Intérieur...	3.704.989
— de l'Agriculture...	4.812.800
— des Cultes et de l'Instruction publique...	1.602.318
Total...	814.286.750
Dette (dont pour les chemins de fer 151.479.547)...	1.185.891.557

GUERRE — ARMÉE. L'ARMÉE prussienne forme le corps de la garde, les Ier, IIe, IIIe, une partie du IVe, les Ve, VIe, une partie du VIIe, le VIIIe, une partie des IXe, X^e et XVe corps d'armée impériale. *Sur pied de paix* : Infanterie 545 bat. 201,585 hommes ; chasseurs 14 bat. 7,945 hommes ; landwehr 227 bat. 5,689 hom. *Total infanterie* 215,017 h. *Cavalerie* 565 escad. 50,672 h. *Artillerie* 255 batt. et 90 comp. 55,665 h. *Pionniers* 64 comp. 7,984 h. *Train* 31 comp. 3,491 h. *Total de l'armée active* 510,829 h. *Sur pied de guerre* : Infanterie, troupes de camp. 558 bat. 568,212 h.; troupes de dépôt 115 bat. et 14 comp. de chasseurs 143,807 h ; troupes de garnison, landwehr 227 bat. 194.564 h., chasseurs 14 comp. 3,500 h. *Total infanterie* 710,085 h. ; *Cavalerie*, troupes de camp. 292 escadr. 46,954 h.; troupes de dépôt 75 escadr. 18,854 h.; troupes de garn. 112 escadr. 17,864 h. *Total cavalerie* 83,652 h. *Artillerie* : artil. de camp. 254 bat. 1,404 can. 60,408 h.; artil. de dépôt 56 bat. 556 can. 10,525 h. Réserve 42 bat. 6,804 h. *Total artillerie* 112,291 h.; *Pionniers*, troupes de camp. 54 comp. 16,871 h.; troupes de dépôt 16 comp. 3,964 h.; troupes de garn. 36 comp. 7,200 h. *Total pionniers* 28,035. *Train*, troupes de camp. 253 colonnes 30,031 h.; troupes de dépôt 29 comp. 9,046 h. *Total train* 39,077 h. *Total de l'armée sur pied de guerre* 975,158 h

MARINE. MARINE DE L'ETAT (Voir page 12). MARINE MARCHANDE 5,103 nav. jaugeant 496,557 tonn., dont 117 vapeurs d'une force de 8,952 chev., jaugeant 29,458 tonn.

VILLES. (Voir la table).

SUPERFICIE. 348,339 kil. carrés, dont terres arables et jardins, 175;169 ; prés et pâturages 64,507; forêts 81,016 et terrains non cultivés 27,647. (74 hab. par kil. carré.)

POPULAT. 25,772,562 hab., dont (1867) : Allemands 21,075,000, Polonais 2,432,000, Danois 145.000, Wallons 10,400 Lithuaniens 146.800, etc. Selon les cultes (1871) : Protestants 15,991,824, catholiques 8,268,177, israélites 525,551, etc.

TABLE ADMINISTRATIVE DE LA PRUSSE

PROVINCES	kil. car.	population	hab. k.	n o. gouv.	VILLES PRINCIPALES, HABITANTS PAR MILLE.
PRUSSE	62.458	3.200.484	51.2	4	Elbing 54, Königsberg 123, Graudenz 15, Memel 20.
BRANDEBOURG	39.893	3.152.483	78.4	2	Berlin 967, Francfort 47, Potsdam 45, Spandau 27.
POMÉRANIE (Pommern)	50.122	1.462.310	48.5	3	Köslin 15, Stettin 81, Stolpe 18, Stralsund 28, Greifswald 18.
POSNANIE (Posen)	28.952	1.608.956	55.5	2	Lissa 11, Posen 61, Bromberg 31, Gnesen 11.
SILÉSIE (Schlesien)	40.289	3.851.960	95.6	3	Breslau 239, Königshütte 26, Liegnitz 31, Neisse 20.
SAXE	25.241	2.171.858	86.0	3	Erfurt 48, Halle 61, Magdebourg 123, Halberstadt 28.
SCHLESWIG-HOLSTEIN	18.695	1.074.812	57.4	1	Altona 84, Schleswig 15, Flensburg 27, Kiel 37.
HANOVRE	38.478	2.018.868	52.4	6	Hanovre 107, Linden 21, Osnabruck 30, Hagen 24.
WESTPHALIE (Westfalen)	20.199	1.907.195	94.5	3	Bielefeld 27, Dortmund 58, Munster 56.
HESSE-NASSAU	15.895	1.469.902	92.4	2	Kassel 53, Wiesbaden 44.
PRUSSE-RHÉNANE (Rheinprovz)	26.975	3.807.120	141.1	5	Aachen (Aix-la-Chapelle) 80, Dusseldorf 81, Elberfeld 81, Essen 55, Köln (Cologne) 133, Krefeld 63.
HOHENZOLLERN	1.142	66.614	58.3	1	Sigmaringen.

PRINCIPAUTÉ REUSS-GREIZ [Ligne aînée] (CAP. GREIZ)

CLIMAT. La température moyenne est de + 8°00; moyenne de l'été + 16°40; moyenne de l'hiver — 1°21. PLUIE : La moyenne de pluie qui tombe annuellement est de 54 cent. 5.

GOUVERNEMENT — CHEF DE L'ÉTAT. CHEF DE L'ETAT : Henri XXII, prince, né en 1846, avènem. 1859 (Ida, princesse, née en 1852). Monarchie constitutionnelle et héréditaire. (Tous les princes, régnant ou non, de cette famille, portent le nom de Henri et ne se distinguent entre eux que par le numéro.) LE POUVOIR EXECUTIF appartient au prince. LE POUVOIR LEGISLATIF est entre les mains du prince et des États, 12 députés, dont 2 de l'ordre équestre, 3 des villes. 4 des campagnes et 3 nommés par le prince. Les députés sont élus pour 6 ans.

CULTES. Tous les cultes sont libres, le protestantisme domine. INSTRUCTION PUBLIQUE : 1 lycée, 1 école industrielle et 1 école normale primaire.

FINANCES. DÉPENSES 669,872 fr. RECETTES 669.872 fr. DETTE 1,210.875 fr.

GUERRE. L'armée fait partie du IVe corps d'armée impériale (environ 400 hommes).

VILLES PRINC. Greiz 12,657 habitants, Zeulenroda 6,900 habitants.

SUPERFICIE. 316 kilom. carrés (149 habitants par kil. carré). ‖ **POPULATION** ‖ 46,985 habitants.

ALLEMAGNE. — REUSS-SCHLEIZ
PRINCIPAUTE (LIGNE CADETTE) (CAP. GERA)

CLIMAT — La température moyenne est de + 8°.97, moyenne de l'été + 18°.24, de l'hiver — 1°.08. || **PLUIE** — La moyenne de pluie qui tombe annuelleme[nt] est de 55 cent. 7.

GOUVNEMENT / CHEF DE L'ÉTAT / POUV. EXÉCUT. / POUV. LÉGISLAT — CHEF DE L'ÉTAT, Henri XIV prince, né en 1852, avénement 1867 (Louise-Agnès, princesse, née en 187[..], Henri XXVII, prince héréditaire, né en 1858). Monarchie constitutionnelle et héréditaire. — LE POUVOIR EX[É]CUTIF est représenté par le prince. — LE POUVOIR LEGISLATIF appartient au prince et aux États composés [de] 16 députés dont les propriétaires du paragium Reuss-Kœstritz, 5 députés choisis parmiles personnes les plus imp[o]sées et 12 députés élus par voie d'élection à 2 degrés par les colléges électoraux. Ils sont nommés pour 3 a[ns].

CULTES — (Voir Reuss-Greiz). — INSTRUCTION. 2 lycées, 2 colléges, 1 école de commerce, 1 école industrielle, 2 éco[les] primaires normales et 101 écoles primaires.

FINANCES — DÉPENSES. — 1.262.469 fr. — RECETTES 1.128.000 fr. — DETTE 2.500.687 fr.

GUERRE — L'armée fait partie du IV° corps d'armée impériale (environ 800 hommes).

CAPITALE — Gera 20.810 habitants.

SUPERFICIE — 829 kilomètres carrés (111 habitants par kilomètre carré.) || **POPULATION** — 92.575 habitants

(ROYAUME) SAXE [Sachsen] (CAP. DRESDE)

CLIMAT — La température moyenne est de + 9°20; moyenne de l'été + 17°,96, de l'hiver + 0°,05. || **PLUIE** — La moyenne de pluie qui tombe annuelleme[nt] est de 55 cent.

GOUVNEMENT / CHEF DE L'ÉTAT / POUV. EXÉCUT. / POUV. LÉGISLAT / MINISTÈRES — CHEF DE L'ÉTAT, Albert, roi, né en 1828, avénement en 1873, (Caroline, reine, née en 1833). La Saxe [est] une monarchie constitutionnelle héréditaire. — LE POUVOIR EXÉCUTIF est exercé par le roi assisté de minist[res] responsables. —LE POUVOIR LEGISLATIF est entre les mains du roi et de la Diète, composée des représenta[nts] des divers ordres, et formant deux chambres. *La première comprend les princes de la famille royale, 5 s[ei]*gneurs médiatisés, les dignitaires ecclésiastiques, les grands propriétaires (12) de biens équestres élus à vie [par] leur *ordre*, les bourgmestres des huit principales villes. *La seconde comprend* 80 députés, dont 35 élus [par] les villes, et 45 pour les communes rurales. Ces députés sont élus pour 9 ans. — 6 MINISTÈRES. *Les ministères de la justice, des finances, de l'int., des cultes et de l'inst. publique, des affaires étrangères et de la guer[re].*

JUSTICE — La justice civile compte comme première instance, soit 121 *bailliages*, soit pour les affaires plus imp[or]tantes 16 *tribunaux*; au-dessus des tribunaux figurent 4 *cours d'appel*, une dans chaque cercle, enfin [une] *cour d'appel supérieure* (3° instance), siége à Dresde. Leipzig est le siége de la *cour suprême de commer[ce]* pour toute l'Allemagne.

CULTES — Tous les cultes sont libres, les protestants sont les plus nombreux, le culte protestant est divisé en 57 c[ir]conscriptions de *superintendants*, qui sont subordonnées au *consistoire évangélique*.

INSTRUCT. PUBLIQUE — L'instruction est obligatoire, il y a 2,267 *écoles primaires* avec 458.000 élèves, 70 *écoles du dimanc[he]*, 8 *écoles normales primaires* pour instituteurs, et 1 pour institutrices, 11 *gymnases* (lycées), 1 *univers[ité]* à Leipzig, 7 *Realschulen* (écoles des sciences exactes), 2 *écoles polytechniques* et beaucoup d'écoles spécia[les]. Il est peu de pays aussi riches en institutions d'enseignement élémentaire et supérieur, en musées, collecti[ons] et autres moyens d'instruction.

INTÉRIEUR / CERCLES — Le pays se divise en 4 CERCLES (départements) qui ont chacun à leur tête un DIRECTOIRE chargé [des] affaires administratives et de celles du culte et de l'instruction. Les cercles sont divisés en *grands bailliag[es]* (Amtshauptmannschaft) au nombre de 15, 48 villes ont des *conseils urbains* (municipaux) et à la campg[ne] les 121 bailliages ont chacun un *juge de paix*.

FINANCES / DÉPENSES / RECETTES / DETTES

DÉPENSES	FR.	RECETTES	FR.
Liste civ. et apan.	4.316.621	Impôts.	21.540.5[..]
Culte et instr. publ.	7.377.546	Droits rég. (dont ch. de fer net 25.526.250).	27.675.1[..]
Minist. Dette publ., etc.	55.627.054	Dom. et autres rev.	18.305.4[..]
Total	67.321.221	Total	67.521.2[..]

1873, (dépenses pour les chemins de fer 19.424.201). 1873, (recettes brutes des chemins de fer 53.090.0[..]). DETTE (dont pour les chemins de fer 270 millions) 403.492.094. fr.

GUERRE / ARMÉES — L'armée saxonne forme le XII° corps d'armée impériale (*sur pied de paix*). *Infanterie* : 27 bat. 15.129 hou[..] chasseurs : 2 bat. 1.090 h. Landwehr : 17 bat. Total inf. : 16.465 : *Caval.* 50 escadr. 4.192 h. : *Artil.* 18 bat[..] 1.824 h. : 8 comp. : 995 h. *Total* : Artil. 2.819 h. : *Pionniers* : 4 comp. 499 h. *Train* : 2 comp. 225 h. *Total* [..] *l'armée sur pied de paix*: 24.200 h. (*Sur pied de guerre*): *Inf.* : 56.585 h. : *Cav.* : 6.682 h. : *Art.* : 9.187 [h.] *Pionniers* 1.508 h. *Train* : 2.723 h. *Total de l'armée sur pied de guerre*: 76.481 h.

VILLES PRINCIP. — (Voir la table.)

SUPERFICIE — 14.995 kilomètres carrés, dont en terres arables 7.500 ; en jardins 454, en prés 1.736, en forêts 4.800, et terres incultes 502 kilomètres carrés (184 hab. par kilomètre carré).

POPULATION — 2.760.542 habitants. Selon les cultes (1871): 2.495.422 protestants, 54.196 catholiques; 5,358 israélites [..] 5.268 autres cultes.

TABLE ADMINISTRATIVE

DISTRICTS	KIL. CAR.	POPULATION	HAB. PAR KIL.	VILLES PRINC. HAB. PAR MILLE.
Bautzen.	2.470	359.203	145.4	Bautzen 17, Zittau 20.
Dresde.	4.357	749.505	173.0	Dresde, 197, Freiberg, 25, Meissen, [..]
Leipzig.	5.567	659.751	179.3	Leipzig, 209, Döbeln 11.
Zwickau.	4.619	1.051.905	225.4	Chemnitz 85, Plauen 29, Zwickau. [..]

(DUCHÉ) SAXE-ALTENBOURG (CAP. ALTENBOURG)

CLIMAT — La température moyenne est de + 9°, moyenne de l'été est de + 18°,25, de l'hiver — 1°.09. || **PLUIE** — La moyenne de pluie qui tombe a[n]nuellement est de 57 cent.

GOUVNEMENT / CHEF DE L'ÉTAT / POUV. EXÉCUT. / POUV. LÉGISL. / MINISTÈRES — CHEF DE L'ÉTAT, Ernest, duc, né en 1826, avénement 1853 (Agnès, duchesse, née en 1824). Le duché de Sa[xe]-Altenbourg est une monarchie constitutionnelle et héréditaire. —LE POUVOIR EXÉCUTIF est représenté par [le] duc qui est assisté d'un ministère responsable. — LE POUVOIR LEGISLATIF est confié au duc et à la Diète co[m]posée de 30 députés, dont 9 représentent les villes, 12 les habitants des campagnes, 9 les personnes les p[lus] imposées. Les représentants des citoyens les plus imposés sont élus par voie de suffrage direct, les aut[res] députés sont nommés par l'élection à 2 degrés. Tout citoyen majeur, jouissant de ses droits civils et politiq[ues] est électeur. Pour être éligible, il faut avoir en outre dépassé 30 ans. Les députés sont élus pour 6 ans. 3 MINISTÈRES. *Les ministères de la maison du duc, des affaires intérieures et étrangères, des affai[res]* *de Zollverein, des cultes et de la guerre, des finances.*

JUSTICE — La *cour suprême d'appel* siége à Iéna (voir Saxe-Weimar-Eisenach). Le duché a une *cour d'app[el]* à Altenbourg.

ALLEMAGNE — SAXE-ALTENBOURG (SUITE)

CULTES **INSTR. PUBL.**	Presque tous les habitants appartiennent au culte évangélique ou luthérien. Tous les cultes sont libres. INSTRUCTION. Il y a 112 écoles primaires, 1 école primaire normale, 1 gymnase, 1 lycée, plusieurs écoles d'arts et métiers et 1 pépinière centrale.
FINANCES	DÉPENSES (liste civile, 529.100 fr.) : 2.779.451 fr. — RECETTES : 2.779.451 fr. — DETTE : 3.039.546. fr.
GUERRE	L'ARMÉE fait partie du IVᵉ corps d'armée impériale (env. 1.500 h.)
VILLES PRINCIP.	Altenbourg, 22.263 hab., Rounebourg, 6.224 hab., Eisenberg, 5.509 hab.
SUPERFICIE	1.321 kil. carrés dont 711 kil. carrés en terre arable, 107 en prés et 598 en forêts (110 hab. par kil. carré).
POPULATION	145.844 hab. Selon les cultes (1871) : 141.901 protestants, 195 catholiques, 10 israélites et 18 d'autres cultes.

(DUCHÉ) SAXE-COBOURG-GOTHA (CAP. GOTHA ET COBOURG)

CLIMAT	La température moyenne est de + 7°.76 ; moyenne de l'été, + 16°.65 ; de l'hiver, — 1°.49. PLUIE. La moyenne de pluie qui tombe annuellement est de 61 cent.
GOUVNEMENT **CHEF DE L'ETAT** **POUV. EXÉCUT.** **POUV. LÉGISL.**	CHEF DE L'ETAT. ERNEST II, duc, né en 1818, avén. 1844. (ALEXANDRINE, duchesse; née en 1820). Le duché est composé de deux territoires séparés (Cobourg et Gotha) et forme une monarchie constitutionnelle et héréditaire. LE POUVOIR EXECUTIF s'exerce par le duc, qui est assisté d'un ministère responsable. LE POUVOIR LEGISLATIF est entre les mains du duc et de la diète. La *diète particulière* de Cobourg se compose de 11 membres et celle de Gotha de 19 membres. Pour des affaires communes, ces 50 membres forment une *diète commune*. Tout citoyen âgé de 25 ans, d'une réputation intacte et payant un impôt direct, est électeur. Les électeurs âgés de 30 ans sont éligibles. Les députés sont élus pour 4 ans. La diète commune se réunit alternativement à Cobourg et à Gotha. MINISTÈRES : *Ministre d'Etat en chef et président de la section de Gotha. Président de la section de Cobourg, département de la maison et de la cour du duc, et 3 conseillers d'Etat.*
JUSTICE	La *Cour suprême d'appel d'Iéna* forme la troisième instance; la *Cour d'appel de Gotha*, la deuxième instance. La première est représentée par 2 *tribunaux d'arrondissement* et par les 17 *sous-tribunaux*, *justices de paix* (justizämter).
CULTES **INSTR. PUBL.**	Le culte protestant compte 2 *superintendants* généraux avec 20 *éphories* dirigées chacune par un superintendant. Les cultes sont libres. Les protestants sont les plus nombreux. INSTRUCTION. Chaque commune possède au moins 1 école primaire. Il y a 2 écoles *normales primaires*, 1 *Realschule*, 1 collége, 2 gymnases et 8 écoles industrielles. Pour l'instruction supérieure, on contribue à l'entretien de l'université d'Iéna.
INTERIEUR	Le pays est partagé administrativement en 4 *préfectures*, 7 *comités urbains* et 3 *districts*.
FINANCES **DÉPENSES** **RECETTES**	COBOURG. — DÉPENSES : 1.372.744 fr. — RECETTES : 1.565.599 fr. — DETTE : 5.133.307 fr. GOTHA. — DÉPENSES : 4.351.436 fr. — RECETTES : 5.141.560 fr. — DETTE : 9.874.025 fr.
GUERRE	L'ARMÉE fait partie du XIᵉ corps d'armée impériale (env. 2.000 h.).
VILLES PRINCIP.	Gotha, 22.928 hab.; Cobourg, 14.567 hab.; Ohrdruf, 5.579 hab.; Waltershausen, 4.457 hab.
SUPERFICIE	1.968 kilomètres carrés dont le territoire de Cobourg 562 et celui de Gotha 1.406 (92 hab. par kil. carré).
POPULATION	182.599 hab. savoir: dans Cobourg, 54.507, et dans Gotha, 128.092. Selon les cultes (1871), 172.786 protestants, 1.263 catholiques, 19 israélites et 27 autres cultes.

(DUCHÉ) SAXE-MEININGEN (CAP. MEININGEN)

CLIMAT	La température moyenne est de + 8°.11, moyenne de l'été + 17°.35, de l'hiver — 1°.71. PLUIE. La moyenne de pluie qui tombe annuellement est de 62 cent. m.
GOUVNEMENT **CHEF DE L'ETAT** **POUV. EXÉCUT.** **POUV. LÉGIS.**	CHEF DE L'ETAT. GEORGES II, duc, né en 1826, avén. 1866 (BERNARD, prince héréd., né en 1851). Monarchie constitutionnelle et héréditaire. LE POUVOIR EXECUTIF s'exerce par le duc qui est assisté d'un ministère. LE POUVOIR LEGISLATIF est partagé entre le duc et la DIETE qui se compose de 24 membres ; 4 sont élus par les principaux propriétaires ; 4 par les plus imposés, 16 par les autres habitants. Les représentants des propriétaires sont élus directement, les autres à deux degrés ; tous pour 6 ans. Pour être éligible il faut être âgé de 30 ans et appartenir à l'un des cultes chrétiens. 5 MINISTÈRES : *les ministères de la maison du duc et des affaires étrangères, des finances, de la justice, des cultes et de l'instruction publique, de l'intérieur.*
JUSTICE	La *Cour suprême d'appel d'Iéna* forme la dernière instance, le *tribunal d'appel* est à Hildbourghausen.
CULTES	Tous les cultes sont libres. Le culte protestant est le culte dominant.
INSTRUC. **PUBLIQUE**	286 *écoles primaires chrétiennes* et 8 *écoles primaires israélites*, 2 *lycées*, 2 *colléges*. Le pays contribue à l'entretien de l'*université d'Iéna*.
INTERIEUR	Le pays est divisé en 11 DISTRICTS et 580 communes.
FINANCES	DÉPENSES : 4.742.050 fr. RECETTES : 5.279.550 fr. DETTE : 16.059.794 fr.
GUERRE	L'ARMÉE fait partie du XIᵉ corps d'armée impériale (env. 2.100 h.).
VILLES PRINCIP.	Meiningen, 9.521 hab.; Saalfeld, 7.428 hab.; Sonneberg, 7.322 hab.; Hildbourghausen, 5.162 hab.
SUPERFICIE	2.468 kil. carrés dont 954 en forêts (79 hab. par kil. carré).
POPULATION	194.494 hab. Selon les cultes (1871). Protestants, 181.964 ; catholiques, 1.565 ; israélites, 1.625 ; autres cultes, 193.

(GRAND-DUCHÉ) SAXE-WEIMAR-EISENACH (CAP. WEIMAR)

CLIMAT	La température moyenne est de + 8°.75 ; moyenne de l'été + 17°.85 ; de l'hiver — 1°.41. PLUIE. La moyenne de pluie qui tombe annuellement est de 57 cent. m.
GOUVNEMENT **CHEF DE L'ETAT** **POUV. EXÉCUT.** **POUV. LÉGISL.**	CHEF DE L'ETAT. CHARLES-ALEXANDRE, grand-duc, né en 1818, avén. 1853. (Sophie, grande-duchesse, née en 1824 ; CHARLES-AUGUSTE, grand-duc héréditaire, né en 1844). Monarchie constitutionnelle héréditaire. LE POUVOIR EXECUTIF est entre les mains du grand-duc qui est assisté d'un ministère responsable. LE POUVOIR LEGISLATIF s'exerce par le grand-duc et par la *diète* qui se compose de 31 membres, dont 1 est élu par l'ordre équestre, 4 par les grands propriétaires, 5 par les personnes les plus imposées et 21 élus par les suffrages de l'ensemble des citoyens. L'élection est à deux degrés. Les électeurs primaires doivent avoir 21 ans, les élec-

ALLEMAGNE SAXE-WEIMAR-EISENACH (SUITE)

GOUVNEMENT *(suite)* \teurs secondaires 25 ans, et tous jouir du droit de bourgeoisie. Les députés sont nommés pour 3 ans. 5 MINISTÈ-(RES. *Finances ; maison du Grand-Duc, cultes et justice ;- intérieur et extérieur.*

JUSTICE La justice est rendue par 5 tribunaux et par une *Cour d'appel* à Eisenach, commune pour les duchés de Saxe-Cobourg-Gotha et les principautés de Schwartzbourg et de Reuss ; et en 5° instance par le *trib. suprême d'Iéna*, en commun avec les 3 duchés de Saxe, d'Anhalt, et avec les principautés de Reuss et de Schwarzbourg (Les Etats de la Thuringe).

CULTES Le culte protestant domine. Tous les cultes sont libres.

INSTR. PUBL. Chaque commune a une *école primaire* (environ 443, dont 439 écoles prim. protest.). 2 *écoles primaires normales*, 3 *lycées*, 1 *Realschule* à Eisenach, et enfin l'*Université d'Iéna*, commune pour les duchés de Saxe.

INTERIEUR DISTRICTS La pays est divisé en 5 DISTRICTS (départements) administrés chacun par un directeur (préfet) secondé par un conseil général élu par les communes.

FINANCES DEPENSES (liste civile 1.050.000 fr.) 7.853.995 fr. — RECETTES 7.899.962 fr. — DETTE 10.958.526 fr.

GUERRE L'armée fait partie du XI° corps d'armée impériale (env. 3.700 h.).

VILLES PRINC. Weimar 17.522, Eisenach 16.163, Apolda 12.427, Iéna 9.020, Weida 5.404.

SUPERFICIE 3636 kilom. carrés, dont en forêts 909 kilom. (80 hab. par kilom. carré.)

POPULATION 292.933 hab. Selon les cultes (1871). Protest. 275.492 ; cath. 9437 ; israélites 1120 ; autres cultes 114.

(PRINCIPAUTÉ) SCHAUMBOURG-LIPPE (CAP. BUCKEBOURG)

CLIMAT La temp. moy. est de + 9°,01 ; moy. de l'été + 17°,06, de l'hiver + 0°,48. — PLUIE. La moy. de pluie qui tombe annuellement est de 57 centim.

GOUVNEMENT CHEF DE L'ETAT POUV. EXÉCUT. POUV. LÉGISL. CHEF DE L'ETAT. ADOLPHE GEORGES, prince né en 1817, avén. 1860 (Hermine, princesse, née en 1827 ; Georges, prince héréd., né en 1846). Monarchie constitutionnelle et héréditaire. LE POUVOIR EXECUTIF s'exerce par le prince, LE POUVOIR LEGISLATIF par la diète composée de 15 membres, dont 1 dép. des chevaliers, 3 des villes, 7 des paysans, 1 du clergé, 1 de la classe lettrée et 2 nommés par le prince. COLLEGE SUPERIEUR (ministère) *gouvernement, Chambre des domaines, chancellerie de justice, Consistoire.*

JUSTICE Cour suprême d'appel. (Voir Cour supér. de Brunswick).

INSTR. PUBL. Culte protestant dominant, tous les cultes libres. INSTRUCTION : 1 lycée, 4 écoles primaires supérieures 2 écoles supérieures de filles, 38 écoles primaires et 1 école primaire normale.

FINANCES DEPENSES, 719.242 fr. RECETTES, 719.242 fr. DETTE, 4.500.000 fr.

GUERRE L'armée fait partie du VII° corps d'armée impériale (environ 600 hommes).

CAPITALE Buckebourg, 4832 hab.

SUPERFICIE 443 kilom. carrés, dont forêts 87 kilom. carrés (74 hab. par kilom. carré).

POPULATION 33.433 hab. Selon les cultes (1871) : Protest., 31.216 ; Cathol., 586 ; Israél., 351 ; autres cultes, 23.

(PRINCIPAUTÉ) SCHWARZBOURG-RUDOLSTADT (CAP. RUDOLSTADT)

CLIMAT La temp. moy. est de + 8°,75, moy. de l'été + 17°,85, de l'hiver — 1°,41. — PLUIE. La moy. de pluie qui tombe annuellement est de 57 centim.

GOUVERNEM. CHEF DE L'ETAT POUV. EXÉCUT. POUV. LÉGISL. CHEF DE L'ETAT. GEORGES-ALBERT, prince né en 1838, avén. 1869. Monarchie constitutionnelle et héréditaire. LE POUVOIR EXECUTIF s'exerce par le prince assisté d'un ministère responsable. LE POUVOIR LEGISLATIF est entre les mains de la DIETE composée de 16 membres, dont 4 élus par les personnes les plus imposées et 12 par le suffrage universel. La durée du mandat est de 6 ans. 5 MINISTÈRES.

JUSTICE Cour suprême d'appel à Iéna et 1 Cour d'appel à Eisenach. (V. Saxe-Weimar).

CULTES INSTR. PUBL. Le culte protestant domine, tous les cultes sont libres. INSTRUCTION : 1 *gymnase*, 1 *Realschule*, 1 *école supérieure de filles*, 2 *écoles primaires normales* et *des écoles élémentaires* dans toutes les communes. L'instruction primaire est obligatoire.

FINANCES DEPENSES (liste civile et apanages 505.280 fr.) 2.221.415. RECETTES 2.242.595 fr. DETTES 5.857.500 fr.

GUERRE L'armée fait partie du IV° corps d'armée impériale (environ 1000 hommes).

VILLES PRINC. Rudolstadt 7.658, Frankenhausen 5.500.

SUPERFICIE 942 kilom. carr., dont 385 kilom. carr. en forêts (81 hab. par kilom. carré).

POPULATION 76.676 hab. ; selon les cultes (1871) Protest., 75.294 ; cathol., 196 ; israélites, 119.

(PRINCIPAUTÉ) SCHWARZBOURG-SONDERSHAUSEN (CAPITALE SONDERSHAUSEN)

CLIMAT La temp. moyenne est de + 8°,41 ; moyenne de l'été + 17°, de l'hiver — 0°,38. — PLUIE. La moyenne de pluie qui tombe annuellement est de 53 cent.

GOUVERNEM. CHEF DE L'ETAT POUV. EXECUT. POUV. LEGISL. CHEF DE L'ETAT : GONTHIER-FRÉDÉRIC-CHARLES II, Prince, né en 1801, avén. 1835. (CHARLES, prince héréditaire né en 1830). Monarchie constitutionnelle et héréditaire. LE POUVOIR EXECUTIF s'exerce par le prince, le POUVOIR LEGISLATIF par la diète, composée de 15 membres, dont 5 sont nommés par le Prince, 5 sont élus par les plus imposés et 5 par des élections générales. 5 Ministères.

JUSTICE (Voir Saxe-Weimar). Il y a en outre 2 *trib. de cercles* (Sondershausen, Arnstadt).

CULTES INSTR. PUBL. Presque tous les habitants sont protestants. Tous les cultes sont libres. INSTRUCTION : 118 écoles élémentaires, 1 école normale primaire, des écoles primaires sup., 1 école sup. de filles, 2 *Realschulen* et 2 gymnases.

INTERIEUR Le pays est divisé en 4 DISTRICTS : Sondershausen, Ebeleben, Arnstadt et Gehren.

FINANCES DEPENSES, 2.689.182 fr. (Liste civile, environ 533.000 fr., rente des domaines). RECETTES, 2.705.927. DETTE, 4.948.863 fr.

GUERRE L'armée fait partie du IV° corps d'armée impériale (environ 850 hommes).

VILLES PRINC. Sondershausen, 5.725 hab. ; Arnstadt, 9.243 hab. ; Greussen, 3.154 hab.

ALLEMAGNE — SCHWARZBOURG-SONDERSHAUSEN (SUITE)

SUPERFICIE	862 kil. carrés, dont 252 kil. carrés en forêts (78 hab. par kil. carré).
POPULATION	67,480 hab. Selon les cultes (1871). Protest. 66,824 ; cath. 176 ; israél. 186.

(PRINCIPAUTÉ) WALDECK (CAP. AROLSEN)

CLIMAT	La temp. moyenne est de +8°,69 ; moy. de l'été +16°,27, de l'hiver —0°13. PLUIE. La moyenne de pluie qui tombe annuellement est de 58 c. m.
GOUVMENT — **CHEF DE L'ÉTAT** — **POUV' EXÉCUTIF** — **POUV' LÉGISL.**	CHEF DE L'ETAT : Georges V, prince né en 1831, avén. 1845, majeur 1852 (Hélène, princesse née en 1831 ; Frédéric, prince héréd., né en 1865). Monarchie constitutionnelle et héréditaire. En vertu d'une convention conclue en 1867, par le prince avec la Prusse, et approuvée par les États, la principauté de Waldeck-Pyrmont est administrée par la Prusse depuis 1868. La DIÈTE se compose de 15 députés élus par le suffrage universel à deux degrés.
JUSTICE	La cour sup.: *Le tribunal de Berlin, la cour d'appel de Cassel.*
CULTES — **INST. PUBLIQUE**	Tous les cultes sont libres, presque tous les habitants sont protestants. INSTRUCTION. 127 *écoles primaires*, 1 collége et 4 lycées.
INTÉRIEUR	Le pays est divisé en 4 CERCLES : Twiste, Eisenbourg, Eder et Pyrmont.
FINANCES	DÉPENSES : 1.172.378 fr. — RECETTES : 1.172.378 fr. — DETTE : 3.256.000 fr.
GUERRE	L'armée fait partie du XIe corps d'armée impériale (env. 870 hommes).
VILLES PRINC.	Arolsen 2,460 hab., Pyrmont 4,567, Korbach 2,411 hab.
SUPERFICIE	1.135 kil. carrés, dont 444 kil. carrés en forêts (48 hab. par kil. carré).
POPULATION	54,711 hab. selon les cultes (1871). Protest. 54.055, cath. 1.305, israél. 834, et autres cultes 30.

(ROYAUME) WURTEMBERG (CAP. STUTTGART)

CLIMAT	La tempér. moy. est de +10°,19, moy. de l'été +18°,89, de l'hiver +0°,71. PLUIE. La moyenne de pluie qui tombe annuellement est de 62 c. m.
GOUVNEMENT — **CHEF DE L'ÉTAT** — **POUV' EXÉCUTIF** — **POUV' LÉGISL.**	CHEF DE L'ETAT, Charles I, roi, né en 1823, avén. 1864 (Olga, reine, née en 1822). Le Wurtemberg est une monarchie constitutionnelle et héréditaire pour les deux sexes. LE POUVOIR EXÉCUTIF est entre les mains du roi, assisté d'un ministère responsable. LE POUVOIR LÉGISLATIF s'exerce par le roi et les *États* qui se divisent en deux chambres. *La première (chambre des seigneurs)* se compose des princes du sang, des princes médiatisés, des représentants des territoires ou propriétés dont le possesseur jouissait du droit de vote sous le régime de l'empire germanique, enfin des personnes auxquelles le roi confère la pairie viagère ou héréditaire. Le nombre des pairs nommés par le roi ne peut dépasser le tiers de l'ensemble des membres. *La deuxième chambre (chambre des députés, 96 membres)* comprend 13 représentants de l'ordre équestre, élus par cet ordre parmi ses membres, les 6 superintendants généraux protestants, l'évêque et 3 prêtres catholiques, le chancelier de l'université de Tubingen, 1 député de chacune des 7 principales villes du royaume et 63 députés des bailliages ou circonscriptions. Les députés élus sont nommés pour 6 ans, ils doivent être âgés de 30 ans, mais il n'y a pas de condition de cens. Tous les citoyens majeurs qui payent une contribution directe sont électeurs primaires ; chaque commune choisit parmi ses habitants, inscrits sur les listes électorales, des électeurs secondaires dans la proportion de 1 électeur secondaire sur 7 citoyens, mais de façon à ce que les deux tiers des électeurs secondaires soient pris parmi les contribuables les plus imposés et un tiers parmi les autres. L'administration du pays est confiée à un *conseil privé* (15 membres, dont les 6 ministres actuels). 6 MINISTÈRES : *les ministères de la Justice, des Affaires étrangères et de la Maison du roi, de l'Intérieur, des Affaires ecclésiastiques et scolaires, des Finances et de la Guerre.*
JUSTICE	La justice est divisée en 3 instances : 1re instance, *les trib. des bailliages* ; 2e instance, les 4 *trib. d'appel* un dans chaque cercle (voir la table) ; 3e instance, le *tribunal supérieur.*
CULTES	Le roi est l'évêque supérieur. Le culte protestant est administré par le *consistoire* de Stuttgart qui se constitue en synode par l'adjonction de 6 superintendants généraux. Les catholiques ont un évêque à Rottenbourg. Les israélites forment 12 circonscriptions rabbiniques.
INSTRUCT. PUBLIQUE	L'instruction primaire est obligatoire pour les enfants de 6 à 14 ans. Chaque localité ayant 30 familles doit avoir une *école primaire*; l'État vient en aide aux localités pauvres. 3 *écoles normales primaires*, dont 1 catholique. L'instruction secondaire compte 6 *grands gymnases*, 4 lycées (petits gymnases), 8 *Realschulen supérieures*, 55 *Realschulen inférieures*. Pour l'instruction supérieure il y a une *université à Tubingen* qui compte 6 facultés. Il existe en outre un grand nombre d'écoles spéciales.
INTÉRIEUR — **CERCLES**	Le pays est administrativement partagé en 4 GOUVERNEMENTS DE CERCLES subordonnés au conseil privé. Au dessous de ces gouvernements fonctionnent 63 *grands baillis (Oberamtmann)*; la ville de Stuttgart a une administration séparée. On compte 1,915 *communes* administrées chacune par un *maire* assisté d'un *conseil municipal* et d'une *députation de la bourgeoisie.*

FINANCES	RECETTES	FR.	DÉPENSES	FR.
DÉPENSES	Impôts	26.589.687	Liste civile et apanages.	2.627.228
RECETTES	Divers	3.016.527	Culte et instruction.	9.201.440
DETTE	Biens de l'État (dont Ch. de fer 43.012.800, Postes 6.149.150, Télégraphes 579.625)	98.785.689	Ministères, Dette publique, etc. .	43.529.915
	Total	128.591.703	Frais div. (dont Ch. de fer 27.562.500, Postes 5.927.844, Télégraphes 575.375).	72.970.120
	DETTE (dont p. les Ch. de fer 338.750.000)	400.131.539	Total	128.528.703

POSTES : Bureaux 490. Lettres 60.648.640. TÉLÉGRAPHES : Bureaux 317. Lignes 2.419 kil.

GUERRE — **ARMÉE**	L'armée wurtembergeoise forme le XIIIe corps d'armée (26e et 27e divisions) dans l'armée impériale. *Sur pied de paix: Infant.* 24 bat., 12,257 hom.; landw., 17 bat. *Total inf.*, 12,547 hom. *Caval.*, 20 escad., 2,712 h.; *Artill.*, 14 batt., 4,388 hom.; 4 comp., 422 hom. *Total artill.*, 1,810 hom.; *Pionniers*, 4 comp., 458 hom.; *Train* 2 comp., 210 hom. *Total de l'armée sur pied de paix:* 17,757 hom.; *sur pied de guerre: Infant.*, 48,088 hom.; *Caval.*, 4,880 h.; *Art.*, 6,711 h.; *Pionn.*, 1,508 h.; *Train*, 2,725 h. *Tot. de l'armée sur pied de guerre:* 63,910 h.
VILLES PRINC. — **HAB. PAR MIL E**	Stuttgart 107, Ulm 30, Heilbronn 21, Esslingen 20, Reutlingen 15, Cannstatt 15, Ludwigsburg 15, Gmund 13. Tubingen 10, Ravensburg 10.
SUPERFICIE	19,504 kil carrés, dont en terre arable 8.279 k. c., en prés et pâturages 3,618 k. c., en jardins et vignes 644 k. c., et en forêts 5,964 k. c (env. 9 hab. par kil. carré).
POPULATION	1,881,505 habit. Selon les cultes (1871) ; 1,248,860 protest., 555,542 cathol., 23,575 israél.; 3,858 d'autres cultes.

TABLE ADMINISTRATIVE

Cercles	k. c.	popul.	hab. kil.	trib. d'ap.
Neckar	3527	587.834	182.1	Esslingen
Forêt-Noire	3159	454.937	88.5	Tubingen
Jaxt	4775	390.705	81.8	Ellwangen
Danube	6265	448.031	71.5	Ulm

ALLEMAGNE (SUITE)

(VILLE LIBRE)   LUBECK   (HANSÉATIQUE)

CLIMAT	La température moyenne est de + 8° Moyenne de l'été + 16°; de l'hiver + 0°. **PLUIE** La moyenne de pluie qui tombe annuellement est de 72 centimètres.
GOUVNEMENT / POUV. EXÉCUT. / POUV. LÉGISLAT	Le POUVOIR EXÉCUTIF est exercé par le Sénat composé de 14 membres élus par les citoyens et qui doit compter au moins 6 légistes et 5 négociants. Le POUVOIR LÉGISLATIF est entre les mains du Sénat et de la Bourgeoisie, qui se compose de 120 membres élus par les citoyens; tous les électeurs sont éligibles. Elle se réunit six fois par an; un comité de 30 membres élu dans son sein, pour 2 ans, s'assemble tous les 15 jours pour préparer la discussion et décider les affaires d'administration. Parmi les sénateurs, 12 sont à la tête des départements de l'administration.
JUSTICE	La Cour suprême d'appel pour les 3 villes libres se compose d'un président nommé en commun par le Sénat des 3 villes et par 6 conseillers, nommés : 3 par Hambourg, 2 par Brême et 1 par Lubeck. 1 chambre de commerce. Pour Lubeck, en particulier, on a une Cour suprême pour les causes civiles et criminelles.
CULTES	Tous les cultes sont libres, la plus grande partie des habitants sont protestants (luthériens.)
INTERIEUR	Lubeck se compose de la ville et des faubourgs, des districts de la campagne et d'une partie de Bergedorf.
FINANCES	DÉPENSES 3.220.947. — RECETTES 3.220.947. — DETTE 31.026.667.
GUERRE	L'ARMÉE fait partie du IX° corps de l'armée impériale (environ 700 hommes).
MARINE MARCH.	42 navires, jaugeant 8.058 tonnes, dont 22 vapeurs, avec 1.209 chevaux, jaugeant 4.409 tonnes.
SUPERFICIE	283 kilom. carrés (201 habit. par kilom. carré). **POPULATION** (1875) 56.912 dont la ville 44.799 habit.

RÉPARTITION ÉGALE DES IMPOTS ET DE LA DETTE
SUR CHAQUE HABITANT

PAYS	TOTAL des IMPOSITIONS	IMPOSITIONS DIRECTES	IMPOSITIONS INDIRECTES	0/0 DES IMPOTS DIRECTS	0/0 DES IMPOTS INDIRECTS	DETTE
	Francs	Francs	Francs	Pour 100	Pour 100	Francs
FRANCE	62.»»	16.28	45.72	26	74	612.5
GRANDE-BRETAGNE	50.73	5.01	45.72	10	90	599.7
ÉTATS-UNIS	44.10	2.45	41.65	6	94	555.5
PAYS-BAS	43.66	13.51	30.15	31	69	535.0
AUTRICHE	35.77	10.78	24.99	30	70	276.5
ITALIE	32.43	14.30	18.13	44	56	372.4
BELGIQUE	26.05	7.95	18.10	30	70	143.0
BRÉSIL	25 57	1.96	23.61	8	92	168.5
DANEMARK	23.99	5.69	18.30	23	77	176.4
PORTUGAL	23.22	6.95	16.27	29	71	608.5
TURQUIE	21.87	4.27	17.60	24	76	254.4
BADE	21.65	7.55	14.30	33	67	254.8
WURTEMBERG	20.77	8.03	12.74	39	61	215.6
SUÈDE	19.60	5.02	14.58	26	74	42.0
HONGRIE	18.81	6.07	12.74	33	67	146.0
PRUSSE	18.70	7.50	11.20	40	60	64.8
RUSSIE	17.95	4.45	13.48	25	75	106.8
BAVIÈRE	17.75	4.50	13.25	26	74	160.7
NORVÈGE	16.87	—	16.87	—	100	24.5
ESPAGNE	16.10	9.29	6.81	58	42	71.5
GRÈCE	15.97	7.55	8.62	47	53	144.0
SUISSE	15.40	4.90	10.50	39	61	63.7
SAXE	15.09	4.50	10.59	30	70	166.6
SERBIE	8.56	6.26	2.30	73	27	—

AUTRICHE-HONGRIE

EMPIRE AUTRICHE [Osterreich] (CAP. VIENNE [WIEN])

SITUATION ASTRONIQUE 42°,10' — 51°,05' lat. N. 47°,15' — 24°,10' long. E.

CLIMAT La température moyenne à Vienne est de + 10°, et à Prague + 9°,40.

GOUVNEMENT
CHEF DE L'ÉTAT
POUVOIR EXÉC.
POUVOIR LÉGIS.

CHEF DE L'ÉTAT, François-Joseph Ier, empereur d'Autriche, roi de Hongrie, né en 1830 (maison de Habsbourg-Lorraine), avénement 1848; (Élisabeth, impératrice, reine, née en 1837; Rodolphe, prince impérial héritier, né en 1858). L'Empire austro-hongrois est une monarchie constitutionnelle et héréditaire. La succession a lieu par ordre de primogéniture et en donnant la préférence aux mâles. L'Autriche et la Hongrie ont pleine et entière autonomie pour toutes les matières qui n'ont pas été expressément déclarées communes. Sont communes : les affaires étrangères et l'armée, ainsi que les finances se rapportant à ces deux services. Le *ministère commun* est donc composé de 3 *membres* : les ministres *des Affaires étrangères, de la Guerre et des Finances*. Le *ministère commun* est responsable. Aucun ministre ne peut faire partie à la fois du ministère commun et d'un ministère territorial. Les affaires communes sont réglées par des *délégations* parlementaires. Chaque parlement nomme tous les ans 60 membres, dont 20 de la chambre des Seigneurs ou des Magnats. (Pour la répartition des 40 membres nommés par la 2e chambre, voir la *Table administrative*. Le pouvoir exécutif est entre les mains de l'empereur.

Le POUVOIR LÉGISLATIF est partagé entre l'empereur et le parlement autrichien, dit *Conseil de l'empire* (Reichrath), qui se compose de deux chambres (Häuser) : chambre des Seigneurs (pairs), et chambre des Représentants (députés). La *chambre des Seigneurs* est composée : 1° par droit de naissance, des princes impériaux (13) et des chefs des grandes familles auxquelles l'empereur a conféré la dignité de pair héréditaire (54); 2° en vertu de leurs fonctions, des archevêques (10) et des évêques (7) ayant le rang de prince ; 3° en vertu d'une nomination à vie des personnes qui, par leur mérite ou par les services qu'elles ont rendus à l'État, ont acquis des titres à la reconnaissance de l'empereur ou du pays (107), total : 191 membres. La *chambre des Représentants* se compose de 353 membres élus par les chambres provinciales, partagées en 4 classes d'électeurs de chaque pays (grands propriétaires, villes, commerce, districts ruraux). Les représentants des campagnes (districts ruraux) sont seuls élus à deux dégrés (1 électeur secondaire par 500 habitants); les autres sont nommés directement par les électeurs primaires. Tout citoyen autrichien majeur, jouissant de ses droits civils et âgé de 30 ans est électeur. De plus, les électeurs et les éligibles sont soumis à des conditions de cens qui varient selon les pays. CONSEIL DES MINISTRES, 10 membres : le président du conseil, les ministres de la justice, de l'intérieur, des cultes et de l'instruction publique, de la défense du pays (guerre et marine), du commerce et de l'économie nationale, des finances, de l'agriculture, et 2 ministres sans portefeuille.

JUSTICE

La COUR SUPRÊME DE JUSTICE ET DE CASSATION siége à Vienne (juge en troisième ressort. La seconde instance est formée par 9 *cours d'Appel* (voir la table). La première instance est représentée par des cours composées de plusieurs juges et par des tribunaux n'ayant qu'un seul juge. L'Autriche a encore des juridictions spéciales, telles que la cour du *Grand-Maréchal* (Obersthofmarschallamt), les *tribunaux militaires*, les *tribunaux de commerce*, les *tribunaux maritimes*, les *prud'hommes des marchés*, etc.

CULTES

Toutes les religions reconnues par l'État sont protégées par le gouvernement. Les évêques du *culte catholique romain* sont nommés par le pape, sur la proposition de l'empereur. On compte 13 *archevêques* et 51 *évêques* du rite latin, dont 26 dans l'État autrichien et 25 dans l'État hongrois ; 2 archevêques et 7 évêques du rite grec; 1 archevêque catholique du rite arménien. En 1861, on comptait 32.362 prêtres séculiers, de plus, 9.784 religieux dans 720 couvents d'hommes, et 5.198 religieuses dans 298 couvents de femmes. L'*Église grecque non unie* a pour chef le patriarche de Carlowitz: elle compte 10 *évêques*, dont 2 en Autriche et 8 en Hongrie, 3.800 prêtres et 40 couvents avec 238 religieux. L'Église protestante évangélique est dirigée par 19 *surintendants*, dont 9 en Autriche et 10 en Hongrie. Les autres cultes reconnus en Autriche-Hongrie sont les *unitaires*, qui habitent surtout la Transylvanie, et les *israélites* dirigés par leurs *rabbins*.

INSTRUCT. PUBLIQUE

L'instruction primaire est obligatoire pour les enfants âgés de 6 à 12 ans, et les dépenses sont supportées par *l'État, les communes ou des fondations*, et par la rétribution scolaire des enfants appartenant à des parents aisés. Les *écoles primaires* sont divisées en inférieures, supérieures et urbaines. Il y a au moins 1 école primaire inférieure dans chaque commune rurale ou urbaine. Les écoles primaires supérieures ne se trouvent que dans les villes. L'Autriche compte 15.200 écoles primaires avec 1.829.000 élèves, et 13.400 instituteurs ou institutrices; la Hongrie 14.500 écoles primaires avec 1.253.000 élèves (1872), et 28.000 instituteurs ou institutrices. Sachant lire et écrire, dans la Basse-Autriche 84 °/.; en Silésie 70 °/.; en Bohême 61 °/.; en Moravie 46 °/.; dans le Tyrol 37 °/.; en Hongrie 26 °/.; en Croatie 13 °/.; en Transylvanie 9 °/.; en Galicie 5 °/.; en Carniole 4 °/.; en Dalmatie 1 °/. Les *écoles secondaires* se divisent en *gymnases* (lycées) et en *Realschulen* qui ont quelque analogie avec les écoles secondaires spéciales. L'Autriche compte 145 écoles secondaires (dont 94 gymnases et 51 Realschulen) avec 27.700 élèves; la Hongrie, 146 écoles secondaires avec 29.400 élèves. L'*instruction supérieure* est donnée dans les universités, les écoles polytechniques et dans les écoles spéciales. Il y a 7 universités en Autriche-Hongrie. Celles de Vienne, Prague, Budapest et Cracovie ont 4 facultés (théologie, droit, médecine, philosophie); celles de Lemberg, Gratz et Insbruck n'ont pas la faculté de médecine. Les universités comptent environ 600 professeurs et 9.000 étudiants. Il y a 7 écoles polytechniques qui comptent environ 240 professeurs et 3.000 élèves. *Écoles spéciales :* 2 facultés de théologie et 120 séminaires avec 3.500 étudiants, etc. De plus, 5 académies administratives; 7 écoles de chirurgie; 16 écoles secondaires d'agriculture avec environ 500 élèves; 3 écoles forestières avec environ 100 élèves; 1 institut agricole avec environ 150 élèves; 1 académie forestière; plusieurs écoles des mines (Leoben, Pribram, etc.); 60 écoles industrielles et commerciales avec environ 3.500 élèves; 3 académies de commerce (Vienne, Prague et Budapest); 70 écoles des beaux-arts; 20 écoles militaires et 9 maisons d'éducation militaire, école navale, etc., etc.

INTÉRIEUR
PAYS
PROVINCES
BIENFAISANCE

L'Autriche se compose de 14 pays différents réunis sous la souveraineté de la maison de Habsbourg (voir la table) et formant l'empire d'Autriche. La Hongrie comprend le royaume de Hongrie et les pays de la couronne de Hongrie : ces deux puissances forment l'EMPIRE AUSTRO-HONGROIS. Les provinces du pays sont administrées par des *gouverneurs* (basse et haute Autriche, Bohême, Moravie, Styrie, Dalmatie), et par des *présidents du pays* (Salzbourg, Carinthie, Carniole, Silésie, Bukovine). En Galicie il y a un gouverneur général auquel les autorités provinciales de Lemberg et de Cracovie sont subordonnées. Les provinces sont subdivisées soit seulement en districts (arrondissements), soit en cercles (départements) composés de plusieurs districts. Les communes sont représentées par un conseil municipal élu pour trois ans.

BIENFAISANCE. L'assistance publique est dans les attributions de la commune, et l'État n'intervient que si les ressources locales sont insuffisantes. L'administration de la charité est confiée au bureau des pauvres dans chaque province. On compte 330 hôpitaux civils; 159 hôpitaux militaires; 40 asiles d'aliénés; 40 maisons d'accouchement; 35 hospices d'enfants trouvés. Le système de l'assistance publique comprend encore des maisons de travail qui se divisent en deux classes : dans les unes le travail est volontaire, dans les autres le travail est forcé. Ces établissements sont entretenus par les provinces.

FINANCES
DÉPENSES
RECETTES

BUDGET COMMUN POUR TOUTE LA MONARCHIE			
DÉPENSES	Fr.	RECETTES	Fr.
Affaires étrangères.	10.844.950	Recettes diverses.	14.449.325
Guerre 253.400.462. Marine 23.525.475.	276.925.937	— nettes des douanes.	27.500.000
Finances.	4.638.800	Quotes-parts matriculées.	250.779.147
Cour des comptes.	318.785		
Total.	292.728.472	Total.	292.728.472

AUTRICHE (SUITE)

BUDGET POUR L'AUTRICHE

FINANCES — DÉPENSES — RECETTES — DETTE — MONNAIES

DÉPENSES	Fr.
Maison de l'empereur	11.625.000
Finances (chemins de fer 493.760)	177.000.625
Commerce (postes 57.957.500; télégraphes 10.082.500)	57.879.000
Agriculture	28.893.675
Intérieur	47.450.000
Défense du pays	21.108.300
Cultes et instruction publique (instruction publique 28.751.805)	44.624.770
Justice	55.520.087
Conseil des ministres	1.818.400
Dette publique	257.920.755
Part dans les dépenses communes	205.783.492
Pensions. Dot. Diète, etc.	104.550.893
Total	1.010.175.199

RECETTES	Fr.
Finances (impôts directs 218.462.500; impôts indirects 564.111.772; ch. de fer 241.892)	792.074.142
Com^e (post^s 58.000.000; télég^s 6.500.000)	46.412.500
Agriculture	27.355.175
Intérieur	2.772.000
Défenses du pays	85.507
Cultes et instruction publique	17.156.840
Justice	968.500
Conseil des ministres	1.078.000
Recettes diverses	45.978.590
Total	933.880.854

DETTE COMMUNE POUR TOUT L'EMPIRE

Dette consolidée	6.699.914.425
Dette flottante Autriche (papier)	74.798.932
— commune	163.747.267
Indemnité (papier)	51.392.007
Rentes payables en argent	4.575.000
Rachat de rentes foncières (en papier)	513.783.050
Total	7.488.010.681
Papier monnaie	866.252.582

MONNAIES. Or, pièce de 8 florins = 4 fr.; de 4 fl. = 10 fr. Argent, fl. de 100 neu-kreutzers = 2 fr. 47; pièces de 25, 10, 5 neu-kreutzers en proportion. Cuivre, 4, 1 et 1/2 neu-kreutzers en proportion.

GUERRE — ARMÉE — DIVISIONS — MILITAIRES — MARINE DE L'ÉTAT — MARINE MARCHANDE

Le service militaire est obligatoire pour tout citoyen propre à porter les armes et ayant atteint l'âge de 20 ans. Le remplacement n'est plus admis. La durée du service est de 12 ans, dont 3 dans la ligne, 7 dans la réserve et 2 dans la landwehr. Les jeunes gens qui, à cause de leur numéro élevé, n'ont pas été appelés dans l'armée active, servent pendant 12 ans dans la landwehr, et les jeunes gens qui prouvent avoir reçu une instruction supérieure sont en droit de servir un an seulement dans l'armée active, pour rester 9 ans dans la réserve et 2 ans dans la landwehr. — DIVISIONS MILITAIRES. La monarchie est divisée en 81 DISTRICTS DE RECRUTEMENTS, dirigés par des commandements de districts, lesquels effectuent l'appel aux drapeaux et le recrutement de l'armée. Ils sont subordonnés aux *commandements généraux* ou *militaires* qui sont à la tête de 16 CIRCONSCRIPTIONS TERRITORIALES.

L'armée active	Officiers.	Hommes.	Chevaux.
Etat-major, etc.	1.622	1.778	—
Gardes	116	540	92
Infanterie, 400 bataillons	6.880	141.440	7
Chasseurs tyrol., 7 bataillons	151	3.612	15
Chasseurs, 35 bataillons	695	16.995	66
Cavalerie, 246 escadrons	1.722	42.271	37.022
Artill. de camp^e 169 batt. (696 p.)	1.027	19.890	7.414
— de fort^e 12 batteries	356	7.422	74
Génie, 56 compa. nies	244	5.484	12
Pionniers, 25 compagnies	129	2.922	6
Train, 56 escadrons	206	2.505	1.271
Troupes de santé	69	2.494	—
Établissements militaires	1.451	9.929	156
Total	14.666	257.082	46.155
La Landwehr			
Infant. et chasseurs, 81 bat.	509	1.629	—
Tireurs indigènes du Tyrol	62	370	24
Cavalerie	1	—	—
Total	572	1.999	24
La landwehr hongroise			
Garde royale	2	58	—
Infanterie	579	5.740	—
Cavalerie	80	6.520	1.380
Total	661	12.318	1.380
Gendarmerie	—	8.808	—
Haras	148	5.095	—
Total de l'armée^e pied de paix	15.847	285.302	47.559

L'ARMÉE SUR PIED DE GUERRE compte : dans l'armée de ligne 23.504 officiers; 755.992 h. 148.256 chev., et 1.600 pièces; dans la landwehr 2.916 offic., 118.626 h. et 6.070 chev.; dans la landwehr hongroise 3.028 offic. 127.234 h. et 16.742 chev.; dans la gendarm. 8.800 h. et dans les haras 148 offic. et 5.095 h. — TOTAL de l'armée sur pied de g^re : 29.596 offic., 1.015.755 h. et 171.048 chev.

MARINE DE L'ÉTAT. Les hommes de la marine ont 3 ans de service actif et restent 7 ans dans la réserve. Les recrues sont prises dans les 3 DISTRICTS DE RECRUTEMENT des provinces côtières. — SUR PIED DE PAIX on compte 483 officiers et 5.836 matelots, divisés en 2 dépôts de 6 compagnies. — SUR PIED DE GUERRE : 556 officiers et 11.552 matelots.

Vapeurs	Tonneaux.	Chevaux	Canons.
3 frégates	9.510	1.700	65
6 corvettes à pont couvert	9.500	1.660	55
3 corvettes à pont ras	4.020	690	12
5 canonnières	3.830	1.010	18
5 schooners à hélice	2.590	405	10
5 vapeurs à aubes	1.690	400	7
2 avisos	3.400	800	7
5 transports	5.700	630	6
1 nav. pour la pose de torpilles	900	250	2
1 navire d'atelier	2.150	250	2
2 yachts	1.680	420	2
2 monitors (sur le Danube)	620	160	4
9 vaisseaux école	8.250	—	50
6 hulcks	4.560	—	10
5 tenders	1.060	286	—
1 remorqueur	200	90	—
Navires blindés			
8 vaisseaux à casemates	42.950	6.750	118
4 frégates	16.500	2.600	50
68 NAVIRES Total	117.070	18.101	404

MARINE MARCHANDE. 7.440 *navires* jaugeant 529.220 tonnes avec 27.506 hommes d'équipage, dont 73 *vapeurs* au long cours (16.450 chevaux), jaugeant 54.880 tonnes avec 2.278 hommes d'équipage; 25 *vapeurs* de cabotage (767 chevaux), jaugeant 1,591 tonnes avec 162 hommes d'équipage, et 7.342 *navires* à voiles, jaugeant 272.949 tonnes avec 25.066 h. d'équip.

COMMERCE — IMPORTATION — EXPORTATION — CHEM. DE FER — CANAUX — POSTES — TÉLÉGRAPHES — POIDS ET MES — PORTS

Les données sur le commerce sont communes pour tout l'Empire austro-hongrois.

IMPORTATION. 1.426.500.000 fr. (Céréales, denrées coloniales, tabac, animaux, matières textiles, métaux bruts, crins, peaux, cuirs, tissus, corderies, objets métalliques manufacturés, résines, graisses, huiles, métaux précieux, etc.)

EXPORTATION. 1.102.000.000 fr. (Objets manufacturés, quincaillerie, porcelaines, verreries, poteries, tissus, corderies; etc.; céréales, semences, denrées coloniales, animaux, etc.)

CHEMINS DE FER en exploitation 16.828 kilom., dont, en Autriche 10.397 kilom., et en Hongrie 6.431 kilom.

CANAUX et FLEUVES NAVIGABLES pour tout l'empire, environ 8.055 kilomètres

POSTES. Bureaux, dans tout l'empire, 6.052, dont en Autriche 4.126. Lettres, etc., pour tout l'empire, 311.004.000; dont pour l'Autriche 242.451.000 (lettres particulières 169.276.000; cartes postales 21.428.000; lettres officielles 26.253.000; imprimés 25.572).

TÉLÉGRAPHES. Bureaux pour tout l'empire 5.099; dont pour l'Autriche 2.212. Dépêches pour tout l'empire 7.566.716, dont pour l'Autriche 4.949.299. Lignes 47.170 kil., dont pour l'Autriche 52.853. — RECETTES 9.498.150 fr. pour l'empire, dont 6.887.725 pour l'Autriche. — DÉPENSES 15.257.252 fr. pour l'empire dont 9.502.042 fr. pour l'Autriche.

POIDS ET MESURES. — (Le système métrique).

PORTS. Trieste, Zara, Sebenico, Spalato.

VILLES PRINCIP (Voir la table).

SUPERFICIE

PAYS AUTRICHIENS 300.191 kil. carrés. Tout l'empire compte 621.045 kil. carrés, dont en terres arables 224.656 kil. carrés, et en forêts 205.935 kil. carrés (environ 67 habitants par kilomètre); dont tout l'empire environ 60 habitants par kil. carré.

AUTRICHE (SUITE)

POPULAT. — *Pays autrichiens* 20.594.980 hab. (tout l'empire compte 37.700.000 h.), dont, Allemands 7.800.000 ; Tchèques, Moraves 5.000.000 ; Ruthènes 2.600.000 ; Polonais 2.500.000 ; Croates et Serbes 580.000 ; Slovènes 190.000 ; Magyares 20.000 ; Roumains 200.000 ; Italiens 630.000 ; Israélites 860.000, etc. *Selon les cultes*, 1869 : cathol. 18.740.989 ; protestants 564.262 ; Orientaux grecs et arméniens 462.719 ; unitaires 248 ; autres sectes 4.172 ; cultes non chrétiens 370, etc. *Naissances* 848.678, *mariages* 189.017, *décès* 662.929.

TABLE ADMINISTRATIVE DE L'AUTRICHE

PAYS.	KIL. CAR.	POPULAT.	HAB. P. KIL.	CH.-LIEUX	COUR D'APPEL	VILLES PRINC. HAB. PAR MILLE.
AUTRICHE (BASSE) . . .	19.824	1.990.708	100.4	Vienne.	Vienne.	Vienne 834.
» (HAUTE) . . .	11.996	736.557	61.4	Linz.		Linz 33. Steyr 15.
SALZBOURG.	7.166	153.159	21.3	Salzbourg.		Salzbourg 20.
STYRIE (STEIERMARK).	22.454	1.137.990	51.3	Gratz.	Gratz.	Gratz 81. Marburg 13.
CARINTHIE (KÄRNTEN).	10.373	337.694	52.5	Klagenfurt.		Klagenfurt 15.
CARNIOLE (KRAIN). . .	9.988	466.334	46.6	Laibach.		Laibach 23.
GAERITZ, etc.	7.989	600.525	75.0	Trieste.	Trieste.	Trieste 109. Pola 10.
TYROL ET VORALBERG. .	29.327	885.789	30.2	Innsbruck.	Innsbruck.	Innsbruck 23. Trient 17.
BOHÊME (BÖHMEN). . .	51.956	5.140.544	98.9	Prague.	Prague.	Prague 190. Reichenberg 22.
MORAVIE (MÄHREN). .	22.230	2.017.274	90.7	Brünn.	Brünn.	Brünn 74. Iglau 20.
SILÉSIE (SCHLESIEN) . .	5.148	513.352	99.5	Troppau.		Troppau 20. Bielitz 11.
GALICIE.	78.497	5.444.689	76.0	Lemberg.	Lemberg.	Lemberg 87. Brody 19.
BUKOVINE.	10.451	513.404	49.1	Czernowitz.	Cracovie.	Czernowitz 34.
DALMATIE.	12.193	456.961	35.7	Zara.	Zara.	Spalato 12. Zara 8.

ROYAUME **HONGRIE** [Magyar-Orszäg] (CAP. BUDAPEST)

SIT. ASTR. | 44°,08' — 49°,58' lat. Nord et 12°,05' — 24°,05' long. Est.

CLIMAT | La température moyenne de Budapest est de 10°,90. c.

GOUVNEMENT
CHEF DE L'ÉTAT
POUV. EXÉCUT.
POUV. LÉGISL. — CHEF DE L'ÉTAT, FRANÇOIS-JOSEPH Ier, roi de Hongrie, empereur d'Autriche (voir l'*Autriche*). LE POUVOIR EXÉCUTIF est entre les mains du chef de l'État. LE POUVOIR LÉGISLATIF s'exerce par le chef de l'État, et la diète, qui se compose de deux chambres ou *tables*, celle des magnats et celle des représentants ou députés. La *Table des Magnats*, 756 membres, est composée de 5 archiducs royaux qui sont propriétaires dans le royaume, 24 princes, archevêques, évêques, etc. ; 12 bannerets du royaume, 55 palatins supérieurs, 4 capitaines supérieurs, 5 juges supérieurs, 1 comes saxon, 1 gouverneur de finance, 439 comtes, 192 barons, 5 régalistes de Transylvanie et 2 députés de la diète de Croatie. La *Table des Députés* comprend 444 députés, dont 334 représentent la Hongrie, 1 Fiume, 75 la Transylvanie, et 34 la Croatie et l'Esclavonie. Pour être électeur en Hongrie, il faut être âgé d'au moins 20 ans ; pour être éligible, d'au moins 24 ans et savoir le hongrois. De plus il faut posséder un immeuble d'une valeur de 750 fr. ou un revenu d'au moins 250 fr. Les députés sont élus pour 3 ans. 7 MINISTÈRES : *les ministres de la justice, des cultes et de l'instruction publique, de l'intérieur, des finances, de la défense du pays* (guerre), *de l'agriculture, de l'industrie et du commerce, des voies de communication.* — *La diète* de Croatie et d'Esclavonie est composée de l'archevêque catholique-romain, de l'évêque catholique-grec, du prieur d'Aurana, des magnats, comtes et barons et de 77 députés des villes, districts privilégiés, etc.

JUSTICE — La cour suprême est formée de la *Table des Septemvirs* qui, avec la *Table royale*, forme la CURIE ROYALE présidée par le ministre de la justice. Elle forme la dernière instance. La *Table royale* (à Budapest et à Maros-Vasarhelg) est la seconde instance. Les tribunaux inférieurs sont d'une part ceux des *comitats* (Sedrien) et au-dessous d'eux les *juges de districts*, et de l'autre les *Tribunaux des villes* des districts libres. Une organisation analogue, qui constitue trois instances, est en usage en Croatie, Esclavonie et Transylvanie. Pour la Croatie et l'Esclavonie il y a une *Table septemvirale royale* et une *Table banale royale* toutes les deux à Agram.

CULTES | Cultes et instruction publique (voir l'*Autriche*).

INTÉRIEUR
COMITATS — La Hongrie avec la Croatie, l'Esclavonie et la Transylvanie forment la *couronne de Saint-Étienne*, le ROYAUME DE HONGRIE. La Hongrie est divisée en 46 COMITATS subdivisés en *districts*, en dehors desquels on compte encore 5 arrondissements dits *districts libres*. Les chefs des comitats (*Obergespans*) sont nommés par le souverain. La Croatie est administrée par une *lieutenance*, présidée par *le ban*, elle est divisée en 7 *comitats*. La Transylvanie est divisée en *comitats* et *districts* dans la partie où les populations hongroises dominent, et en districts (*Stuhle*, sièges) dans les parties où les Allemands sont en majorité.

FINANCES
DÉPENSES
RECETTES
DETTE

DÉPENSES	FRANCS.	RECETTES	FRANCS.
Maison du Roi.	11.625.000	Contributions directes.	176.835.220
Administration supérieure.	5.246.620	» indirectes.	208.546.412
Intérieur.	19.091.072	Produits des établissements de l'État.	103.453.767
Guerre.	15.599.707	(Postes et télégraphes. . 18.028.750).	
Cultes et enseignement.	9.810.500	Recettes extraordinaires.	41.510.895
Justice.	26.220.292		530.346.294
Agriculture	27.011.125		
Finances.	110.986.055	**DETTE HONGROISE**	
Travaux publics, pensions, etc.	53.223.362	Dette ancienne.	671.474.025
Administration de la Croatie et de Fiume.	12.859.815	» nouvelle.	376.945.880
Dette générale hongroise.	53.907.667	Passifs divers.	167.012.920
Rachat des rentes foncières.	48.595.985	Dette flottante.	6.361.750
Part dans les dépenses com.	68.554.860		1.221.794.575
Part dans la dette publ. autrichienne. .	76.757.467		
Dépenses extraordinaires.	66.522.657	MONNAIES (voir *Autriche*).	
	584.010.184		

BUDGET POUR LES FRAIS DE L'ADMINISTRATION AUTONOME DE LA CROATIE ET DE L'ESCLAVONIE

DÉPENSES		RECETTES	
Affaires intérieures.	4.295.457	Recettes particulières.	398.487
Cultes et instruction.	1.239.620	45 pour 100.	7.500.000
Justice.	2.234.047		7.898.487
	7.769.124		

GUERRE | (Voir *Autriche*).

COMMERCE
CHEM. DE FER | Les chiffres de l'importation et de l'exportation rentrent dans ceux de l'Empire austro-hongrois (v. *Autriche*.) CHEMINS DE FER : 6.438 kilom. CANAUX (voir *Autriche*). POSTES : Bureaux 1.926, lettres 68,675,000.

HONGRIE (SUITE)

COMMERCE (SUITE)	TÉLÉGRAPHES : Bureaux 887. — Lignes 14.556 kil. — Dépêches 2.255.719. POIDS ET MESURES (système métrique). PORT Fiume.
VILLES PRINCIP	*En Hongrie*. Budapest 270. Szegedin 70. Maria-Thérésiople 56. Presbourg 47. Debreczin 46. Kecskemet 41. Temesvar 52. Grossvardein 26. Zombor 24. Funf-Kirchen 24. Strihlweissembourg 25. Œdenbourg 21. Versecz 21. Raob 20 — *En Transylvanie* : Kronstadt 28. Klauzenbourg, 26. — *En Croatie :* Agram 20.
SUPERFICIE	323.854 kilom. carrés (48 hab. par kilom. carré).

POPULATION **NAISSANCES** **MARIAGES** **DÉCÈS**	15.509.455 hab. : dont Magyares 5.680.000. Croates et Serbes 2.570.000. Allemands 1.800.000. Tchèques Moraves, etc. 2.000.000. Ruthènes 600.000. Slovènes 60.000. Selon les cultes (1869) : Catholiques 9.163.319. Protestants 3.144.751. Orientaux grecs et arméniens 2.589.965. Unitaires, etc, 57.556. Israélites 553.641. — NAISSANCES 570.692. — MARIAGES 155.999. — DÉCÈS 446.085.

PAYS DE LA COURONNE HONGROISE

	KILOM. CARRÉ	HABITANTS	HABIT. PAR KIL.
HONGRIE	225.441	11.550.397	51
TRANSYLVANIE	54.948	2.115.024	38
FIUME	20	17.884	894
CROATIE ET L'ESCLAVONIE	43.445	1.846.150	42

(PRINCIPAUTÉ) LIECHTENSTEIN (CAP. VADUZ)

SITUAT. ASTR.	47°05′ - 47°16′ latitude N. et 7°08′ — 7°18′ longit. T. ‖ CLIMAT ‖ La température moyenne est d'environ + 9°.
GOUVNEMENT **CHEF DE L'ETAT** **POUV. EXECUT.** **POUV. LEGISL.**	CHEF DE L'ETAT. Jean II, prince, né en 1840, avénement 1858. Le POUVOIR EXECUTIF appartient au prince. Le POUVOIR LEGISLATIF au prince et à la *Diète* qui se compose de 15 membres, dont 3 nommés pour six ans par le prince et 12 élus à deux degrés pour la même période. Tout habitant âgé de 24 ans révolus, jouissant de ses droits civils, exerçant une profession pour son propre compte et demeurant dans le pays, est électeur et éligible. La *Diète* se renouvelle par moitié tous les trois ans. Le souverain est presque toujours au service de l'Autriche ; il demeure à Vienne.
JUSTICE	L'autorité judiciaire suprême est le *Tribunal d'Innsbruck*.
CULTE	La religion catholique romaine.
FINANCES **DÉPENSES** **RECETTES** **DETTE**	DÉPENSES. 109.880 fr. (Le prince ne réclame pour sa personne aucune partie des recettes du pays.) RECETTES. 125.632 fr. (Par suite de son entrée dans l'Union douanière de l'Autriche, l'Autriche paye annuellement environ 40.000 fr. à la principauté.) DETTE PUBLIQUE. 437.500 fr.
ARMÉE	ARMÉE. Contingent fédéral : 100 hommes.
SUPERFICIE	178 kil. carrés. (45 hab. par kil. carré.) ‖ POPULATION ‖ (1868) 8.060 habitants, dont Vaduz 921 habitants.

(PRINCIPAUTÉ)) MONACO (CAP. MONACO)

SITUAT. ASTR.	43°45′ lat. N. et 6°32′ longitude E. ‖ CLIMAT ‖ La température est une des plus douces de l'Europe.
GOUVNEMENT **CHEF DE L'ÉTAT**	CHEF DE L'ETAT. Charles III, prince, né en 1818 (dynastie des Grimaldi), avénement 1856 (Albert, prince héréditaire, né en 1848). Monarchie héréditaire. La principauté n'a ni lois constitutives, ni représentation, ni institutions électives ; le prince possède la plénitude de la souveraineté. L'administration est dirigée par un gouverneur général assisté d'un conseil d'Etat dont il est président.
JUSTICE	Tribunal supérieur à Monaco. Les appels des jugements du tribunal de Monaco sont portés devant un conseil de juris-consultes siégeant à Paris.
CULTE	Religion catholique, apostolique et romaine.
FINANCES	Le prince reçoit annuellement une indemnité de 20.000 fr. pour un traité d'union douanière fait avec la France.
ARMÉE	Une légion de 80 hommes, formant une garde d'honneur, et un corps de carabiniers.
COMMERCE	Principaux articles d'exportation : huiles, oranges, citrons, parfumeries, liqueurs, poteries artistiq., etc. POSTES et TÉLÉGRAPHES. Les bureaux de postes et de télégraphes sont établis par la France, leurs revenus sont partagés également entre les deux gouvernements.
SUPERFICIE	Environ 15 kil. carr. (582 hab. par kil. carr.) ‖ POPULATION ‖ 5.741 hab. La ville de Monaco 2.667 hab.

(RÉPUBLIQUE) SAN-MARINO (CAP. SAN-MARINO)

SITUAT. ASTR.	43°57′ — 44° lat. N et 10°02 — 10°05 long. E. ‖ CLIMAT ‖ La température moyenne est d'environ + 4°.
GOUVNEMENT **CHEF DE L'ÉTAT** **POUV. EXÉCUT.** **POUV. LÉGISL.**	CHEF DE L'ETAT. Deux Capitaines-Régents choisis par le Conseil souverain exercent le POUVOIR EXÉCUTIF et restent chacun six mois en fonction. Le POUVOIR LÉGISLATIF est entre les mains du *Grand Conseil souverain* qui est formé de 60 membres : 20 nobles, 20 bourgeois, 20 propriétaires. Le peuple a le droit de pétition à l'assemblée générale, qui se tient deux fois par an à l'ouverture de chaque régence. Parmi les membres du Conseil des 60, on choisit les membres du Conseil des 12, sorte de Chambre haute qui se compose de 8 représentants pour la ville et de 4 pour la campagne.
JUSTICE	La justice est rendue par un juge de première instance et par un juge de Cour d'appel, tous deux nommés pour trois ans, mais pouvant être élus de nouveau.
CULTE	La religion catholique, apostolique romaine.
FINANCES	DÉPENSES. 112.563 fr. — RECETTES. 109.665 fr. (dont : armée, 8.442 fr., instruction publique, 17.197 fr., régence, 8.229 fr.) Il n'y a pas de DETTE publique.
ARMÉE	ARMÉE. 55 officiers, 70 sous-officiers, 819 hommes formant 8 compagnies d'infanterie.
SUPERFICIE	62 kilomètres carrés. (126 hab. par kil. carré.) ‖ POPULATION ‖ (1874) 7.816 habitants.

(ROYAUME) BELGIQUE (CAP. BRUXELLES)

SITUAT. ASTR. |49° 27'—51° 30' lat. N.; 0° 14'—5° 44' long. E. || **CLIMAT.** La pl. haute tempér. observée +38°; la temp. la pl. basse —24°.

GOUVNEMENT
CHEF DE L'ÉTAT
POUV. EXECUTIF
POUV. LEGISLAT

CHEF DE L'ETAT. Léopold II, né en 1835, avénem. 1865 (Marie, reine, née en 1836). La Belgique est une monarchie constitutionnelle et héréditaire. LE POUVOIR EXECUTIF est représenté par le roi, assisté de ministres responsables. LE POUVOIR LEGISLATIF est exercé par le roi, le *Sénat* (62 memb. élus par le peuple pour 8 ans et renouvelés par moitié tous les 4 ans) et par la *Chambre des représentants* (124 membres élus pour 4 ans et renouvelés par moitié tous les 2 ans). SYSTEME ELECTORAL : vote direct pour tous les citoyens belges âgés de 25 ans et payant un impôt de 42 fr. (électeurs, 111.155). 6 MINISTERES. Les ministères de la Justice, de l'Intérieur, des Affaires étrangères, des Finances, de la Guerre, des Travaux publics. Il y a en outre 15 *ministres d'Etat* qui n'ont pas en cette qualité d'entrée au Conseil.

JUSTICE
PRISONS
BIENFAISANCE

La Belgique se divise en 26 ARRONDISSEMENTS judiciaires, comprenant chacun 1 tribunal de 1re instance, subdivisés en 204 *justices de paix*. 3 *Cours d'appel* (Bruxelles, Gand et Liége). Il y a pour toute la Belgique une *cour de Cassation*, dont le siége est à Bruxelles, 12 *tribunaux de commerce*, et dans les 14 arrondissements où il n'en existe pas les tribunaux civils en remplissent les fonctions. 14 *Conseils de prud'hommes*.

PRISONS. Les prisons se divisent en 5 catégories : *prisons centrales, maisons de sûreté, civiles et militaires, maisons d'arrêt. Prisons centrales*, 5. *Maisons de sûreté* établies près de chaque Cour d'assises. *Maisons d'arrêt* établies près de chaque tribunal d'arrondissement où il n'existe pas de maisons de sûreté.

BIENFAISANCE. Dans chaque commune il existe un bureau de bienfaisance composé de 5 membres. Il y a 284 *hospices civils*, établissements publics destinés à recevoir des individus qui ont besoin de secours.

CULTES

Trois cultes reconnus par l'Etat et entretenus à ses frais ; le *culte catholique*, le *culte protestant* et le *culte israélite*. La Belgique est divisée sous ce rapport en 6 *diocèses* : 1 archevêché (Malines), 5 évêchés. On compte 993 couvents dont 145 d'hommes et 848 de femmes.

INSTRUCT.

L'éducation est entièrement entre les mains du clergé. Les colléges des jésuites ont plus d'élèves que les athénées royaux ; et l'Université catholique de Louvain a 2 fois autant d'élèves que les 2 Universités de l'Etat ensemble. L'instruction élémentaire n'est pas encore généralement répandue parmi le peuple, et les écoles communales existantes sont soutenues par les communes, les provinces et l'Etat combinés ; le gouvernement et la province payent chacun 1/6 et la commune les 4 autres.

Enseignement primaire : 2 écoles normales de l'Etat, 25 écoles normales agrégées et 5.664 écoles primaires. *Enseignement secondaire* : 10 athénées royaux et 50 écoles moyennes. *Enseignement supérieur* : 2 Universités (Gand, Liége). Il existe en outre un grand nombre d'écoles spéciales.

INTÉRIEUR
PROVINCES

La Belgique est divisée en 9 PROVINCES, administrées chacune par un gouverneur, nommé par le roi et par un Conseil provincial élu par *les cantons électoraux* (194). Les provinces sont subdivisées en 41 *arrondissements*, administrés par un commissaire d'arrondissement, et les arrondissements en 2.572 *communes*.

FINANCES
DÉPENSES
RECETTES
DETTE
MONNAIES

DÉPENSES		RECETTES	
Dette publique	61.170.875 fr.	Impôts directs	42.975.000 fr.
Dotations (liste civile, 3.500.000 fr.)	4.454.261 —	Contributions indirectes	98.247.500 —
Justice (établiss. de bienfais. 1.028.800)	15.568.842 —	Péages (dont chem. de fer, 81.500.000;	
Affaires étrangères	1.615.430 —	télégr. 2.500.000 ; postes, 5.009.100.	97.528.000 —
Intérieur (Instr. publ. 8.197.682)	19.575.674 —	Capitaux et revenus	10.003.000 —
Travaux publ. (chem. de fer, 59.072.706;		Remboursements	1.691.560 —
postes, 5.632.648 ; télégr. 2.462.215)	82.912.342 —		
Guerre	43.939.546 —	Total	250.244.860 —
Finances	15.144.670 —	DETTE PUBLIQUE	1.163.422.766 fr.
Remboursements et non-valeurs	1.041.000 —		
Total	245.220.640 fr.		

MONNAIES. La Belgique a adopté le système monétaire franç. et fait partie de l'Union monétaire conclue en 1865.

GUERRE
ARMÉE
PLACES FORTES
MARINE DE L'ÉTAT
MARINE MARCH.

Le recrutement de l'armée a lieu par des engagements volontaires et par des appels annuels. La durée du service est de 8 ans. Tout Belge est tenu de se faire inscrire dans le mois de décembre de l'année où il a 19 ans accomplis, à l'effet de concourir au tirage au sort.

L'ARMEE ACTIVE, en temps de paix, comprend 46.277 hommes, 10.014 chevaux, et 204 canons de campagne. dont infanterie, 19 rég.; caval., 8 rég.; gendarm., 3 div.; artill., 7 rég.; train, 4 compag.; génie, 1 rég. — Offic. d'état-major, 125, y compris 33 généraux et 46 offic. d'état-major des prov. et des places fortes. Off. d'intendance, 259; off. de santé, 219; off. d'infant., 16.668, de caval. 296, de gend. 44, d'artill. 494, de train 23 ; de génie 133.

PLACES FORTES. Anvers, Ostende, la citadelle de Liége.

MARINE DE L'ETAT. 130 offic., dont 1 capit. de vaisseau ; 20 off. ingénieurs ; 2 off. en disponibilité et 20 off. en congé illimité hors cadre.

2 bateaux qui font le service entre Anvers et la Tête-de-Flandre, 8 vapeurs de 1re vitesse, transportant des passagers et les malles de la poste, entre Ostende et Douvres.

MARINE MARCHANDE. Navires à voiles, 33, jaugeant 14.925 tonn. ; vapeurs, 24, jaugeant 30.397 tonn. Barque de pêcheurs, 252, jaugeant 8.447 tonnes. Total : 309 navires, jaugeant 55.769 tonnes.

TRAV. PUBL.
CHEM. DE FER
POSTE.
TELEGRAPHES
CANAUX

CHEMINS DE FER en exploitation, 2.024 kilom. et 1.475 kilom. concédés.

POSTES. Bureaux, 486. Lettres, 69.022.144. Cartes postales, 7.848.600. Journaux et imprimés, 98.815.000.

TELEGRAPHES. Bureaux, 586 ; lignes, 5.930 ; kilom.; dépêches, 4.117.437, y compris les télégrammes de l'étranger et les dépêches de service.

CANAUX : 851 kilomètres ; rivières navigables, 974 kilomètres — Total, 1825 kilomètres pour la navigation intérieure du pays.

COMMERCE
IMPORTATION
EXPORTATION
PORTS
POIDS ET MES.

IMPORTATION : 1.292.502.000 (objets de consommation, matières brutes, objets manufact., diverses marchand.)
EXPORTATION : 1.114.602.000 fr. (fer, houille, verreries, dentelles, manufact. de coton, machines, armes).
POIDS ET MESURES. (Le système métrique, voir page 84.)
PORTS. Anvers, Ostende.
VILLES PRINCIPALES (Voir la Table).

SUPERFICIE

29.455 kil. carrés (181 hab. env. par kilom. carré).

POPULATION
NAISSANCES
MARIAGES
DÉCÈS

POPULATION : 5.336.634 habitants. Il y avait en Belgique, en 1866, 2.406.491 hab. parlant flamand, 2.041.784 parlant français; 308.561 parlant flamand et français ; 35.556 parlant l'allemand ; 20.448 parlant le français et l'allemand ; 1.625 le flamand et l'allemand ; 4.966 parlant les 3 langues. Le nombre des protestants env. 15.000, des juifs env. 5.000, la grande masse est catholique.

NAISSANCES : 181.728.
MARIAGES : 40.528.
DECES : 117.345.

TABLE ADMINISTRATIVE					
PROVINCES	kil. c.	habit.	hab. kil.	Arroud.	VILLES PRINC. HAB. PAR MILLE
Anvers	2.832	522.735	185	3	Anvers, 145; Malines, 39.
Brabant	3.285	942.247	287	3	Bruxelles, 359; Louvain, 53.
Flandre orient.	3.255	694.190	214	8	Gand, 130; St-Nicolas, 25.
Flandre occid.	3.000	863.696	288	6	Bruges, 48; Ypres, 16.
Hainaut	3.722	949.546	255	6	Mons, 25; Charleroi, 16.
Liége	2.894	655.076	219	4	Liége, 33; Verviers, 40.
Limbourg	2.412	204.619	85	3	Hasselt, 11.
Luxembourg	4.418	208.359	47	5	Arlon, 5.
Namur	3.660	319.586	87	3	Namur, 26.

ESPAGNE

(ROYAUME)   ESPAGNE   (CAP. MADRID)

SITUATION ASTRONOMIQUE : 43° 48' — 36° latitude nord. 11° 50' est — 0° 39' longitude ouest.

CLIMAT : Températ. moyenne. . 15° 37 — plus haute. 40° — plus basse. 10° 5

PLUIE : La moyenne de la Péninsule est de 0m400 dans l'année.

GOUVERNEMENT

CHEF DE L'ÉTAT, Alphonse XII, roi, né en 1857 (Maison de Bourbon); avénement 1875. Le POUVOIR EXÉCUTIF est représenté par le chef de l'État. Le POUVOIR LÉGISLATIF est entre les mains du roi et des deux chambres (Cortès) : Le Sénat, composé : 1° de sénateurs de droit (princes du sang, grands d'Espagne, etc.); 2° des sénateurs nommés à vie par le roi; 3° des sénateurs élus par les corporations de l'État. La Chambre des députés, chacun des membres élu pour 5 ans, dans la proportion de 1 député par 35.900 habitants. Système électoral : Colléges électoraux. Conseil des ministres : 9 membres.

8 MINISTÈRES. Les ministères de la grâce et de la justice, des affaires étrangères, de l'intérieur, des finances, de la guerre, de la marine, des colonies, du commerce et de l'agriculture (du fomento).

JUSTICE

JUSTICE. L'administration judiciaire est instituée sur le même modèle que celle de la France. La hiérarchie des tribunaux comprend : 9.400 justices de paix (une par commune); environ 500 tribunaux de première instance, 15 cours d'appel, 1 cour suprême, siégeant à Madrid.

CULTES

CULTES. La religion catholique, apostolique et romaine est la religion de l'État; seulement, dans les grandes villes, les autres cultes sont plus ou moins tolérés. La hiérarchie administrative se compose de 9 archevêques et de 54 évêques. Les archevêchés sont : Tolède, siége primatial, Grenade, Santiago, Saragosse, Séville, Tarragone, Valence et Valladolid. Le nombre des prêtres est d'environ 10.000.

INTÉRIEUR — PROVINCES

L'Espagne se divise en 49 PROVINCES, y compris les îles africaines des Canaries. Chaque province est administrée par un gouvernement civil et se divise en districts (6 à 7 en moyenne). Les communes sont administrées par des alcades ou maires, assistés des conseils municipaux ou ayuntamientos, composés de 4 à 28 membres suivant l'importance de la commune.

FINANCES — DÉPENSES — RECETTES — DETTE — MONNAIES

DÉPENSES (30 juin 1875)		RECETTES	
Liste civile (5 mois)	2.096.667	Contribution directes	151.184.565
Présidence du pouvoir exécutif (4 mois)	327.592	— indirectes	110.826.986
Corps législatif	796.704	Timbre et entreprise en régies	152.710.872
Dette publique	48.898.854	Recettes des biens nationaux	57.912.771
Justice	4.099.458	Revenus des Philippines	2.962.902
Présidence du conseil des ministres	818.518	Indemnité du Maroc	1.756.275
Pensions	31.505.049	Arrérages des exercices antérieurs	25.819.580
Obligations civiles et ecclésiastiques	22.248.271	Rachat du service militaire	63.620.800
Ministère de la guerre	245.731.957	**Total**	**544.794.751**
— de la marine	52.681.177		
— de l'intérieur	19.291.575	**DETTE**	
— du fomento	56.267.345	Dette consolidée	8.686.871.512
— des finances	64.744.401	Rentes inscrites non reversibles	740.369.805
Total	**510.405.345**	Dettes amortissables	57.810.252
		Obligations de chemins de fer, etc.	555.817.000
		Dettes convertibles en dette consolid.	225.128.507
		Intérêts	264.063.452
		Total	**10.508.060.008**

MONNAIES : Le système monétaire de l'Espagne est basé sur la convention conclue en 1865, entre la France, la Belgique, l'Italie et la Suisse; l'unité porte le nom de peseta au lieu de celui de franc; elle se divise en 100 cent.

GUERRE — DIV. MILITAIRES — ARMÉE — PLACES FORTES

DIVISIONS MILITAIRES. L'Espagne se divise en 14 capitaineries générales, y compris les Baléares et les îles africaines des Canaries, Nouvelle-Castille, Catalogne, Aragon, Andalousie, Valence et Murcie, Galice, Grenade, Vieille-Castille, Estramadure, Burgos, Navarre, provinces Vascongades, les Baléares et les Canaries. Cuba, Puerto-Rico et les Philippines forment séparément 3 autres capitaineries générales. Les capitaineries sont subdivisées en commandements militaires.

L'ARMÉE se compose de l'armée active et de la réserve provinciale :

ARMÉE ACTIVE : Garde. 2 compagnies de gardes-hallebardiers (chacune 115 hommes). 1 escadron du cortège du roi. — Etat-major général. 9 capitaines-généraux, 79 lieutenants-généraux, 129 maréchaux de camp (majors-généraux); 303 brigadiers. Total 522 hommes. — Etat-major. 163 officiers. 256 pour les places fortes, 24 officiers surnuméraires, 566 officiers du corps du génie, 818 officiers d'administration. Corps d'officiers de santé : 1 directeur général, 39 inspecteurs, 278 médecins et 175 pharmaciens. — Infanterie. 41 régiments de ligne, 20 bataillons de chasseurs et 40 bataillons de réserve (chaque bataillon 1.200 hommes). — Cavalerie. 12 régiments de lanciers, 9 de chasseurs, 2 de hus-ards, 12 escadrons de chasseurs indigènes (sueltas) et 20 commissions de réserve. — Artillerie. 5 régiments à pied, 5 régiments montés (24 pièces). 1 régiment de position à 4 pièces, 5 régiments de montagne (56 pièces) et 1 escadron de remonte. — Génie. 4 régiments de 2 bataillons.

RÉSERVE PROVINCIALE : 51 bataillons de 6 compagnies et 8 bataillons sédentaires; outre cela il y a 6 bataillons et 2 sections de miliciens aux îles Canaries. — Corps de carabiniers (douaniers) répartis entre 6 districts et 31 commandements. (542 officiers, soldats 12.912.)

L'effectif de l'armée est de 230.000 hommes en Espagne; 70,000 dans les colonies.

PLACES FORTES. Gerona Ceuta (Afrique), Tarragona, Lérida, Tortosa, Cadix, Badajoz, Olivenza, Alcantara, Ciudad Rodrigo, Vigo, San-Sebastian.

MARINE — MARINE DE L'ÉTAT — MARINE MILITAIRE — COLONIES — ILES — SUPERFICIE — POPULATION

MARINE DE L'ÉTAT.	Can.	Chevaux.
Navires 1re classe.		
6 frégates blindées	105	5.900
10 frégates à hélice	415	5.580
2 vapeurs à aubes	52	1.000
Navires 2e classe.		
10 vapeurs à aubes	48	6.130
10 navires à hélice	47	1.920
2 transports à hélice	»	600
Navires 3e classe.		
16 navires à hélice	59	1.660
55 canonnières	55	1.400
7 vapeurs à aubes	13	1.400
4 transports à hélice	»	550
Navires non classés		
2 vapeurs (commiss. hydrogr.)	4	510
19 " fuertas futiles "	19	461
Total	**755**	**21.634**

5 vaisseaux-écoles (54 canons). — 2 navires à voiles. Personnel : 598 officiers (20 amiraux, 250 enseignes), 14.000 matelots. — 6 bataillons infanterie de marine. 5.500 hommes.

MARINE MARCHANDE. En 1875, le nombre de navires de long cours était de 2.856, jaugeant 625.184 tonnes, dont 212 vapeurs de 115.417 tonnes et 2.674 navires à voiles de 509.767 tonnes.

COLONIES. Cuba — Porto-Rico } V. Amérique.

ILES. . . . Philippines — Carolines — Palaas. — Mariannes. } V. Asie et Océanie.

— Canaries — C. Guinée } V. Afrique.

SUPERFICIE. 304.511 kilomètres carrés.

POPULATION. 8.096.800 habitants.

ESPAGNE

COMMERCE
IMPORTATION
EXPORTATION
PORTS
POIDS
ET MESURES
INSTRUCTION
PUBLIQUE
TÉLÉGRAPHES
POSTES
CHEMINS DE FER
CANAUX

IMPORTATION

Boissons fermentées, café, sucre, vanille, animaux, houilles, matières textiles, machines, vaisseaux, filets, tissus, couleurs. Imp. (1871) 569.000.000 fr. pour toute l'Espagne; 1874, 582.000.000 fr. pour les provinces non occupées par les carlistes.

EXPORTATION

Vins, eaux-de-vie, fruits, soie, coton, safran, céréales, légumes, mercure, liége, huile, sparterie, farine, poissons, riz, sel, cuivre, etc.

Exp. 442.200.000 fr. pour toute l'Espagne; 1874, 403,000,000 fr. pour les provinces non occupées par les carlistes.

PORTS. S. Sébastien, Santander, La Corogne, Vigo, Cadix, Malaga, Carthagène, Alicante, Valence et Barcelone.

-POIDS ET MESURES. Le système métrique (voir France).

INSTRUCTION PUBLIQUE. Les écoles primaires, publiques ou privées, sont au nombre de 24.353, soit une pour 147 familles; on comptait, en 1860, 1.252.000 élèves, soit 1 sur 57 habitants. Les écoles coûtent en ressources ordinaires et extraordinaires 5.600.000 fr.

Ne sachant lire ni écrire. Hom. 5.035.000 / Fem. 6.803.000 / Tot. 11.838.000 — à peu près 50 sur 100 qui savent lire.

La surveillance des écoles appartient exclusivement à l'Eglise.

TÉLÉGRAPHES. Longueur des lignes 12.020 kilom. (1874); nombre de bureaux 193; nombre de dépêches expédiées 937.843 (1874); nombre des dépêches reçues de l'étranger 75.357. Recettes 1.782 757 fr. (1870-1871).

POSTES. Nombre de bureaux, 2.365 (1874); nombre de lettres, 75.300.000.

CHEMINS DE FER. En exploitation au 1er janvier 1876, 3.796 kilom.

CANAUX. Environ 300 kil. sans compter la canalisation de l'Ebre par laquelle Saragosse se trouve en communication navigable avec la mer.

SUPERFICIE — Espagne 494.946 kilom. carrés; les Baléares, 4.817; les Canaries, 7.273; — total, 507.036 kil. c. (33 hab. par kil. c.)

POPULATION — Espagne : 16.262.422 habit.; les Baléares, 289.225; les Canaries, 283.859; — total, 16.835.506 hab. (Nombre approximatif de la langue basque, 556.000 ind. (1875).

TABLE POLITIQUE ET ADMINISTRATIVE

16 ANCIENNES PROVINCES.	48 PROVINCES NOUVELLES DIVISIONS depuis 1845.	PRINCIPALES VILLES avec leurs habitants par mille.	SUPERFICIE POPULATION hab. par kil. carré.
NUOVA CASTILLA	Madrid	7.762—487.482— 63	Madrid, 332.
	Ciudad Real	20.305—264.649— 15	Ciudad Real, 12.
	Cuenca	17.419—258.731— 14	Cuenca, 7.
	Guadalajara	12.610—208.658— 17	Guadalajara, 6.
	Toledo	14.468—342.272— 24	Toledo, 175.
ESTRAMAD.	Badajoz	22.300—431.922— 19	Badajoz, 22.
	Caceres	20.755—302.455— 15	Caceres, 12.
LEON	Léon	15.971—350.092— 22	Léon, 7.
	Palencia	8 007—184.668— 23	Pa.encia, 15.
	Salamanca	12.794—280.870— 22	Salamanca, 135.
	Valladolid	7.880—242.384— 31	Valladolid, 60.
	Zamora	10.711—250.968— 23	Zamora, 9.
ANTIQUA CASTILLA	Avila	7.722—175.219— 23	Avila, 6.
	Burgos	14.635—553.560— 24	Burgos, 14.
	Segovia	7.028—150.812— 21	Segovia, 7.
	Soria	9.955—158.699— 16	Soria, 15.
ANDALOUSIA	Almeria	8.553—361.553— 42	Almeria, 27.
	Gadiz	7.276—426.499— 59	Cadiz, 62. Jerez, 55.
	Cordoba	13 412—582.652— 28	Cordoba, 45.
	Granada	12.787—485.546— 38	Granada, 65.
	Huelva	10.676—196.469— 18	Huelva.
	Jaen	13.426—592.100— 29	Jaen, 18.
	Malaga	7.313—505.010— 69	Malaga, 92.
	Sevilla	13.714—515.011— 38	Sevilla, 80.
MURCIA	Albacete	15.466—220.973— 14	Albacete, 15.
	Murcia	11.597—439 067— 58	Murcia, 55.
VALENCIA	Alicante	5.434—440.470— 81	Alicante, 31.
	Castellon	6.356—296.222— 47	Castellon, 20.
	Valencia	11.272—665.141— 59	Valencia, 108.
CATALOGNA	Barcelona	7.731—762.555— 98	Barcelone, 180.
	Gerona	5.884—325.110— 55	Gérona, 8. Olot, 10.
	Lerida	12.365—350.548— 27	Lérida, 12.
	Tarragona	6.549—350.385— 55	Tarragona, 56.
ARAGONA	Huesca	15.224—274.623— 18	Huesca, 10.
	Terruel	14.229—252.201— 18	Terruel, 7.
	Zaragoza	17.112—401.894— 23	Zaragoza, 56.
BISCAYA	Avala	3.122—105.580— 33	Vitoria, 125.
	Guipuzcoa	1.885—180.743— 96	Saint-Sébastien, 15.
	Logrono	5.038—182 941— 36	Logroño, 12.
	Viscaya	2.198—187.926— 85	Bilbao, 30.
NAVARRA	Navara	10.478 - 318.687 — 30	Pamplona, 22.
GALICIA	Coruna	7.973—630.504— 79	Coruna, 20.
	Pontevrada	4.504—480.145—107	Pontevedra. 42.
SANTANDER	Lugo	9.808—475.876— 49	Lugo, 8.
	Orense	7.093—402.790— 57	Orenze, 5.
	Santander	5 471—241 581— 44	Santander, 21.
ASTURIA	Oviedo	10.596—610.883— 58	Oviedo, 9. Gijon, 6.
BALEARES	Baléares	4.317—289.225— 60	Palma, 40,

ANDORRE

(RÉPUBLIQUE) (CAP. ANDORRE-LA-VIEILLE)

SITUATION ASTRONIQUE — 42° 25' — 42° 40' lat. nord. 0° 40' — 0° 50' long. ouest.

CLIMAT — La vallée d'Andorre, entourée de hautes montagnes, et arrosée par plusieurs ruisseaux qui y prennent leur source, jouit d'un bon climat.

GOUV NEMENT — La République est gouvernée par un *Conseil général* de 24 membres élus pour 4 ans. Ce Conseil a pour président un *premier syndic* assisté d'un second syndic; ils sont nommés tous les deux pour 4 ans par les membres du Conseil. Le POUVOIR EXECUTIF appartient au premier syndic, le POUVOIR JUDICIAIRE est exercé par deux viguiers et un juge civil. La France et l'évêque d'Urgel nomment chacun un viguier.

JUSTICE — Le juge civil est nommé alternativement par la France et par l'évêque d'Urgel. Le juge de paix aux Cabanas (Ariége) remplit actuellement ces fonctions.

CULTES — Religion catholique. Les autorités religieuses sont nommées par l'évêque d'Urgel durant 4 mois de l'année et, proposées par lui, nommées par le Pape durant les 8 autres mois.

INTERIEUR — Andorre est divisée en 6 paroisses : Andorre-la-Vieille, Cani-lo, En Camp, Massana, Ordino, S. Julian de Loria.

FINANCES — Les revenus consistent dans le produit du fermage des pâturages communaux, en un faible droit sur les bestiaux étrangers, et en un impôt personnel et foncier très-modique. Toutes les fonctions étant gratuites, ces revenus sont destinés à acquitter le tribut biennal dû à la France (960 fr.) et la redevance également biennale (891 fr.) payée à l'évêque d'Urgel, enfin à rémunérer le médecin, le chirurgien et le pharmacien.

GUERRE — ARMÉE. Il n'y a pas d'armée permanente, mais les citoyens doivent se réunir en armes, sur l'appel du viguier, lorsque la sécurité est ou paraît menacée.

COMMERCE — Elevage des mules et de l'espèce ovine et bovine. Récolte et fabrication du tabac.

SUPERFICIE — 500 kilom. carrés (10 à 30 hab. par kilom. carré). **POPULATION** — Varie entre 4 et 12.000 habitants.

ROY.) GRANDE-BRETAGNE et IRLANDE (CAP. LONDRES) LONDON

SITUATION ASTRONIQUE 〉 50° — 58°,40' latitude Nord et 0°,06' — 15° longitude Ouest.

CLIMAT

ANGLETERRE. La température varie selon les différents points de la surface : à Londres, la température moyenne est de + 10°25; la plus basse + 3°, la plus haute + 17°48. La partie la plus chaude est la péninsule qui s'étend au S.-O., entre la Manche et le canal de Bristol. La quantité d'eau tombant est de 914 millimètres, dont 126 millimètres sous forme de rosée ou de brume.

ECOSSE. Température moyenne + 8°. Il tombe par au 60 cent. à 70 cent. de pluie sur la côte orientale, et 95 cent. à 98 cent. sur la côte occidentale.

IRLANDE. Température moyenne 8°89 dans le N., et 11°11 dans le S. Il y tombe une grande quantité de pluie, et l'atmosphère est souvent chargée de brouillards : on évalue, en effet, à 1 mètre 50 par an la quantité d'eau pluviale déversée sur le sol.

GOUVNEMENT

CHEF DE L'ÉTAT

POUV. EXÉCUTIF

POUV. LÉGISL.

CHEF DE L'ETAT. Victoria I, reine de la Grande-Bretagne et d'Irlande, impératrice des Indes, née en 1819, avénement 1837. (Albert-Edouard, prince de Galles, né en 1841). La Grande-Bretagne est une monarchie constitutionnelle et héréditaire pour les deux sexes. Le POUVOIR EXECUTIF est exercé par le chef de l'Etat, assisté par des ministres responsables (Cabinet). Le POUVOIR LEGISLATIF est partagé entre le chef de l'Etat, la chambre des Lords et la chambre des Communes, dont la réunion forme le Parlement. La *chambre des Lords* (491 membres) est composée : 1° des pairs héréditaires; 2° des pairs dont la pairie est créée par le roi; 3° des prélats anglais, en vertu de leur dignité (english bishops); 4° des pairs élus à vie (irish peers); 5° des pairs élus pour la durée du Parlement (scottish peers). Il y a aussi 9 dames qui sont pairs de leur droit propre, mais qui n'ont pas siége à la chambre. La *chambre des Communes* composée de 652 membres (487 pour l'Angleterre, 105 pour l'Irlande, 60 pour l'Ecosse), élus par les villes, les comtés et par les universités. La loi électorale est basée sur l'acte de réforme du 15 août 1867 qui a donné le droit de vote à tout chef de ménage. *Cabinet*. Le nombre des membres du Cabinet est variable. En font toujours partie : le premier lord de la Trésorerie, le lord Chancelier, le Chancelier de l'Echiquier, les cinq secrétaires d'Etat; en outre, au moins 5, au plus 7 à 8 hauts fonctionnaires. — MINISTERES. Les ministères de la *Trésorerie*, de l'*Intérieur*, des *Affaires étrangères*, de la *Guerre*, de l'*Inde*, de l'*Amirauté* (de la *Marine*), du *Commerce*, de la *Justice*, Comité du conseil privé pour l'éducation.

ECOSSE D'après le bill de réforme de 1832, l'Ecosse nomme 53 membres à la chambre des Communes, 30 pour les comtés, et 23 pour les cités, bourgs et villes. Les pairs écossais choisissent 16 d'entre eux pour les représenter à la chambre des Lords. Ces pairs ne siègent, ainsi que les membres des Communes, que pendant le Parlement.

IRLANDE. Le gouvernement local est entre les mains d'un lord-lieutenant nommé par la reine, et assisté dans ses fonctions d'un conseil privé. L'Irlande est représentée au Parlement par 105 membres, dont 64 pour les comtés, 39 pour les villes et les bourgs, et 2 pour l'université de Dublin.

JUSTICE

Il y a dans chaque comté un nombre indéterminé de *juges de paix* pris parmi les propriétaires les plus considérés de la contrée : ils ont des attributions administratives et judiciaires, et leur compétence embrasse le civil et le criminel. On compte environ 18.300 juges de paix. La justice civile inférieure (de 1re instance) est en outre exercée par les 60 *county courts* (tribunaux d'arrondissements). Les tribunaux supérieurs de droit commun sont au nombre de 4, siègent à Westminster. Il y a aussi dans la cité de Londres 2 tribunaux de police où siègent le maire (à Mansion house) et un alderman (à Guildhall).

La liberté personnelle est assurée par la faculté, à toute personne arrêtée illégalement, de poursuivre devant les tribunaux le juge qui lui a refusé un *writ d'habeas corpus*.

CULTES

L'Eglise d'Angleterre est l'église protestante épiscopale (église anglicane), la reine est le chef suprême de cette église. Il y a deux archevêchés (Cantorbéry et York) et 28 évêchés. L'archevêque de Cantorbéry est le primat de l'Eglise. L'Eglise d'Ecosse est l'église protestante presbytérienne, dont tous les ministres sont égaux. L'église d'Irlande est l'église anglicane, dont les membres forment le sixième de la population; la plus grande partie des dissidents est catholique. Les évêques catholiques sont investis par le pape, sur la présentation de leurs collègues. Il existe en Grande-Bretagne et en Irlande un grand nombre de sectes protestantes dont voici les principales : Indépendants ou Congrégationalistes, Anabaptistes, Quakers ou Sociétés des Amis, Unitaires, Frères moraves, Méthodistes Wesleyens, Chrétiens bibliques, Frères, etc., etc.

INSTRUCTON PUBLIQUE

Des trois royaumes, l'ECOSSE est le plus avancé pour l'éducation populaire, bien que l'instruction soit maintenant obligatoire dans tout le royaume. L'instruction est donnée par les paroisses, les bourgs et les cités, les universités et les établissements particuliers. Pour l'*instruction primaire* on compte en Ecosse environ 1.933 écoles avec 219.444 élèves et en Irlande 6.914 écoles avec 1.021.700 élèves ; il y a en outre 135 fermes-écoles annexées à des écoles primaires. On comptait en Angleterre et dans le pays de Galles (1874) : 13.243 écoles avec 2.982.981 élèves. *Instruction secondaire*. Chacun des trois royaumes a son système propre, et c'est l'Ecosse qui obtient les meilleurs résultats. L'enseignement s'y donne dans des colléges communaux dit *burgh schools*, et dans des écoles ou cours spéciaux pour l'industrie et le commerce.

En IRLANDE l'instruction secondaire se donne soit dans des colléges dépendant des universités, soit dans des écoles fondées par des particuliers. L'ANGLETERRE possède un grand nombre d'écoles publiques secondaires : en première ligne figurent les grandes écoles d'Eton (800 élèves) de Harrow (520) et de Rugley (500) ; d'autres moins nombreuses sont situées à Londres, à Winchester et à Shrewsbury. *L'instruction supérieure* est donnée par les universités. Les plus célèbres sont celles d'Oxford et de Cambridge, en Angleterre ; celles d'Edimbourg, de Glasgow et d'Aberdeen, en Ecosse ; l'université de Dublin, l'université de la Reine, les colléges de Belfast, de Cork, Galway, de Rothfarnham et de Maynooth, en Irlande. *Ecoles militaires* : Angleterre, académie royale de Woolwich pour l'artillerie, collège royal de Sandhurst pour la cavalerie et l'infanterie, le Staff collège ou école d'état-major, également situé à Sandhurst.

INTÉRIEUR

BIENFAISANCE

Le royaume uni de Grande-Bretagne et d'Irlande comprend : L'ANGLETERRE avec le PAYS DE GALLES (*Wales*) l'ECOSSE, l'IRLANDE et les îles voisines, les ORCADES, les HEBRIDES, les SHETLAND, MAN, ANGLESEY, WIGHT et les ILES-ANGLO-NORMANDES. La principale division administrative est le comté ; il y en a 40 en Angleterre, 12 pour le pays de Galles, 33 en Ecosse, et 32 en Irlande. Les comtés se divisent en *hundreds* et ceux-ci en *tithings*. Les principaux fonctionnaires du comté sont : le *lord-lieutenant*, assisté par un ou plusieurs adjoints, le *shérif*, les *juges de paix* et les *coroners*. Le lord-lieutenant est nommé par la couronne, il choisit ses adjoints qui forment avec lui *la lieutenance du comté*. Le *shérif* est nommé chaque année par la couronne, sur la proposition des juges des cours supérieures et des grands dignitaires de l'Etat. Le shérif est chargé du maintien de la paix publique et de l'exécution de la loi. Les *juges de paix* sont nommés par le chancelier, sur la proposition du lord-lieutenant. Le *coroner* représente dans une certaine mesure le ministère public en Angleterre ; il est le mandataire de la couronne, bien qu'il soit élu par les francs tenanciers des comtés. Quelques-uns cependant sont nommés par le souverain et d'autres par quelques villes. Chaque comté a de 3 à 6 coroners.

BIENFAISANCE. On a dans chaque paroisse, ou dans plusieurs paroisses rassemblées en *unions*, des maisons de travail (workhouse) surveillées par les *bureaux de gardiens* qui sont à leur tour surveillés par un comité central, composé de commissaires permanents siégeant à Londres. Les pauvres valides qui refusent d'entrer dans ces maisons de travail ou d'accepter le travail qu'on leur offre sont privés de tout secours.

GRANDE-BRETAGNE ET IRLANDE (SUITE)

Marginal index labels (left margin): NANCES · PENSES · CETTES · TTE · NNAIES · JERRE · MÉE · MARINE · AR. DE L'ÉTAT · TAT. NAVALES · AR. MARCH. · COMMERCE · MPORTATION · EXPORTATION · CHEM. DE FER · POSTES · TÉLÉGRAPHES · PORTS

DÉPENSES	FR.	RECETTES	FR.
Dette publique (intérêts)	696.500.000	Douanes (Customs)	506.250.000
Liste civile et apanages	14.096.025	Accise (Excise)	691.250.000
Fonds consolidés et charges	56.750.000	Timbre (Stamps)	275.000.000
Intérêts et charges du canal de Suez	5.750.000	Impôts fonciers	62.500.000
Armée, etc.	595.650.000	— sur le revenu	102.725.000
Marine	282.225.000	Postes	148.750.000
Services civils	552.725.000	Télégraphes	51.125.000
Postes	101.800.000	Domaines (Crownlands)	9.875.000
Télégraphes	52.000.000	Recettes diverses	102.500.000
Administration de l'Inde	4.250.000		
Total	1.897.746.025	Total	1.929.975.000

DETTE : Dette consolidée 17.841.437.925
Dette non consolidée 285.045.000
Total 18.126.482.925

MONNAIES : Or, livre sterling ou souverain = 20 shellings = 25 fr. environ; 5 shellings ou couronne = 5 fr. 80. Argent, 1 shelling = 1 fr. 16. Cuivre, penny de 4 farthings = 0.10.

Armée active. L'enrôlement volontaire est de 12 ans dans l'armée active, ou de 6 ans dans cette dernière et 6 ans dans la première réserve. L'armée active a pour auxiliaires la réserve, la milice, la yeomanry et les volontaires. *Milice.* Son service est limité aux Iles Britanniques, et le nombre des miliciens mis sur pied est fixé par le Parlement. Le contingent de chaque comté ou district est fixé par une ordonnance en conseil. S'il ne se présente pas dans un district un nombre suffisant d'hommes de bonne volonté, le secrétaire d'État de la guerre fait procéder à un tirage au sort, comprenant les hommes entre 18 et 35 ans. Dans ce cas, le remplacement est permis pour tout homme qui tombe au sort. *Yeomanry.* Cette milice se compose des propriétaires ruraux et des fermiers, qui, volontairement, forment un corps de cavalerie et supportent tous les frais d'habillement et d'équipement. *Volontaires.* Les volontaires forment des corps de fantassins, d'artilleurs et de cavaliers. Jusqu'en 1863, tout s'était fait par l'initiative individuelle, mais à cette époque le parlement organisa cette institution sur des bases légales et permanentes.

MARINE DE L'ÉTAT : La flotte se compose de 64 navires blindés et d'environ 500 nav. à vapeur et 170 nav. à voiles. Sur ce nombre il y avait en activité, le 1er décembre 1875, 241 vaisseaux. *Personnel : Marine* total général 241, 5.439 officiers, dont 607 à demi-solde. 14.578 sous-officiers, 19.790 marins, chauffeurs, etc., et 7.000 mousses. Total 46.607 personnes. Les troupes de la marine comptent 14.000 hommes dont la moitié environ est à flot (1 div. d'artillerie de marine de 16 comp. 100 off. et 2.801 hom. (Portsmouth), 5 div. d'inf. (48 comp.) à Chatham, Portsmouth et Plymouth : 297 off. et 10.794 soldats. *La réserve de la marine* 20.840 hom., dont 440 off. Total 81.447 hom. de personnel. Dans les chantiers de construction et les établissements on compte en outre environ 18.450 hommes, dont 4.545 dans les colonies. STATIONS NAVALES : *Stations de la Grande-Bretagne,* Sheerness (embouchure de la Tamise), Portsmouth, Devonport (Plymouth). Queenstown (Irlande). escadre de la Manche, garde-côte et 1re réserve. *Stations étrangères,* escadr. détachées, Méditerranée, Amérique du Nord et Antilles, Pacifique, Chine (Hongkong), Indes orientales, Australie, cap de Bonne-Espérance et côte occidentale de l'Afrique. MARINE MARCHANDE : *Royaume-Uni.* Nombre de vaisseaux (1875), 25.461, jaugeant 6.152.000 tonnes avec 261.564 hommes d'équipage, dont 4.170 vapeurs, jaugeant 1.945.090 tonnes (navires de long cours 6.792, jaugeant 4.595.000 ton. avec 155.695 hom. d'équipage) [1875]. *Colonies* (1875), vaisseaux jaugeant 1.592.000 ton. avec 80.971 hom. d'équipage, dont 878 vap. jaugeant 127.000 tonnes. *Total général* 57.156 nav. jaugeant 7.714.000 tonnes avec 342.535 hommes d'équipage, dont 5.048 vap. jaugeant 2.073.000 tonnes.

ARMÉE	Officiers	Off. sans brevet tamb. et tromp.	Soldats
ARMÉE ACTIVE			
État-major général et départem.	1.379	90	
Garde à cheval	81	192	1.029
Cavalerie de ligne	358	1.178	9.907
Ecole d'équitation	7	15	205
Artillerie à cheval (garde)	112	208	2.591
Artillerie	755	1.652	17.168
Génie	592	721	4.162
Infanterie de la garde	240	410	5.250
Infanterie de ligne	5.515	7.247	65.040
Régiment de l'Inde	102	150	1.580
Corps colonial	22	61	566
Service des hôpitaux	24	262	1.288
Train, etc.	8	500	2.506
Total	7.005	12.734	109.292
Etablissements divers	112	461	89
Brigade de dépôts (en formation)		3.191	
MILICE			
Artillerie et infanterie	3.558	—	156.413
YEOMANRY			
Cavalerie	1.000	—	11.078
VOLONTAIRES			
Cavalerie	—	—	505
Artillerie	—	—	31.825
Génie	—	—	6.295
Infanterie (chasseurs)	—	—	128.669
Etat-major	269	—	1.189

Il y a en outre dans les colonies environ 25,000 soldats. (Voir les diverses colonies.)

VAISSEAUX DE GUERRE (ACTIFS)	
Vaisseaux de ligne cuirassés	4
Frégates et corvettes cuirassées	11
— — non cuirassées	51
Chaloupes et petits vaisseaux	65
Total	111

BATEAUX A VAPEUR DE RÉSERVE ET VAISSEAUX DE NAVIGATION	
Bateaux à vapeur de première réserve	9
— — de réception et de dépôt	8
— — de navigation	11
— — d'arpentage	4
— — de transport des troupes	5
— — de transport, etc.	43
— — de cabotage	33
— — de réserve, etc.	8
Total	250

IMPORTATION : 9.348.489.425 fr. (céréales, denrées coloniales, semences, fruits, viandes, matières textiles, confections, etc.) EXPORTATION : 7.040.318.095 fr. (coton et laine manufacturés, fer et acier, toile, fil, houille, fraisil, machines, etc.) IMPORTATION DES COLONIES : 2.110.599.275 fr. EXPORTATION DES COLONIES : 1.777.504.075 fr. CHEMINS DE FER : En exploitation 26.470 kil., dont Angleterre 18.982, Ecosse 4.379, Irlande 3.457. POSTES : Bureaux 13.226. Lettres 1.008.000.000, dont l'Angleterre 227.000.000, l'Ecosse 91.000.000 et l'Irlande 71.000.000; journaux et imprimés 280.000.000, dont l'Angleterre 237.000.000, l'Ecosse 30.000.000 et l'Irlande 25.000.000; cartes postales 79.000.000, dont l'Angleterre 66.000.000, l'Ecosse 9.000.000 et l'Irlande 4.000.000. TÉLÉGRAPHES : bureaux 5.602 (non compris les bureaux de la presse et du service-messages), dépêches 19.116.654. dont l'Angleterre 15.612.409, l'Ecosse 2.441.050 et l'Irlande 1.563.195. Lignes 169.477 kilomètres. PORTS : Londres, Liverpool, Hull, Plymouth, Southampton, Bristol, Birmingham, Manchester, Sheffield, Leeds, New-Castle, Bradford, Brighton, Nottingham, Dundee, Édimbourg. Glasgow, Dublin, Belfast, Cork.

GRANDE-BRETAGNE ET IRLANDE (SUITE)

COMMERCE (SUITE) POIDS ET MES.

POIDS ET MESURES : Depuis le 29 juillet 1864 l'usage du système métrique est facultatif en Angleterre. *Mesures de poids.* Livre avoirdupois (livre commerciale) = 453 gr. 59. Pour les métaux on se sert de la livre troy = 12 onces = 373 gr. 24; 144 livres avoirdupois = 175 livres troy; 192 onces avoirdupois = 175 onces. *Mesures de longueur.* L'unité est le yard qui se divise en 3 pieds ou 36 pouces = 914.58348 millim. L'unité usuelle est le foot (pied) tiers du yard = 30.479 449 cent. et se subdivise en 12 inches ou pouc. L'inch (pouce) = 25.39954113 millimètres. *Mesures itinéraires.* Le mille légal, ou statute mille. On compte 69.042 milles au degré. Le mille = 1.6093 kil. *Mesures de superficie.* L'unité est l'acre = 40.4671 ares. *Mesures de capacité.* L'unité est le gallon impérial = 4,5435 litres.

VILLES PRINC. AVEC LEURS HAB. PAR MILLE.

Londres 3.489, Glasgow 545, Liverpool 522, Manchester 358, Birmingham 372, Dublin 315, Leeds 292 Sheffield 273, Edimbourg 215, Bristol 200, Bradford 174, Newcastle 140, Dundee 139, Hull 157, Portsmouth 125, Leicester 114, Sunderland 108, Brighton 101, Aberdeen 96, Nottingham 94, Oldham 89, Norwich 83, Wolverhampton 75, Plymouth 72, Greenock 70, Paisley 49, Perth 27.

SUPERFICIE

514.951 kilom. carrés sav.: Angleterre 151.020, Ecosse 78.893, Irlande 84.252. (105 hab. env. p. k. c., Angleterre 160 h. par k. c., Ecosse 45 h. par k. c., Irlande 65 h. par k. c.).

POPULATION

33.089.237 h. savoir: ANGLET⁰ʳᵉ 24.244.010, ECOSSE 3.327.811, IRLANDE 5.517.416. Selon les cultes : *Angleterre*, anglicans 11.781.000, dissidents 3.971.000, catholiques 1.058.000, israélites 39.000; *Ecosse* : anglicans 73.200, Eglise d'Ecosse 1.473000, dissidents 1.486.000, catholiques 320.000, israélites 6.400 env.; *Irlande* : cath. romains 4.150.867, anglicans 667.979, presbytériens 497.648, méthodistes 43.441, membres d'autres sectes 52.432.

ANGLETERRE (1875): mariages 200.980, naissances 850.187, décès 546.517; ECOSSE: mar. 25.921 naiss. 125.693. décès 81.785; IRLANDE: mariages 24.259, naiss. 138.582, décès 98.243.

TABLES ADMINISTRATIVES

ÉCOSSE

DIVISION GEOG. et POLIT.	habitants	kil. car.	hab. k.
1. NORTHERN	127.191	9.152	»
Shetland	31.603		
Orkney	31.272		
Caithness	59.989		
Sutherland	23.686		
2. NORT-WESTERN	168.486	19.181	9
Ross et Cromarty	80.909		
Inverness	87.480		
3. NORTH-EASTERN	595.095	9.816	40
Nairn	10.215		
Elgin	43.598		
Banff	62.010		
Aberdeen	244.607		
Kincardine	34.631		
4. EAST-MIDLAND	557.015	10.702	52
Forfar	237.528		
Perth	127.741		
Fife	160.310		
Kinross	7.208		
Clackmannan	23.742		
5. WEST-MIDLAND	249.731	10.919	23
Stirling	98.179		
Dumbarton	58.859		
Argyll	75.635		
Bute	16.977		
6. SOUTH-WESTERN	1.183.095	5.935	199
Renfrew	216.919		
Ayr	200.745		
Lanark	765.279		
7. SOUTH-EASTERN	469.936	4.802	98
Linlithgow	41.191		
Edinburgh	328.335		
Haddington	37.770		
Berwick	36.474		
Peebles	12.314		
Selkerk	14.004		
8. SOUTHERN	209.471	8.588	25
Roxburgh	53.965		
Dumfries	74.794		
Kirkenbright	41.852		
Wigtown	38.795		

IRLANDE

PROVINCES	habitants	kil. carr.	hab. kil
LEINSTER	1.333.966	19.756	68
MUNSTER	1.390.402	24.554	57
ULSTER	1.830.398	22.189	83
CONNAUGHT	845.995	17.775	47

ANGLETERRE

COMTÉS	kil. car	habitants	hab.
BEDFORD	1.196	146.257	123
BERKS	1.826	196.475	107
BUCKINGHAM	1.890	173.879	93
CAMBRIDGE	2.124	186.906	88
CHESTER	2.862	561.201	190
CORNWALL	3.555	362.543	102
CUMBERLAND	4.055	220.253	54
DERBY	2.660	579.394	149
DEVON	6.707	601.574	89
DORSET	2.558	195.557	70
DURHAM	2.519	685.089	277
ESSEX	4.292	466.456	108
GLOCESTER	3.258	554.640	163
HEREFORD	2.164	125.570	57
HERTFORD	1.583	192.226	120
HUNTINGDON	928	63.708	68
KENT	4.207	848.294	201
LANCASTER	4.954	2.819.495	591
LEICESTER	2.080	269.311	129
LINCOLN	7.185	456.599	60
MIDDLESEX	729	2.539.765	3621
MONMOUTH	1.491	195.448	131
NORFORCK	5.484	438.656	81
NORTHAMPTON	2.442	243.891	99
NORTHUMBERLAND	5.056	586.646	76
NOTTINGHAM	2.129	319.758	151
OXFORD	1.913	177.975	93
RUTLAND	388	22.075	56
SALOP	3.345	248.111	72
SOMERSET	4.238	463.485	109
SOUTHAMPTON	4.354	544.684	123
STAFFORD	2.948	858.326	291
SUFFOLK	3.835	348.869	90
SURREY	1.958	1.090.635	562
SUSSEX	3.792	417.436	110
WARWICK	2.282	654.189	278
WESTMORELAND	1.964	65.010	33
WILTS	3.501	237.177	73
WORCESTER	1.911	538.837	177
YORK (East Riding)	3.111	241.672	77
— (City)	11	64.908	5900
— (North Riding)	3.465	254.817	43
— (West Riding)	6.918	1.854.172	261

PAYS DE GALLES

	kil. car	habitants	hab.
ANGLESEY	785	51.040	6
BRECON	1.862	59.901	3
CARDIGAN	1.794	75.441	4
CARMARTHEN	2.454	116.710	4
CARNARVON	1.498	106.121	7
DENBIGH	1.562	105.102	6
FLINT	748	76.312	10
GLAMORGAN	2.916	397.859	17
MERIONETH	1.569	46.598	2
MONTGOMERY	1.936	67.623	13
PEMBROKE	1.626	91.998	5
RADNOR	1.401	25.450	2

TABLE DES COLONIES

POSSESSIONS	kil. carré	habit.
Gibraltar	5	14.764
Héligoland	5	1.915
Malta	369	149.084
En Europe	379	263.761
Iles de Bahama	15.005	39.162
Bermudes	106	12.121
Dominion du Canada	9.099.141	3.579.782
Iles Falkland	12.279	805
Guyane anglaise	221.245	193.491
Honduras	54.964	24.710
Jamaïque et iles Turks	10.884	510.354
Iles Leeward	1.819	120.491
Newfoundland	100.000	146.536
Trinité	4.544	109.638
Iles Windward	2.452	284.078
En Amérique	9.502.157	5.021.166
Iles Fiji	20.807	142.000
N. Galles du Sud	799.128	505.981
Nouv. Zélande	270.050	256.260
Queensland	1.355.890	120.104
Australie méridionale	985.736	185.626
Tasmania	67.894	101.785
Victoria	229.062	751.528
Australie occidentale	1.730.757	24.785
En Océanie	5.459.504	2.063.069

PAYS	kil. carr.	habitan
Ascension	88	
Colonie du Cap	529.204	566.
Gambie	55	14.
Côte d'Or	43.059	408.
Griqua Land occid.	43.076	25.
Lagos	43.000	62.
Ile Maurice	1.914	516.
Natal	48.565	293.
Ste-Hélène	121	6.
Sierra Léone	1.211	58.
En Afrique	680.293	1.750.
Aden	20	22.
Ceylan	65.555	2.401.
Hong Kong	85	124.
Inde anglaise	2.545.975	190.501.
Labouan	116	4.
Perim	16	
Straits Settlements	3.425	308.
En Asie	2.410.664	193.562

POSSESSIONS ANGLAISES EN EUROPE

Gibraltar, Héligoland et Malte, Colonies de la Couronne. c'est-à-dire colonies dans lesque[lles] la Couronne exerce un contrôle général sur la législation et sur l'administration. GIBRALT[AR]: *Dépenses,* 1,050,000 fr. *Recettes,* 1,000,000 fr. *Armée,* 4,918 hommes. — MALTE : *Dépen[ses]* 4,050,000 fr. *Recettes,* 4,575,000 fr. *Importation,* 214,625 fr. *Exportation,* 191,775[...] *Armée,* 5,143 hommes.

(ROYAUME) GRÈCE [Hellas] (CAP. ATHÈNES)

SITUAT..AST. 35° 49' — 39° 17' lat. nord. 16° 58' — 25° 55' long. est.

CLIMAT. Le climat au nord appartient aux régions tempérées du centre de l'Europe, le sud et l'est font partie de la zone subtropicale.

GOUVNEMENT. CHEF DE L'ÉTAT. Georges I, roi, né en 1845 (maison de Slesvig-Holstein-Sonderbourg-Glücksbourg), avénement 1865; (Olga-Constantinovna, reine, née en 1851; Constantin, prince royal, né en 1868). La Grèce est une monarchie constitutionnelle et héréditaire. LE POUVOIR EXÉCUTIF est représenté par le roi. LE POUVOIR LÉGISLATIF est exercé par une seule chambre: *la chambre des députés*, 187 membres élus pour 4 ans, par le VOTE DIRECT de la nation. 7 MINISTÈRES: *les ministères de la justice, des cultes et de l'instruction publique, des affaires étrangères, de l'intérieur, des finances, de la guerre, de la marine.*

POUV. EXÉCUTIF — POUV. LÉGISL.

JUSTICE. LA COUR SUPRÊME (Aréopage) siège à Athènes. 4 COURS D'APPEL: Athènes, Nauplie, Patras, Corfou. COUR DES COMPTES à Athènes.

CULTES. La religion orthodoxe grecque est celle du pays. Elle est indépendante du patriarche de Constantinople; elle est administrée par un Saint Synode siégeant à Athènes, présidé par un archevêque métropolitain. Le continent et l'Eubée se divisent en 4 archevêchés: Athènes, Chalkis, Phthiotide, Acarnanie et Étolie, et 4 évêchés. Le Péloponèse se divise en 6 archevêchés: Argolide, Patras et Élide, Mantinée et Cynurie, Messène, Morembasie, Sparte, et en 6 évêchés. Dans les îles de la mer Égée, 1 archevêché: Syra et Ténos, et 5 évêchés. Dans les îles Ioniennes, 3 archevêchés: Corfou, Céphalonie, Ste-Maure (Leucades), Zante, Cérigo. Pour les habitants catholiques romains, on a 2 archevêchés: Naxos et Corfou et 4 évêchés.

INST. PUBL. Les écoles publiques sont divisées en 4 classes: 1° les écoles communales; 2° les anciennes écoles grecques; 3° les gymnases; 4° l'Université. Le nombre des professeurs, des écoles publiques et privées, s'élève à 500 env. Élèves, 64.061, dont 6.250 filles; 8 gymnases avec 50 professeurs et 1.124 élèves. L'Université d'Athènes compte 1200 étudiants env. L'Arsakeion, excellent collège consacré à l'éducation des filles. On compte en outre 4 écoles de médecine, 1 de théologie, 1 école militaire, 1 d'agriculture et 1 école des arts.

INTÉRIEUR — NOMES. La Grèce se divise en 13 NOMES ou NOMARCHIES, y compris les Cyclades et l'Eubée, subdivisées en 59 *éparchies*. Les cantons de l'éparchie portent le nom de *dime* ou *dimarchies* et les diverses communes rurales qui les composent sont administrées par des *parèdres* ou *adjoints du dimarque.* Ils sont tous nommés par le roi et reçoivent une légère rétribution.

FINANCES

DÉPENSES		RECETTES	
Dette	7.605.409	Impôts directs	12.755.000
Pensions (liste civile, 1 125 000)	4.195.820	Contributions directes	16.205.000
Ministère de la justice	5 091.782	Établ. publ. (postes, 70,000; télég. 400,000)	1.101.800
— des cultes et instruction	2.106.410	Domaines et vente des domaines	5.873.500
— des affaires étrangères	1.452.975	Recettes	1.598.700
— de l'intérieur	4.777.477	Arrérages	1.510.000
— des finances	1.784.210		
— de la guerre	7.469.500	Total	38.826.800
— de la marine	1.959.890	DETTES — Dette extérieure	355.543.422
Frais d'administration, dépenses diverses	4.852.450	DETTES — Dette intérieure	94.569.480
Total	39.165.841	Total	450.082.902

DÉPENSES — RECETTES — DETTE — MONNAIES — POSTES — TÉLÉGRAPHES — CHEMIN DE FER.

MONNAIES. L'unité monétaire est le *drachme*, il égale 1 franc, et se divise en 100 *leptas* (centimes). V. France.
POSTES. Bureaux, 136; lettres, 2.575.481; journaux, 1.500.019; dépêches offic., 670.914.
TÉLÉGRAPHES. Bureaux, 69. Lignes, 1600 kilom. Télégrammes (1874), 964.497, (1875) 254.205.
CHEMINS DE FER. En exploitat. la lig. d'Athènes au Pirée, 12 kil.

GUERRE — ARMÉE

Le service militaire est obligatoire. Les forces militaires se composent de *l'armée active* et de *la garde nationale* (1re et 2e réserve). La durée du service est de 12 ans, 3 ans dans l'armée active, 3 ans dans la 1re réserve et 6 dans la 2e. En temps de guerre on compte 30.000 hommes et 50 bouches à feu.

ARMÉE ACTIVE	offic.	soldats
Infanterie (15 bataillons)	580	9.971
Cavalerie (5 escadrons)	25	517
Artillerie (6 batteries à 5 pièces)	49	697
Gendarmerie	90	4.516
Pionniers	21	471
Employés au ministère de la guerre	186	542
Total	749	15.514

TABLE POLITIQUE

La superficie de la Grèce est de 50.125 kil. c.

	kil. car. — popul. — hab. kil.
GRÈCE CENTRALE	19.575 — 541.058 — 17
PÉLOPONÈSE	21.568 — 645.580 — 50
ILES DE LA MER ÉGÉE	6.568 — 205.846 — 52
ILES IONIENNES	2.412 — 219.030 — 91
ILES IONIENNES	
CORFOU	580 — 72.450 — 125
PAXOS OU ANTIPAXOS	70 — 5.600 — 51
LEUCADE	475 — 21.000 — 44
CÉPHALONIE	797 — 67.500 — 89
ITHAQUE OU THÉAKI	110 — 10.000 — 91
ZANTE OU ZAKYNTHOS	420 — 44.500 — 107

MARINE — MAR. DE L'ÉTAT — MARINE MARCH.

MARINE DE L'ÉTAT: 2 frégates blindées; 7 vapeurs à hélice; 12 navires à voiles. Personnel, 71 officiers; 581 hommes.
MARINE MARCHANDE: 5.202 nav. jaugeant 250.077 tonnes, y compris 16 vapeurs, jaugeant 6.100 tonn. et 5.9.. nav. jaugeant au-dessous de 60 tonn. — Équipage: 26.000 hommes env.

COMMERCE — IMPORTATION — EXPORTATION.

IMPORTATION: 110 millions fr. env. (objets manuf., céréales, peaux, sucre, bois, bétail, riz, etc.).
EXPORTATION: 76 millions fr. env. (coton, raisins dit de Corinthe, plomb, huile d'olive, figues, tabac, vin, vallonée pour teindre, etc.).

POPULATION. 1.457.894 hab. (1.589.955 Grecs; 57.598 Albanais (Arnautes); 1.217 Moldo-Valaques, etc. (Marins hors du pays, etc., env. 47.000 y compris). (29 hab. par kil. carré.)

VILLES PRINCIP. Athènes, 44.510 hab.; Syra (Hermopie), 21.000 hab.; Patras, 19.641 hab.; Zante, 17.516 hab.; Corfou, 15.452 hab.

POIDS ET MESURES

Le système métrique. Mais les dénominations ont été changées; on a également changé la valeur des composés du *kilo* ou *drachme*: Tonne: 1.500 kilogr.; *talent*: 150 kilogr.; *Mine royal*: 1,50 kilogr. *Drachme*: 1 kilogr. Le décigr. s'appelle *piki-royal*; le décimètre, *palme*; le pouce ou *centimetron*; le millim.: *ligne* ou *milimetron*. Le kilomètre porte le nom de *stadion royal*. Le myriamètre celui de *mille grec*. Le *stremma royal*: 1000 piki carrés ou mètre carré: 10 ares. Le litre a conservé le même nom qu'en France, il se subdivise en 10 *kolitos* (décilitres), 100 *mystron* (centilitres), 1000 *kubus* (millil.). L'hectolitre de blé porte le nom de *kilo*.

TABLE ADMINISTRATIVE DE LA GRÈCE

NOMES	kil. c. — popul. — hab. kil.	ÉPARCHIES AVEC LEURS HABITANTS PAR MILLE
ARCADIE	5.255 — 151.740 — 40	Mantinée, 46.2; Kynuria, 26.7; Gartynia, 41.4; Megalopolis, 17.4.
LACONIE	4.346 — 105.851 — 24	Lacédémone, 46.4; Gythion, 15.9; Itylos, 26.5; Epidauros Limera, 18.9.
MESSÉNIE	3.176 — 130.417 — 41	Kalamae, 25.0; Messénie, 29.5; Pylia, 20.9; Triphylia, 29; Olympia, 25.9.
ARGOLIDE ET CORINTHIE	3.749 — 127.820 — 54	Nauplia, 15; Argos, 22.1; Corinthe, 42.8; Spezia, 19.9; Hydra et Trézène.
CYCLADES	2.590 — 123.295 — 51	Syros, 50.6; Kea, 8.7; Andros, 19.7; Tinos, 11, Naxos, 20; Thira, 21; Milos, 10.8.
ATTIQUE ET BÉOTIE	6.426 — 156.804 — 21	Attique, 76.9; Egine, 6.1; Mégare, 14.9; Thèbes (Thiva), 20.7; Livadi, 18.1.
EUBÉE	4.076 — 82.541 — 20	Chalcis, 29; Xérochorion, 11.2; Karystia, 33.9; Skopelos, 8.4.
PHTHIOTIDE ET PHOCIDE	5.516 — 106.421 — 20	Phthiotis, 26.7; Parnasis, 20.4; Lakris, 20.9; Doris, 49.1.
ACARNANIE ET ÉTOLIE	7.855 — 121.095 — 16	Missolonghi, 19; Valtos, 14; Trichonia, 14.5; Eurytania, 55; Naupactia, 22; Vonitza, 19.
ACHAÏE ET ÉLIDE	4.942 — 149.561 — 50	Patras, 46.5; Aegialia, 12.8; Kalavryta, 59.2; Ilia (Élis), 51.
CORFOU	1.107 — 96.940 — 88	Corfou, 25.7; Me-i.21.8; Oros, 25; Paxi (Paxos), 5.6; Leucade ou Ste-Maure), 20.9.
CÉPHALONIE	781 — 77.582 — 99	Krancea, 55.4; Poli, 17.4; Sami, 16.8; Ithaque, 9.9.
ZANTE	719 — 44.557 — 62	Zacynthe (Zante), 44.6.

ITALIE

(ROYAUME)   ITALIE   (CAP. ROME)

SITUATION ASTRONⁱ**QUE** — 46° 41' — 36° 58' latitude. 4° 15' — 46° 10' longitude.

CLIMAT — Palerme, moyenne, 18°; plus haut 38°; plus bas, 2°. Naples, moy., 16°; pl. h., 40°; pl. b., 5°. Venise, moyenne, 45°; plus haut, 55°; plus bas. 1° 82.

PLUIE — A Palerme, moyen. 0ᵐ66; à Naples, 10ᵐ9 à la base des Apennins, 1ᵐ10; au so met, 2ᵐ40.

GOUVNEMENT — **CHEF DE L'ÉTAT** — **POUV'EXÉCUTIF** — **POUV'LÉGISLAT**

CHEF DE L'ÉTAT. Victor-Emmanuel II, roi, né en 1820 (maison de Savoie), avén. en 1844. (Hubert, prince roy né en 1844). Le POUVOIR EXÉCUTIF est représenté par le chef de l'État. L'Italie est un royaume héréditaire constitutionnel. LE POUVOIR LÉGISLATIF est représenté par deux chambres : *Chambre des sénateurs*, membres choisis par le roi (le nombre est illimité). *Chambre des députés*, chacun des membres élu pour 5 a *Système électoral*: 508 collèges électoraux comprenant 400.000 électeurs. 9 MINISTÈRES : les ministères *de justice, de la grâce et des cultes; des affaires étrangères; de l'intérieur; des finances; de la guerre; la marine; de l'instruction publique; des travaux publics; du commerce, de l'industrie et de l'agric ture*. CONSEIL D'ÉTAT : 1 président, 3 présidents de section.

JUSTICE

Le premier degré est celui de la *judicature de paix*. Chaque commune a au moins un *conciliateur*, nomm pour 3 ans par le gouvernement sur la présentation du *conseil municipal. Le préteur* rend la justice da les chefs-lieux des « mandements, » c'est le *juge de première instance*; il est assisté par un ou plusier *vice-préteurs*. Au-dessus du préteur siègent *les magistrats des 131 tribunaux civils et correctionnels*, p viennent les juges des 24 *cours d'appel* et ceux des 4 *cours de cassation* (Florence, Naples, Palerme et T rin), qui prononcent en dernier ressort. *Une cour des comptes* pour tout le royaume. Le pays est divisé 86 *districts de cours d'assises* et en 25 *districts de tribunaux de commerce*, également subordonnés a cours d'appel et aux cours de cassation.

CULTES — **CH. DE L'ÉGLISE CATHOLIQUE** — CARDINAUX

La religion catholique, apostolique et romaine est la religion de l'État. Rome est la résidence du pape Pie CHEF DE LA RELIGION CATHOLIQUE. Les 70 *cardinaux* sont les grands dignitaires de ce gouvernement âmes. Ils se divisent en 3 classes : les cardinaux qui résident à Rome (6), les cardinaux-prêtres à Rome et l'étranger (50), les cardinaux-diacres (14). Lors de la vacance du Saint-Siège, le collége des cardinaux réu en conclave nomme le nouveau pontife choisi parmi les candidats âgés de plus de 55 ans; il faut en outre l' sentiment des gouvernements de la France, d'Espagne, d'Autriche et d'Italie pour que le nouvel élu soit pr clamé, et reçoive le pallium et la tiare. L'Italie se divise religieusement en 47 *archevéchés*, subdivisés en 206 *évéchés* et prélatures indépendante La population ecclésiastique se compose d'environ 100.000 prêtres. Les couvents sont supprimés depuis 1806.

INTERIEUR — **PROVINCES** — ARRONDISSEMENⁱˢ — COMMUNES

L'Italie se divise en 69 PROVINCES; celles-ci se divisent en 284 *circondarii* (arrondissements ou circonscri tions). Les arrondissements sont subdivisés en 1.779 « mandamenti » (mandements) qui sont des divisio purement judiciaires, et en 8.360 *communes*. Les provinces sont gouvernées par un *préfet* et par un conse *de préfecture. Le sous-préfet* agit avec des attributions analogues dans les arrondissements; enfin le *sinda* qui est le délégué du pouvoir dans la commune.

FINANCES
DÉPENSES — RECETTES — DETTE — MONNAIES

DÉPENSES		RECETTES	
1° Ministère de la grâce, de la justice et des cultes; ord. : 300.96.529; extraordinaire : 468.054	50.564.585	Impôt foncier sur les revenus	562.762.6
2° Ministère des affaires étrangères, ordinaire : 5.991.445; extr. : 165.500	6.156.945	— sur les moutures	79.000.0
3° Ministère de l'intérieur, ordinaire : 55.524.875; extraord. : 2.518.964	58.043.839	Droits de mutation	144.080.6
4° Ministère des finances, ordinaire : 847.035.511; extraord. : 24.072.717 (intérêts et amortiss., 655.652.195; dette flottante, 105.409.701; pensions, 59.951 067; liste civile et apanages, 14.250.000)	871.108.028	Droits sur la fabrication de l'alcool, etc.	5.200.0
		Douanes, octrois	175.555.7
		Régie (tabac, sels)	167.500.0
		Loterie	75.106.0
		Services publics et taxes diverses	18.206.14
5° Ministère de la guerre, ordinaire : 169.915.779; extraord.: 20 003.000	189.918.779	Revenus des postes 44.884.985 / des chemins de fer. 2.550.000 / des télégraphes 8.635.800	56.070.73
6° Ministère de la marine, ordinaire : 56.671.497; extraord. : 1.045.444	57.716.941	Recettes éventuelles	7.410.0
7° Ministère de l'instruction publique, ord. : 20.551.594; extraord. : 469.919	21.021.513	Revenus des biens de l'État	70.095.19
8° Ministère des travaux publics, ord. 52.659.275; extraord. : 41.287.589 (Chemins de fer, ord.: 2 657.500; extraord. : 25.522.886; télégraphes, ord.: 6.774.712; extraord. 25.000; postes : 21.729.620)	93.946.862	Remboursements, etc.	89.850.14
		Recettes ordinaires	1.248.629.18
		— extraordinaires	54.822.20
		— des biens ecclésiastiques	57.691.00
9° Ministère de l'agriculture, de l'industrie et du commerce, ordinaire : 9.884.467; extraord. : 250.495	10.154.962	Total	1 521.142 58
Total	1.518.612.232		

DETTES :

Dette consolidée	7.180.815.59
Dettes séparément inscrites	1.183 280.04
— diverses, intérêts arriérés	406.472.54
— flottante	1.115.021.04
Total	9.885.589.22
Billets de la banque à cours forcés	1.484.400.00

MONNAIES. — L'unité monétaire est *la Lire* : 1 franc. (Voir page 84).

GUERRE
ARMÉE — DIV. MILITAIRE — PLACES FORTES

ARMÉE	Offic.	Sous-officiers et soldats			ARMÉE	Offic.	Sous-officiers et soldats		
		en serv.	en congé	Total			en serv.	en congé	Total
État-major (dont 150 généraux).					*Report.*	9.580	160.636	194.368	355.00
Administration, etc.	1.450	»	»	»	Carabiniers (gendarmerie).	606	20.970	»	20.97
Infanterie de ligne.	4.830	97.458	125.541	220.799	« Distretti » militaire.	4.458	15.598	10.567	25.96
Bersaglieri.	760	16.255	21.147	37.402	Instituts et établiss. divers.	2.070	7.251	256	7.48
Cavalerie.	898	18.669	15.437	34.106					
Artillerie.	946	20.786	27.462	48.248	1° *Armée perman*ⁱᵉ	13.694	204.255	205.171	409.420
Génie.	223	4.702	4.916	9.618	2° *Réserve.*	4.016	14.786	166.409	181.193
Service sanitaire.	556	1.152	2.065	5.217	3° *Milice mobile*	2 610	»	277.265	277.263
Service sédentaire.	127	1.614	»	1.614	4° *Offic. de réserve.*	1.516	»	»	»
A reporter.	9.580	160.636	194.368	355.004	Total général.	18.856	219 041	648.845	867.88

Tous les hommes valides sont obligés de servir de 21 à 39 ans.

DIVISIONS MILITAIRES : 7 corps d'armée; 16 *divisions territoriales* subdivisées en 65 *districts militaires*.

PLACES FORTES : Mantoue. Peschiera, Legnano, Venise, Malghera, Palma, Rocca-d'Anfo, Alexandrie, Cassale, Gênes, Plaisance, Ferrare, Ancône, Gaëte, Capoue, Tarente, Messine.

ITALIE

Marine de l'État

MARINE DE L'ÉTAT.	Nombre	Canons	Chevaux
Navires blindés	16	130	11.40.
— à hélice	14	101	3.74(
— à aubes	10	46	2.54(
Transp. à hélice	18	58	2.95(
— à aubes	7	»	356
Total. . .	65	335	20.956

PERSONNEL : 425 offic. y compris 12 amiraux, 65 offic. mécaniciens, 30 offic. des arsenaux, 93 offic. comptables, 113 offic. de l'inf. de marine, 46 offic. constructeurs, 183 offic. du commissariat, 118 employés civils, 7.260 sous-offic. et matelots, 2.320 sold. de marine.

STATIONS NAVALES : Spezia, Gênes, Naples, Castellamare di Stabia, Venise, Ancône, Tarente.

MARINE MARCHANDE : 138 vap. jaugeant 52.370 tonnes, 10.791 nav. à voiles, jaug. 979.519. Pour les services des ports et des côtes. 8.784 navires. Barques de pêch., 12.306, jaug. 44.917 tonnes.

INSTRUCTION PUBLIQUE. Écoles primaires (1873) 43.380. — 1.659.107 enfants. — d'adultes (1869) 4.619. — 133.235 personnes. — second. (lycées, gymn.) 512. 25.408 personnes. Universités, 22. — 10.524 personn. Env. 35 Italiens sur 100 sav. lire.

TRAVAUX PUBLICS. CHEMINS DE FER en exploit. 7.704 k. (privé 6.079 k., à l'État, 1.625 k.) Id. en construction, 670 k. (privé 329 k., à l'État, 341 k.) CANAUX et RIVIÈRES NAVIGABLES : 2.990 kil. TÉLÉGRAPHES : 21.437 kil., non compris 173 kil. de câbles sous-marins. Bureaux : 1.692, non compris 33 bureaux sémaphoriques. Dépêches : 5.345.599. POSTES : Bureaux (1874) 2.799. Lettres (1873) 104.502.431. Imprimés : 94.402.596. L'Italie fait partie de l'Union générale des postes.

ENFANCE. BIENFAISANCE : 19.835 œuvres et institutions de bienf., 155 hospices de maternité, 52 maisons d'aliénés ; 853 salles d'asile, avec 102,818 enfants des deux sexes. sociétés de secours 443, avec 121,635 membres.

COMMERCE. IMPORTATION . 1.215.000.000 fr (Céréales, tabac, denrées coloniales, vins, soie, tissus, corderies, matières textiles, etc.) EXPORTATION . 1.058.000.000 fr. (Matières textiles, objets manufacturés, marbre, soie, fruits, vins, etc.) PORTS : Gênes, Venise, Ancône, Brindisi, Bari, Barletta, Malfetta, Reggio, Naples, Civita-Vecchia, Livourne, Castellamare di Stabia, Spezia, Messine, Catane, Palerme, Syracuse, Girgenti, Marsala. POIDS ET MESURES (Syst. métriq.)

SUPERFICIE. 296.013 kil. carrés dont 135.500 cultivés, 71.000 pâturages et prairies, 51.513 forêts, 40.000 terrains incultes.

POPULATION. 27.482.174 habit. dont 27.022,653 cathol., 58.800 protest., 35.500 israél., 365.221 d'autres cultes. (92 habitants par kil. carré.)

NAISSANCES. Environ 1 million par an (1873 : 1.015.539 ; 1874 : 978,649 ; 1875 : 1.035.377.)

MARIAGES. Environ 200.000 par an (1873 : 214.906 ; 1874 : 207.997 ; 1875 : 230.486.)

DÉCÈS. Environ 840.000 par an (1873 : 842.324 ; 1874 : 854.244 ; 1875 : 845.161.)

TABLE POLITIQUE ET ADMINISTRATIVE

DIVISIONS TERRITORIALES.	69 PROVINCES	SUPERFICIE — POPULATION (Habitants par kilom. c.)	PRINCIPALES VILLES Avec leurs hab. par mille.
PIEMONTE (Piémont)	Novara (Novare) .	6.544— 621.985— 95	Novara, 14.4.
	Torino (Turin) . .	10.270 — 972.986— 97	Torino, 192.5.
	Alessandria (ie)	5.035— 685.561—155	Alessandria, 28.1.
	Cuneo (Coni) . . .	7.156— 618.232— 87	Cuneo, 12.8.
LOMBARDI (Lombardie)	Sondrio	5.260— 111.241— 54	Sondrio, 5.5.
	Como (Côme) . . .	2.717— 477.642—276	Como, 11.6.
	Bergamo (Bergame).	2.660— 368.152—138	Bergamo, 22.6.
	Milano (Milan) . .	2.995—1.009.794—337	Milano, 199.
	Brescia	4.621— 456.025— 99	Brescia, 40.5.
	Pavia (Pavie) . .	3.330— 448.455—135	Pavia, 28.7.
	Cremona (Cremone).	1.756— 300.595—175	Cremona, 28.
	Mantova (Mantoue).	2.216— 288.942—130	Mantova, 50.
LIGURIA (Ligurie)	Porto Maurizio. .	1.210— 127.053—105	Porto Maurizio,6.5.
	Genova (Gênes). .	4.114— 716.759—174	Genova, 130.5.
VENEZIA (Vénétie)	Verona (Vérone) .	2.854— 367.437—129	Verona, 60.
	Vicenza (Vicence)	2.696— 365.161—135	Vicenza, 53.5.
	Belluno (Bellune)	3.271— 175.282— 54	Belluno, 18.6.
	Padova (Padoue) .	2.086— 364.430—175	Padova, 53.6.
	Rovigo	1.689— 200.835—119	Rovigo, 9.6.
	Treviso (Trévise)	2.431— 352.558—145	Treviso, 22.2.
	Udine	6.431— 481.586— 75	Udine, 25.2.
	Venezia (Venise).	2.199— 357.558—155	Venezia, 128.1.
EMILIA (Émilie)	Piacenza . . .	2.500— 223.775— 90	Piacenza, 54.9.
	Parma (Parme) . .	3.210— 264.581— 82	Parma, 44.9.
	Reggio	2.288— 240.655—105	Reggio, 21.2.
	Modena (Modène).	2.502— 275.251—109	Modena, 50.9.
	Ferrara (Ferrare)	1.216— 215.569— 97	Ferrara, 28.5.
	Bologna (Bologne)	3.604— 439.252—122	Bologna, 89.1.
	Ravenna (Raven.)	1.922— 221.115—115	Ravenna, 19.1.
	Forli	1.835— 234.080 126	Forli, 17.7.
MARCHES	Pesaro et Urbino.	2.965— 215.072— 72	Pesaro, 10.8.
	Ancona (Ancône) .	1.916— 262.549—156	Ancona, 28.1.
	Macerata. . . .	2.737— 256.094— 87	Macerata, 10.1.
	Ascoli Piceno. .	2.096— 205.004— 97	Ascoli Piceno.11.1
UMBRIA (Omb.)	Umbria (Ombrie).	9.635— 549.601— 57	Perugia, 14.9.
TOSCANA (Toscane)	Massa et Carrara.	1.760— 161.944— 92	Carrara, 6.8.
	Lucca (Lucques).	1.494— 280.399—195	Lucca, 22.
	Firenze (Florence)	5.861— 766.824—131	Firenze, 125.5.
	Livorno. . . .	326— 118.831—365	Livorno, 80.9.
	Pisa (Pise) . . .	3.056— 265.939— 87	Pisa, 25.9.
	Arezzo	3.306— 234.645— 71	Arezzo, 11.1.
	Siena (Sienne) .	3.793— 206.446— 55	Siena, 28.
	Grosseto . . .	4.455— 107.457— 25	Grosseto, 3.9.
ROMA (Rome)	Roma (Rome). .	11.790— 836.704— 71	Roma, 219.6.
ABRUZZO & MDL^e (Abruzzes)	Abruzzo Ult. Ier.	3.325— 246.004— 74	Teramo, 9.6.
	Abruzzo Ult. II.	6.500— 332.784— 51	Aquila degli Ab.12
	Abruzzo Citer. .	2.861— 339.986—119	Chieti. 12.9.
	Molise	4.604— 364.208— 79	Campobasso, 13.4
CAMPANIA (Campanie)	Terra di Lavoro.	5.975— 697.405—117	Capua, 12.5.
	Benevento . . .	1.752— 232.008—121	Benevento, 16.5.
	Napoli (Naples).	1.111 — 907.752—817	Napoli, 415.6.
	Principauté Cit.	5.481— 541.758— 99	Salerno, 21.
	Principauté Ult.	5.619— 375.691—105	Avellino, 13.5.
APULIA (Pouilles)	Capitanata . . .	7.652— 322.758— 59	Foggia, 51.2.
	Terra di Bari - .	5.958— 604.540—102	Bari, 49.4.
	Terra d'Otranto.	8.530— 493.591— 58	Lecce, 17.9.
BASILICATA	Basilicata. . . .	10.676— 510.543— 48	Potenza. 15.5.
CALABRIA (Calabres)	Calabria Citer. .	7.358— 440.468— 60	Cosenza, 11.7.
	Calabria Ult. Ier.	5.975— 412.226— 69	Reggio, 13.7.
	Calabria Ult. II.	5.924— 553.608— 90	Catanzaro, 17.2.
SICILIA (Sicilie)	Messina (Messine)	4.579— 420.649— 92	Messina, 70.5.
	Palermo (Palerme)	5.087— 647.678—121	Palermo, 186.2.
	Trapani. . . .	3.146— 256.588— 78	Trapani, 26.9.
	Caltanisetta . .	3.768— 250.066— 61	Caltanisetta. 21.5
	Girgenti . . .	3.861— 289.018— 75	Girgenti, 15.9.
	Catania (Catane)..	5.102— 493.415— 97	Catania, 85.5.
	Noto (Syracuse).	5.697— 294.885— 80	Siracusa, 17.4.
SARDAIGNA (Sardaigne)	Sassari	10.720— 215.452— 25	Sassari, 50.5.
	Cagliari . . . , .	13.650— 593.208— 29	Cagliari, 29.9.

ILES : Lipari, 32 kil. carrés, 14.000 habit.; Vulcano, 25 k. c., 100 h.; Panaria et îlots voisins, 20 k. c., 200 h.; Stromboli 20 k.c., 500 h ; Salina, 28 k. c., 4.500 h.; Felicudi, 45 k. c., 800 h.; Alicudi, 8 k. c., 300 h ; Elbe, 220 k. c., 21.000 h.; Pantelaria, 105 k. c., 6.000 h.; Linosa, 12 k. c., 900 h.; Lampedusa, 8 k. c., 600 h.

(ROYAUME) PAYS-BAS (CAP. LA HAYE)

SITUATION ASTRONOMIQUE | 50° 45' — 53° 57' lat. N. 1° — 4° 51' long. E. || **CLIMAT** | Température moy. est de 19°, temp. plus haute 35°, temp. plus basse 11° || **PLUIE** | En moy. il pleut 5 jours par sem. la plus gr. quant. de pluie qui tom. annuellem. ne dépasse pas 29 centi...

GOUVⁿᵉᵐᵉⁿᵗ — CHEF DE L'ÉTAT — POUV. EXÉCUT. — POUV. LÉGISLAT — CHEF DE L'ÉTAT. Guillaume III, roi, né en 1817 (maison de Nassau), avénem. 1849. Guillaume, prin. d'Orange, né en 1840). La monarchie des Pays-Bas est constitutionnelle et héréditaire. LE POUVOIR EXÉCUT. est exercé par le *roi* assisté par des ministres responsables et par un *Conseil d'État* dont il nomme les mem. bres (présid. le roi ; 17 memb.) *Conseil de cabinet* (présid. le roi ; 9 memb. dont les 7 ministres). LE POUVO... LÉGISLATIF s'exerce par le roi et les États généraux, divisés en 2 Chambres. 1ʳᵉ *Chambre* (39 memb. choisis par. les plus imposés, élus pour 9 ans par des Conseils généraux). 2ᵉ *Chambre* 80 memb. (1 par 45.000 hab.) élus p. tout Néerlandais domicilié, majeur et payant un impôt direct de 20 à 160 flor. — La 1ʳᵉ Chambre se renouvel. par tiers tous les 3 ans ; la 2ᵉ, par moitié tous les 2 ans. — 7 MINISTÈRES : les ministères de la Justice, des Affair. étrangères, de l'Intérieur, des Finances, de la Guerre, de la Marine, des Colonies.

JUSTICE — LA HAUTE COUR DE JUSTICE se compose d'un président, d'un vice-président et de 14 conseillers forma. 2 chambres (civile et criminelle). Il y a, en outre, 11 *cours provinciales*, 34 *tribunaux d'arrondissemen*. 150 *justices cantonales* (juge unique, remplacé en cas de besoin par des suppléants). *Haute cour* de ju. *tice militaire ; haute cour de noblesse.*

CULTES — 5 CULTES reconnus et entretenus par l'État : *le culte protestant* (1 synode de l'Église réformée, 1 s. node de l'Église évangélique luthérienne, société générale des Ménonnites), *le culte catholique romain* (1 ar. chevêque à Utrecht et 5 évêques), le culte de l'ancienne Église catholique épiscopale (1 archevêque et 2 évêques. *le culte israélite* et le culte israélite portugais.

INSTRUCT. — Il existe 3.608 *écoles primaires* avec 8.650 *instituteurs*, 1.328 *institutrices* et 422.587 *élèves* (dont 229 4. garçons). De plus 605 *salles d'asile* fréquentées par 22.079 *garçons* et 25.000 *filles*. Les *écoles latines* (collèg. et les *gymnases* (lycées) sont au nombre de 65 avec 254 *professeurs* et 1.777 *élèves*. Les 3 *universités* (Leyd. Utrecht, Groningue) comptent. 1.265 *étudiants*.

INTÉRIEUR — PROVINCES — CHEM. DE FER — Le pays est divisé en 11 PROVINCES, administrées par des *commissaires du roi* et des *États provinciau.* élus, qui nomment des comités pour administrer dans l'intervalle de leurs sessions. Les provinces sont subdi. visées en *communes* administrées par des *bourgmestres* nommés par le roi et par des *conseillers munic.* *paux* élus. — CHEMINS DE FER : En exploitation, 1.602 kilom., dont 988 kilom. à l'État.

BIENFAISANCE — La BIENFAISANCE publique est régie par la loi du 28 juin 1854, qui fixe le domicile de secours au lieu. la naissance. Les institutions de bienfaisance sont : 1° *les inst. de l'État, des provinces et des communes*. 2° *les inst. des corporations religieuses* ; 3° *les inst. particulières* ; 4° *les inst. mixtes*. Les premières. distribuent des secours qu'en cas d'insuffisance des autres. Les institutions étaient en 1869 au nombre. 5.194 dont 3.950 pour secours à domicile, 716 hospices pour vieillards, orphelins, etc., 64 hôpitaux, 11 ma. sons d'aliénés, 90 maisons ou ateliers de travail. Elles ont secouru en 1869 : 148.951 ménages et 81.089 cél. bataires ; le montant des secours a été de 22.765.836 fr.

FINANCES — DÉPENSES — RECETTES — DETTE — MONNAIES

DÉPENSES		RECETTES	
Maison du roi	2.014.000 fr.	Impôt direct	48.886.441
Autorités supér.	1.824.202		68.518.400
Justice	7.809.785	Timbre, etc.	38.471.640
Affaires étrangères	1.554.156	Domaines, douanes, etc.	15.185.557
Intérieur (chem. de fer, 15.092.000 fr.)	46.878.037	Postes	6.572.000
Finances (cultes, 5.575.159)	42.406.519	Télégraphes	1.437.360
Guerre	51.554.982	Loterie	869.200
Marine	28.901.084	Recettes diverses, droits, etc.	12.940.859
Dette publique	56.784.882	Colonies	25.005.064
Colonies	5.577.714	Chemins de fer	5.982.208
Dépenses imprévues	1.060.000		
Total	243.925.509 fr.	Total	219.866.729

MONNAIES. *Or :* ducat = fr. 11,85 ; Guillaume d'or = fr. 20,86. — *Argent :* florin de 100 cents = fr. 2,10 ; rixdaler = 2 florins et 1/2.

DETTES
- Dette nationale . . . 1.955.011.6
- — ne portant pas d'int. . . 21.200.0
- Total . . . 1.956.211.6

GUERRE — ARMÉE — PLACES FORTES — L'ARMÉE se compose de : *l'armée permanente*, les *scutterijs* (espèce de garde nationale) et le *ban généra.* Pour l'armée permanente on est inscrit à l'âge de 19 ans, on tire au sort à 20 ans ; durée du service, 5 ans. service est obligatoire, cependant le remplacement est admis. Les *schutterijs* sont formés par tous les citoye. âgés de 25 ans ; durée du service, 10 ans, dont 5 ans en service actif. Le *ban général* comprend tous les citoye. capables de porter les armes jusqu'à 50 ans. Il n'est convoqué que dans le cas de grand danger.

MARINE — MARINE DE L'ÉTAT — MARINE MARCHANDE

MARINE DE L'ÉTAT

VAPEURS		BATEAUX À VOILES	
4 frégates à hélice	74 can.	1 batterie flottante	13 can.
2 béliers à tourelles	12 —	2 frégates	28 —
4 — cuirassés	16 —	1 vaisseau de ligne	19 —
12 monitors	24 —	5 corvettes	28 —
17 canonnières	18 —	2 bricks	16 —
12 corvettes / 25 goëlettes }	191 —	6 canonnières	11 —
15 vapeurs à aubes	54 —	1 goëlette	4 —
87 vapeurs avec	586 can.	18 bateaux à voiles	119 can.

ARMÉE PERMANENTE (Guerre)

	offic.	solde
Etats-majors	194	»
Infanterie	1.120	45.8.
Cavalerie	184	4.5.
Génie	26	1.0.
Artillerie	442	11.2.
Maréchaussée	10	3.
Total	1.976	60.8.

PLACES FORTES. — Amste. dam, Deventer, Zwolle, Zu. phen, Groningue.

Équipages : 638 offic. dont 9 amiraux ; 121 offic., médecins et 121 offic. d'ad. minist. 4.996 homm. — *Infanterie de marine.* 52 offic., 2.121 sous-off. et sold.

MARINE MARCHANDE : 86 vapeurs jaugeant 76.828 tonnes, et 1.749 nav. à voiles, jaugeant 457.897 tonnes. Total, 1.835 navires, jaugeant 514.725 tonnes.

COLONIES — Les Pays-Bas possèdent : 1° une grande partie des îles de la Sonde, etc. (Voir MALAISIE, page 80) qui compte 24.570.650 hab. et 1.392.551 kilom. carrés ; 2° différentes îles dans les An. tilles (Voir les ANTILLES) qui comptent 41.024 hab. et 1.125 kilom. carrés, et 3° Surinam ou Guyane hollandaise, dans l'Amérique du Sud, qui compte 69.529 hab. et 119.521 kilom. carrés.

COMMERCE — IMPORTATION — IMPORTATION. 1.425.580.000 fr. (cé. réales, denrées colon., semences, fruits, matières brutes, matières textiles, objets manufact., drogueries, huiles, combus. tibles, minerai, pierres, bois).

TABLE ADMINISTRATIVE

PROVINCES	kil. c.	populat.	h. k.	VILLES PRINC. HAB. PAR MILLE
Brabant Sept.	5.128	451.095	87 9	Tilbourg, 23 ; Bois-le-Duc, 24.
Gueldre	5.087	448.820	58.1	Arnhem, 37 ; Nymegen, 23.
Hollande Mérid.	2.991	748.162	25.0	La Haye, 100 ; Rotterdam, 13.
Hollande Sept.	2.750	629.545	25.0	Amsterdam, 290 ; Haarlem, 3.
Zélande	1.765	185.628	105.5	Middelbourg, 16.
Utrecht	1.585	181.084	111.2	Utrecht, 65.
Frise	3.275	313.804	96.4	Leuwarden, 27.
Over-Yssel	3.522	263.144	79.8	Zwolle, 21.
Drenthe	2.663	112.221	42.1	Hoogeveen, 11.
Limbourg	2.205	252.562	105.4	Maastricht, 29.
Groningue	2.292	258.662	104.1	Groningue, 40.

PAYS-BAS (SUITE)

COMMERCE / **EXPORTATION** / **POSTES** / **TELEGRAPHES** / **POIDS ET MES.** / **PORTS**

EXPORTATION. 1.077.384.000 fr. (Beurre, fromage, bétail, poissons, harengs.)
POSTES. Bureaux 1.246 ; lettres 54.069.506 ; journaux et imprimés, 53.247.644 ; dépenses 4.408.427 fr.
TELEGRAPHES. Bureaux 330, dont 159 à l'Etat ; lignes 3.440 kilom.; dépê. 2.214.750 ; dépenses 2.706.264 fr.
POIDS ET MESURES. Les mêmes que ceux de France, sous les noms suivants : *mijl* = kilom., *elle* = mètre, *bunder* = hectare, *wisse* = stère, *mud* ou *zak* = hectog. (30 mudden = 1 last) *vat* = hectolitre, *kan* = litre, *pond* = kilogramme.
PORTS. Amsterdam, Rotterdam, La Haye.

VILLES PRINCIP. (Voir la TABLE ADMINISTRATIVE.)

SUPERFICIE 32.859 kilomètres carrés (113 habitants environ par kilomètre carré).

POPULATION 3.899.527 habitants dont 2.195.281 protestants, 1.313.038 catholiques, 68.003 juifs. — NAISSANCES 146.114. — MARIAGES 31.553. — DÉCÈS 104.480.

(GRAND-DUCHÉ) LUXEMBOURG (CAP. LUXEMBOURG)

SITUATION ASTRONOMIQUE : 49°,26' — 50°,11' latitude N. / 3°,24' — 4°,11' longitude E. **|| CLIMAT** : La plus haute température observée est + 38° ; la température la plus basse — 24°.

GOUVERNEMENT / **POUV. EXÉCUT.** / **POUV. LÉGISL.**

CHEF DE L'ETAT. GUILLAUME III, grand-duc, roi des Pays-Bas. (Voir ces pays.) Monarchie constitutionnelle et héréditaire. En dehors de la personne du prince, le grand-duché de Luxembourg n'a rien de commun avec le royaume batave. Le souverain est représenté par un prince de sa famille qui porte le titre de : *Lieutenant du roi Grand-Duc*. — Le POUVOIR EXÉCUTIF est entre les mains du Chef de l'Etat et le POUVOIR LÉGISLATIF est entre les mains de la Chambre des députés, sauf la sanction du souverain. La Chambre des députés se compose de 141 membres qui sont élus pour 6 ans par les cantons (au nombre de 15), et dont on renouvelle la moitié tous les 3 ans. Les élections sont directes. — Le Conseil du gouvernement est responsable, il se compose d'un MINISTRE chargé de la direction des *affaires étrangères*, et de 5 DIRECTEURS GÉNÉRAUX : de la *justice*, de l'*intérieur*, des *finances*. — CONSEIL D'ETAT, présidé par un président et un vice-président.

JUSTICE La COUR SUPÉRIEURE DE JUSTICE siége à Luxembourg. La peine de mort est abolie en matière politique.

CULTES La religion catholique romaine est celle du pays ; tous les autres cultes sont libres. A la tête de l'Eglise catholique est un vicaire apostolique.

INTÉRIEUR Le pays est divisé en 4 districts : Luxembourg, Diekirch, Grevemacher, Mersch. Les communes élisent leurs conseils municipaux, hors desquels le roi peut nommer les bourgmestres. Il sanctionne les impositions communales.

FINANCES / **DÉPENSES** / **RECETTES** / **DETTE** / **MONNAIES**

DÉPENSES (1876)	Fr.	RECETTES (1876)	Fr.
Liste civile.	200.000	Excédant de 1875.	1.000.000
Administration supérieure, etc.	199.210	Contributions directes, etc.	1.691.500
Affaires étrangères	30.300	Douanes.	1.036.000
Justice.	284.400	Enregistrement	1.278.500
Cultes	404.250	Domaines.	309.000
Guerre.	502.400	Postes	500.000
Pensions, travaux publics, etc.	1.482.540	Télégraphes	38.000
Instruction publique	386.400	Prisons.	161.000
Intérieur. (Prisons 214.000 fr.)	731.670	Recettes diverses. (Chem. de fer 20.500 fr.)	1.379.300
Dette publique.	604.000		
Dépenses diverses	2.224.550		
Total.	7.046.720	Total.	7.193.300

DETTE PUBLIQUE. 12 millions de francs pour la construction des chemins de fer.
MONNAIES. Les monnaies, poids et mesures en usage, sont ceux des Pays-Bas. On compte aussi en *franc* et en *marck* (Allemagne).

GUERRE ARMEE ACTIVE. 1 bataillon de chasseurs de 4 compagnies. Il compte 15 officiers et 500 hommes. La gendarmerie se compose de 5 officiers et 119 sous-officiers et soldats.

COMMERCE / **CHEM. DE FER** / **POSTES** / **TELEGRAPHES** / **POIDS ET MES.**

Le grand-duché fait partie de l'Union douanière allemande (Zollverein).
CHEMINS DE FER. En exploitation, 273 kilomètres.
POSTES. Lettres environ 700.000 ; journaux 450.000 et mandats de poste 12.000, sans compter les lettres contenant des valeurs.
TELEGRAPHES. Environ 30.000 dépêches.
POIDS ET MESURES. (Voir plus haut.)

VILLE CAPITALE Luxembourg (capitale) 15.930 habitants.

SUPERFICIE 2.587 kilomètres carrés.

POPULATION 205.158 habitants. Selon les cultes (1871) 196.512 catholiques, 440 protestants, 523 israélites. Le français et l'allemand sont également parlés dans le grand-duché. Le français seul est parlé dans l'assemblée des Etats.

ZOLLVEREIN

Le territoire de l'Union douanière et commerciale allemande dite ZOLLVEREIN (union douanière) coïncide depuis l'empire Allemagne, avec les frontières de l'empire, à l'exception du grand-duché de Luxembourg et de la commune autrichienne de Jungholz, au sud de Kempten. Restent exclus du Zollverein les territoires ports-francs de Hambourg et d'Altona, de Brême, de Bremerhaven, de Geestemunde et de Braque et de quelques communes du grand-duché de Bade sur la frontière du canton de Schaffouse. Les autorités suprêmes du Zollverein siégent dans chacun des Etats respectifs ; pour les Etats de la Thuringe, l'inspecteur général siége à Erfurt.
Pour l'IMPORTATION et l'EXPORTATION voir COMMERCE de l'Allemagne (page 12).

TABLE DE LA SUPERFICIE ET DE LA POPULATION DES PAYS QUI FORMENT LE ZOLLVEREIN

	KILOMÈTRES CARRÉS	HABITANTS
empire d'Allemagne sauf les territoires désignés ci-dessus	540.241	42.156.464
grand-duché de Luxembourg	5.587	205.158
commune de Jungholz	6	217
Total.	545.834	42.361.839

(ROYAUME) PORTUGAL (CAP. LISBONNE)

SITUATION ASTRONIQUE : 42° 9' — 57° latitude nord. — 11° 30' — 8° 30' longitude ouest.

CLIMAT : Moyenne ...... 25° | Plus bas ...... 2° | Plus haut ...... 40°

PLUIE : Moyenne, 0m750 dans l'année.

GOUVERNEMENT — CHEF DE L'ÉTAT — POUV'EXÉCUTIF — POUV'LÉGISLAT

CHEF DE L'ÉTAT. Louis I, roi, né en 1838, avénement 1861. (Marie-Pie, reine, née en 1847; leur fils Charles, prince royal, né en 1863). Le Portugal est une monarchie constitutionnelle et héréditaire pour les deux sexes. LES POUVOIRS EXÉCUTIF et dirigeant appartiennent exclusivement à la couronne; celle-ci partage en outre le POUVOIR LÉGISLATIF avec les deux chambres : *Chambre des pairs*, nommée à vie par le roi (env. 100 membres); *Chambre des députés* (108 memb.), dont les membres sont nommés par élection. SYSTÈME ÉLECTORAL : tout Portugais qui, dès 25 ans, paye 5 fr. 55 de contributions directes et 27 fr. 75 de contribution foncière, est électeur, excepté les gradés de l'Université, les prêtres et les officiers qui jouissent de ce droit à 21 ans. 7 MINISTÈRES, les ministères *de la justice et des cultes, des affaires étrangères, de l'intérieur, des finances, de la guerre, de la marine et des colonies, des travaux publics, du commerce et de l'industrie.* CONSEIL D'ÉTAT : 12 membres nommés à vie.

JUSTICE

La contrée est divisée en deux grands *districts judiciaires ou cours d'appel* (Lisbonne, Porto) qui se subdivisent en juridictions correspondant aux circonscriptions territoriales. 142 juges de droit (*comarcas*); 809 juges de paix et 3.958 juges de paroisse. 5 *cours d'appel* pour les colonies (Angola). *Cour suprême de justice* à Lisbonne.

CULTES

La religion catholique romaine est la religion de l'État, mais l'exercice du culte protestant est toléré. Les affaires ecclésiastiques sont administrées par le patriarche de Lisbonne, par les deux archevêques de Braga et d'Evora, et par 14 évêques.

INTÉRIEUR — PROVINCES — INSTRUC. PUBL

Le Portugal est divisé en 17 PROVINCES ou *districts*, ceux-ci se divisent en *concelhos* (conseils) qui contiennent en moyenne chacun 15 *freguezias* (paroisses), subdivisions à la fois religieuses et civiles. INSTRUCTION PUBLIQUE. 1.788 écoles avec 80.000 élèves env. (1861), 5 facultés avec 46 professeurs et 900 étudiants env., 1 université : Coïmbra. 30 sur 100 env. savent lire et écrire.

FINANCES — DÉPENSES — RECETTES — DETTE — MONNAIES

DÉPENSES

Dette publique	64.692.880
Services généraux des ministères :	
De la justice et des cultes	5.251.421
Des affaires étrangères	1.352.209
De l'intérieur (instruction publ., 3.484.692; sûreté publ., 2.580.202; bienfaisance publique, 1.264.728)	12.552.816
Des finances (liste civile et apanages, 3.616.950)	25.418.644
De la guerre	21.714.641
De la marine et des colonies	7.927.474
Des travaux publics (chemins de fer, 139 mille 346; télégraphes, 1.143.448; postes, 1.412.706)	8.711.629
TOTAL	143.601.684

RECETTES

Impôts directs	55.775.
Enregistrement	15.694.
Contributions indirectes	77.205.
Biens nationaux	16.461.
Intérêts d'obligations de la dette publique au trésor	2.709.
TOTAL	147.841.

DETTE

Dette intérieure	1.300.588.
Dette extérieure	852.850.
Dette à convertir	11.448.
TOTAL	2.144.888.

MONNAIES. L'unité monét. est le *milreis* en or : 5 fr. 6… et en argent : 5 fr. 09 c.

GUERRE — ARMÉE — DIVISIONS MILITAIRES — PLACES FORTES

ARMÉE

	Offic.	Soldats
Etat-major général	75	»
Infanterie (18 régim.)	950	27,626
Cavalerie (8 régim.)	224	4,756
Artillerie (5 régim.)	152	5,221
Génie (1 bataillon)	75	976
Garde municip. (14 comp)	58	1,712
Corps médic. (6). Adminis	15	567
Compag. de discipline	12	259
Total	1.521	38.917

On compte en outre : 21 officiers dans les établissements d'instruction; 74 dans les colonies; 138 dans diverses commissions; 9 dans les forts de 1re classe; 57 en disponibilité. DIVISIONS MILITAIRES, 5 : chacune commandée par un général. 3 subdivisions pour les îles; chacune commandée par un colonel. — Tous les jeunes gens de 21 ans sont obligés de servir ou dans l'armée (3 ans) et dans la 1re réserve (5 ans), ou dans la 2e réserve (8 ans), c'est le tirage au sort qui en décide. PLACES FORTES : Elvas, Abrantes, Valença, le fort São Julião, citadelle de Peniche.

TABLE POLITIQUE ET ADMINISTRATIVE

6 Anciennes Provinces	17 Provinces et Districts	Superficie — Population — habit. par kil. carré	Villes principales avec leurs habit. par mille
MINHO	Braga.	2.758—321.622—118	Braga, 19.5.
	Porto.	2.291—459.515—192	Porto, 89.
	Vianna do Castel.	2.242—209.864—94	Vianna do Castel…
TRAS OS MONTES	Bragança.	6.657—155.758—24	Bragança, 5.1.
	Villa-Real.	4.448—212.095—47	Villa-Real, 5.1.
ALEMTIJO	Beja.	10.860—157.784—15	Beja, 7.1.
	Evora.	7.085—97.055—14	Evora, 15.
	Portalègre.	6.455—95.504—15	Elvas, 12.
BEIRA	Aveiro.	2.909—256.544—88	Aveiro, 7.
	Coïmbra.	3.884—289.266—74	Coïmbra, 18.
	Viseu.	4.975—370.171—74	Viseu, 7. Lameg…
	Guarda.	5.551—214.565—58	Guarda, 4.2.
	Castello-Branco	6.620—165.958—25	Castello-Branco
ESTRAMADURA	Leiria.	3.478—181.164—55	Leiria. 5.4.
	Lisbonne.	7.460—451.691—62	Lisbonne, 250.
	Santarem.	6.862—205.856—51	Santarem, 8.
ALGARVE	Faro.	4.830—188.422—55	Faro, 10. Tavir…

MARINE — MAR. DE L'ÉTAT — MAR. MARCHAN. — COLONIES

MARINE DE L'ÉTAT

Vapeurs	chev	can.	Navires à voiles	can.
1 corvette blindée	500	2	1 frégatte	25
10 corvettes	2380	96	5 schooners	3
7 canonnières	640	25	2 chaloupes canonnières	2
5 vapeurs	200	6		
5 transports	495	4	5 transports	3
26 vapeurs	4215	155	11 navires à voiles	33

MARINE MARCHANDE

59 vapeurs jaugeant 15.681 m. c., et 556 navires à voiles jaugeant 109.845 m. c.

COLONIES : Cap Vert, Sénégambie, St-Thomé et cipe, Angola, Banguela, Massamedes, Ambriz, zambique (voir Afrique), Macao (voir Chine), Salcite, Damão, Timor (une partie), Kan… (voir Asie).

En construction une canonnière à vapeur. — *Personnel* : 258 officiers (dont 7 amiraux), 22 médecins, …niers, 9 ingénieurs, 55 officiers et aspirants d'administration, 68 garde-marine, 5.475 matelots.

TRAV. PUBL — COMMERCE — IMPORT. EXP. — CHEMIN DE FER — TÉLÉGRAPHES — POSTES — PORTS

IMPORTATION : 190.657.000 fr. (Céréales, denrées colon., animaux, matières text., minéraux, métaux, …

EXPORTATION : 152.243.000 fr. (Vin, huile, fruits, soufre, sel, poissons, liège, bois, etc.).

CHEMINS DE FER : en exploitation, 966 kilom.; en construction, 247 kil.; lignes industrielles pour les … et les forêts en exploitation, 85 kilom.; et en construction, 77 kilom.

TÉLÉGRAPHES : Bureaux, 144. Lignes, 5.525 kilom. Dépêches, 1.065.061 (1874).

POSTES : Bureaux sur le continent, 521; dans les colonies, 56.

PORTS : Lisbonne, Porto, Setubal, Coïmbra, Ponta, Delgado, Porto Santo, Funchal, Ribeira, Grande.

SUPERFICIE : 89.555 kilom. carrés; avec les Açores et Madeira, 92.751. Les colonies, 1.827.975 kilom.

POPULATION : 5.990.750 habitants; avec les Açores et Madeira, 4.367.882 hab. Les colonies, 5.635.450 hab. (46 hab. par kilom. carré).

(PRINCIPAUTÉ) ROUMANIE (CAP. BUCAREST)

SITUATION ASTRONOMIQUE { 48° 12' — 43° 37' latitude nord. / 20° 10' — 27° 50' longitude est.

CLIMAT } Températ. moyenne de Bucarest, 8°, la plus haute, 45°. — la plus basse, — 30° centigrades.

GOUVNEMENT — POUV. EXÉCUT. — POUV. LÉGISL. CHEF DE L'ÉTAT. Charles Ier (prince Domnitor), né en 1839 (Maison Hohenzollern), avénement en 1866 (Elisabeth, princesse, née en 1843). Le prince gouverne d'après les formes constitutionnelles, le POUVOIR EXÉCUTIF est personnifié en lui. Le POUVOIR LÉGISLATIF est composé de deux Chambres : le Sénat (76 membres) et la Chambre (157 membres) dont 82 de Valachie et 75 de Moldavie. La Roumanie, formée des deux anciennes principautés-unies de Moldavie et de Valachie, s'est constituée en un Etat unitaire et semi-indépendant, sous la protection des grandes puissances européennes, et reconnaissant l'ancienne suzeraineté du sultan par un tribut de moins d'un million de francs.
7 MINISTÈRES : Les ministères de la justice, des affaires étrangères, de l'intérieur, des finances, de la guerre, de l'instruction publique et des cultes, de l'agriculture, du commerce et des travaux publics.

JUSTICE Judiciairement le pays est divisé en 4 circonscriptions de cours d'appel, ayant pour chefs-lieux : Bucarest, Jassi, Fokchani, Craïova. 32 tribunaux de 1re inst. et 32 cours d'assises siégeant aux chefs-lieux des districts. La cour de cassation siége à Bucarest.

INTÉRIEUR La Roumanie est divisée en 33 DISTRICTS ou départements, ceux-ci en 164 plasi (arrondissements), 62 communes urbaines et 3.080 communes rurales.

FINANCES — DÉPENSES — RECETTES — DETTE — MONNAIES

DÉPENSES		RECETTES	
Ministère de la justice. . . , ...	5.772.160	Contributions directes.	28.658.602
— des affaires étrangères.	729.189	— indirectes :	31.403.000
— de l'intérieur.	8.551,676	Domaines et forêts	20.295.542
— des finances (conseil des ministres, 42.847).	54.959.959	Postes, télégraphes et chemins de fer de l'Etat	3.520,000
— de la guerre	16.550.991	Recettes diverses	7.649.927
— de l'instruction publique et des cultes (dont l'instruction publique, 6.161.915).	7.910.690	Avances sur le produit de la vente des biens de l'Etat	2.729.813
— de l'agriculture, du commerce et des travaux publics. (Postes, 1.421.245. Télég., 1.231.152.)	5.119.782	Revenu du pénitencier de Margineni	448.965
		Vente des domaines de l'Etat	5.208.578
Total.	97.394.427	Total.	97.894.427

DETTE, environ 570 millions de francs.
MONNAIES. L'unité monétaire est le ley :{1} franc.

GUERRE — ARMÉE — MARINE

L'ARMÉE se compose : 1° de l'armée permanente; 2° de l'armée territoriale; 3° de la milice; 4° de la garde civique pour les communes urbaines, et de la levée en masse (gloata) pour les communes rurales. Service obligatoire de 20 à 46 ans, dont 8 ans dans l'armée permanente.

MARINE. 3 vapeurs, 6 chaloupes canonnières. Equipages : 20 officiers et 246 hommes.

	Offi.	Troupe	Chevaux
I. *Armée permanente :*			
Etat-major.	135	»	106
Intendance et administration	114	679	179
Infanterie (8 rég. de ligne, 4 bat. de chasseurs) . .	471	10.790	92
Cavalerie (2 rég. de 5 escadrons.	74	1.264	979
Artillerie (2 rég. de 8 batteries à 6 pièces)	84	1.995	954
Génie (1 bat. de sapeurs et 1 rég. de pompiers). .	141	2.206	584
Gendarmerie (2 comp. et 2 escad.)	16	525	245
Ecoles militaires.	21	457	81
Officiers de santé.	67	»	4
II. *Armée territoriale :* Total. . . .	1.118	17.914	3.221
Infanterie (Dorobanzes, 8 rég. de 4 bat.)	585	33.116	392
Cavalerie (Calarasi) 8 rég.	172	11.128	11.308
Artillerie (32 batteries et le corps de pompiers) . .	140	8.457	6.000
III. *Milice :* Total. . . .	695	52.681	17.700

Infanterie (32 bat.); cavalerie (30 escad.) d'un total de 47.750 hommes.

TABLE ADMINISTRATIVE

VALACHIE

DÉPARTEMENTS	CHEFS-LIEUX
Avec leurs habitants par mille	
Ardjeche, 16.7.	Pitesti, 15.
Braïla, 68.	Braïla, 26.
Buzco, 144.	Buzco, 11.
Dimbovitza, 142.	Tergovist, 5.
Dolje, 230.	Craïova, 22.
Gordjiu, 143.	Tergutjile.
Jalomitza, 84.	Calares. 4.
Mehedintzi, 193.	Tchernetz.
Mutchel, 82.	Campu-Lungu, 11.
Olfoue, 316.	Bucarest, 200.
Otto, 105.	Slatina, 5.5.
Prahova, 220.	Ploïesti, 30.
Romanetzi.	Caracal. 5.6.
Rimnik-Sarat, 91.	Rimnik-Sarat, 7.
Rimnik-Valcea, 156.	Rimnik-Valcea, 3.2.
Sacieni, 556.	Bukavii.
Toleorman, 148.	Limnicea.
Vlachka, 141.	Giurgiu, 15.

MOLDAVIE

DÉPARTEMENTS	CHEFS-LIEUX
Bacau, 181.	Bacau, 15.
Donohoi, 122.	Mchaileni.
Bolochani, 151.	Bolochani, 40.
Faltchi. 88.	Hochi, 18.
Jassy, 182.	Jassy, 90.
Covurlui, 117.	Galatz, 80.
Niamtzu, 154.	Piatra, 20.
Putna, 161.	Fokchani, 20.
Roman, 105.	Roman, 17.
Sutchava, 125.	Falticheni, 15.
Tckutch, 115.	Tckutch. 8.1.
Tutova, 127.	Berlad. 26.
Vaslui, 104.	Vaslui. 7.8.

BESSARABIE-MOLDAVIE

DÉPARTEMENTS	CHEFS-LIEUX
Ismail, 42.	Ismaïl, 21.
Kagoul, 30.	Bolgrad, 26.

CULTES — INSTRUCTON PUBLIQUE CULTES. Tous les cultes sont libres, mais la religion grecque orthodoxe est déclarée religion dominante, et les chrétiens seuls peuvent être naturalisés Roumains. Les chefs de l'Eglise sont les archevêques de Bucarest et de Jassy et 6 évêques. Pour le culte catholique romain on a un évêque à Bucarest. Le clergé séculier compte 9.800 prêtres et le clergé régulier, 8.750 religieux et religieuses.
INSTRUCTION PUBLIQUE libre, gratuite et obligatoire. Écoles primaires, 2.373, avec 82.651 élèves; écoles second. 57, avec 4.703 élèves; établissements d'instruct. supér. 10 (dont 2 universités : Jassi, Bucarest) avec 1.404 élèves.

COMMERCE — IMPORTATION — EXPORTATION — POSTES — TELEGRAPHES — CHEM. DE FER — POIDS & MES. IMPORTATION (environ 81 millions de francs) : Céréales, animaux, marchandises manufacturées.
EXPORTATION (environ 142 millions de francs) : grains, semence de navette, farine, etc., etc.
POSTES. Bureaux, 236; lettres particulières, 5.072.686: lettres officielles, 966,479. — TELEGRAPHES. Bureaux de l'Etat, 83; de chemins de fer, 84; lignes, 3.820 kilom.; dépêches, 871 546.
CHEMINS DE FER en exploitat. 1875 : 1.528 kil.; en construct., 55 kil.
POIDS ET MESURES (système métrique. Voir page 84).

SUPERFICIE SUPERFICIE 120.250 kilomètres carrés, dont Valachie 70.150 et Moldavie 50.100 (cultivés 22.750, prairies et pâturages 38.500, forêts 20.000, terrains incultes 58.000); 43 habitants par kil. carré; la Valachie 45, et la Moldavie 39.

POPULATION — NAISSANCES — MARIAGES — DÉCÈS POPULATION 5.180.000. dont la Valachie 3.220.000 et la Moldavie 1.960.000. Parmi ces habitants on compte 4.760.000 Roumains, 90.000 Bulgares, 40.000 Russes et autres Slaves, 50.000 Hongrois, 150 000 Tsiganes, 100,000 Juifs et 10.000 Arméniens. Etrangers établis en Roumanie : 30.000 Autrichiens de diverses langues, 10.000 Grecs, 5.000 Allemands, 1.500 Français et 6.000 d'autres nationalités. On évalue que le nombre des Roumains dans le monde entier s'élève à 8.995.000 âmes (2,896.000 en Austro-Hongrie, 600.000 en Bessarabie et autres provinces russes, 160.000 en Serbie, 275.000 en Turquie, 4.000 en Grèce, etc.)
NAISSANCES (1873) 145.804. MARIAGES, 29.257. DÉCÈS, 146.031.

RUSSIE [Rossia] CAP. St-PÉTERSBOURG

(EMPIRE)

SITUATION ASTRONOMIQUE	15° 20' 62° long. est 40° 70' lat. nord.

CLIMAT — La température de la Russie est beaucoup plus rigoureuse que celle de tout autre pays situé entre les mêmes parallèles. Seul le sud de la Crimée offre un climat doux. *Pluie* : la moyenne de pluie qui tombe annuellement à Saint-Pétersbourg est de 0^m42, à Astrakan de 0^m15.

GOUVERNEMENT — CHEF DE L'ÉTAT

CHEF DE L'ÉTAT Alexandre II Nicolajewitch, empereur, né en 1818, avén. 1855 (Marie-Alexandrowna), impératrice, née en 1824 ; Alexandre Alexandrovitch, césarewitch (prince héréditaire), né en 1845). La Russie est une monarchie héréditaire pour les deux sexes et absolue. L'empereur est le chef et le législateur de la Russie. Ses attributions politiques comprennent toute la législation, toute l'administration et toute la direction intérieure et extérieure des affaires. Il consulte pour les affaires législatives *le Conseil de l'empire*, et pour les affaires administratives *le Comité des ministres*, 1 président et 18 membres. Le Conseil de l'empire est composé des ministres et des membres à vie, choisis par l'empereur. Ce conseil se divise en trois sections ou départements : légis-lation, affaires civiles et économie de l'Etat. Le Comité des ministres est composé des présidents des départements du Conseil de l'empire, des ministres et des personnes nommées par l'empereur. Les affaires extérieures sont réservées au *Cabinet de l'empereur*. La *Chancellerie privée de l'empereur* s'occupe des affaires soumises directement à l'empereur, et est divisée en 4 sections. *Le Sénat* se compose des membres nommés à vie par l'empereur et choisis parmi les hauts fonctionnaires. Il est divisé en 10 départements dont 5 siègent à Saint-Pétersbourg, 3 à Moscou, 2 à Varsovie. Le Sénat juge en dernière instance les crimes d'Etat, revise les jugements rendus par les tribunaux de province, etc. 10 MINISTERES : comité des ministres, les ministères de la cour, des affaires étrangères, de la guerre, de la marine, de l'intérieur, de l'instruction publique, des finances, des domaines, des voies et communications.

JUSTICE

Le pouvoir judiciaire est exercé par les tribunaux de « *Volosth* », par les *tribunaux de police des villes*, *par les juges de paix*, *par les assemblées de juges de paix*, *par les tribunaux de district*, *par les cours de justice* et *par le Sénat* en qualité de cour suprême de cassation. *La cour de cassation* siège à Saint-Pétersbourg. Les cours de justice correspondent aux cours d'appel en France. Il en existe actuellement 7 : Saint-Pétersbourg, Moscou, Kharkow, Odessa, Saratow, Kasan et Tiflis. A chacune des cours de justice ressortissent plusieurs tribunaux *d'arrondissement* composés de chambres civiles et de chambres criminelles. La juridiction territoriale d'un tribunal d'arrondissement comprend plusieurs districts. *Les juges de paix* sont élus par toutes les classes de la population et confirmés par le gouvernement. Chaque *chef-lieu de gouvernement* et chaque *district* forme un *arrondissement de justice de paix*, qui se divise en sections. Le nombre des juges de paix n'est pas déterminé. Il existe dans les deux capitales et dans les grandes villes des *tribunaux de commerce*.

CULTES — SAINT-SYNODE

La religion de l'empire est *le rite grec*, appelé la foi catholique orthodoxe, mais les autres cultes, ainsi que les païens, jouissent d'une égale liberté. L'église russe est séparée du patriarcat de Byzance depuis 1589. Elle est gouvernée par un collège dit TRES-SAINT-SYNODE. Le synode se compose d'un président et de 5 membres sous l'autorité de l'empereur et en vertu de sa délégation. L'église gréco-russe est divisée en 3 *eparchies* ou diocèses de première classe, 20 de deuxième classe et 52 de troisième classe. Le clergé se divise en *clergé séculier ou blanc* et en *clergé régulier ou noir*. Ce dernier est soumis au célibat; il vit dans les couvents, et c'est dans son sein que sont choisis les prélats. Le clergé séculier se composait en 1872 de 107,756 individus, les couvents étaient au nombre de 552 dont 555 couvents d'hommes et 149 de femmes. Ils renfermaient 5,810 moines et 3,280 nonnes avec 5,617 frères convers et 11,258 sœurs converses.

INSTRUCT. PUBLIQUE

L'empire est divisé en 10 districts scolaires. Il existe 9 *Universités* : Saint-Pétersbourg, Moscou, Kharkoff, Kasan, Dorpat, Kieff, Helsingfors, Varsovie et Odessa. Indépendamment de ces grands établissements qui comptent environ 6,800 étudiants et 600 auditeurs libres, les facultés les plus suivies sont celles de droit et de médecine, 2,400 étudiants y sont admis gratuitement. On compte encore l'*Institut impérial d'histoire et de philosophie* fondé à Saint-Pétersbourg en 1867 et encore beaucoup d'autres écoles spéciales. En 1872, l'Etat a fondé des écoles commerciales et industrielles. Il y avait la même année 125 *gymnases* et 23 *progymnases* où l'on enseigne le grec et le latin ; le nombre des élèves était de 42,791. Les dépenses s'élevaient à 17,870,576 fr., dont 12,865,548 à la charge de l'Etat. Pour les filles, il avait 54 *gymnases*, 108 *progymnases* et 24 autres écoles, on y comptait 25,400 élèves. L'instruction primaire supérieure se donne dans les écoles de district, et l'instruction primaire élémentaire dans les écoles paroissiales et les écoles de village. On évalue le nombre de ces dernières à 43,053 et celui des élèves à 1,525,000. On évalue à 2 sur 100 la moyenne proportionnelle des Russes sachant lire et écrire.

INTÉRIEUR — GOUVERNEM. POSTES TÉLÉGRAPHES

La Russie proprement dite est divisée en 50 GOUVERNEMENTS et PROVINCES. Chaque gouvernement ou province se divise en *districts*. Les gouvernements sont administrés par des *gouverneurs* assistés d'un *conseil* ayant voix consultative, composé d'un vice-gouverneur, de conseillers et d'assesseurs. Les provinces frontières sont régies par des *gouverneurs* et par des *gouverneurs généraux*. Les bourgeois des villes, divisés en plusieurs catégories, composent le *conseil municipal* et élisent leurs *maires*, *leurs anciens* et *les assesseurs* dans les divers tribunaux. Les paysans se réunissent en *assemblée communale*, qui administre les biens et fait la police de la commune, leurs décisions sont exécutées par le *starchina* (maire). *Des assemblées de canton* relient les villes et les communes aux districts. Depuis 1865, il a été créé des *assemblées territoriales* de gouvernements et de districts, composées de propriétaires et de représentants des villes et des communes qui régissent elles-mêmes toutes les affaires locales économiques, telles que redevances, routes, bienfaisance publique, instruction primaire, assurances d'incendie, etc. POSTES : Bureaux 5,412, lettres expédiées 71,914,618, journaux et imprimés 48,184,025, cartes postales 1,419,094. Total 121,517,755. TELEGRAPHES : bureaux 1,691, dont 701 à l'Etat, lignes 81,545 kilom., dont 61,564 à l'Etat. Dépêches (1874), 5,800,425. Dépenses (1874), 15,508,992 fr.

FINANCES — DÉPENSES RECETTES DETTE MONNAIES

DÉPENSES	fr.
Dette publique	453.671.948
Grands corps de l'Etat, Saint-Synode	47.070.420
Maison de l'empereur	56.116.596
Affaires étrangères	11.708.972
Guerre	721.068.076
Marine	100.155.524
Finances	265.065.784
Domaines de l'empire	76.468.708
Intérieur	213.875.564
Instruction publique	60.614.028
Voies et communications	68.075.400
Justice	57.560.904
Contrôle de l'empire	8.620.084
Direction des haras	5.434.060
Administration du Transcaucase	28.105.612
Total	2.130.820.480
Non valeurs dans les rentes	8.000.000
Dépenses d'ordre	97.812.916
Dépenses extraord. (Ch. de fer, etc.)	43.575.156
DETTE provenant de l'émancipation des paysans	1.525.578.464
Total général	5.805.787.016

RECETTES	
Impôts directs	522.605.020
Impôts indirects	1.205.779.592
Droit régal. (Postes)	41.555,172
Télégraphes (19.964.000)	85.820.072
Biens de l'Etat	115.113.652
Recettes diverses	185.419.852
Revenus du Transcaucase	28.425.012
Total	2.180.498.552
Recette d'ordre	97.812.916
Ressources spéciales (construction de Chemins de fer, etc.)	45.575.156
Total général	2.521.886.404

DETTE	
Dette extérieure	1.815.571.588
Dette intérieure	1.868.960.296
Dette consolidée	5.682.551.884
Dette non inscrite	2.747.158.524
Dette de la Banque de l'empire	5.208.749.776
Total général	9.658.419.984
Créances	2.557.959.768
Dette réelle	7.100.460.216

RUSSIE (SUITE)

FINANCES (SUITE) MONNAIES — MONNAIES : L'unité monétaire est le *rouble* argent à 100 *kopecks* = fr. 3,99e 97 (4 fr.). *Monnaies* : OR, demi-impériale de 5 roubles = fr. 20,67. Pièce de 3 roubles en proportion. ARGENT, *rouble* de 10 kopecks, *Poltinnik* de 50 kop. et *tchetverlak* de 25 kop. en proportion. *Abassis* de 20 kop., *florin polonais* de 15 kop., *grivenik* de 10 kop. et *pietak* de 5 kop. en proportion.

GUERRE ARMÉE DIVISIONS MIL. PLACES FORTES — L'ARMÉE de l'empire se compose de *l'armée active* et de *l'armée territoriale* (opaltchinie). *L'armée active* comprend l'armée de terre et l'armée de mer L'armée de terre se compose : 1° des troupes régulières ; 2° de la réserve ; 3° des Cosaques ; 4° des troupes formées d'étrangers. *L'armée territoriale* (opaltchinie) comprend tous les hommes valides entre 20 et 40 ans qui ne servent pas dans l'armée active. Tout Russe en pleine jouissance de ses droits civils est obligé de servir à partir du 1er janvier de l'année dans laquelle il a eu 21 ans révolus. La durée totale du service dans la Russie d'Europe est de 15 ans, dont 6 dans l'armée active ; dans la Russie d'Asie 10 ans, dont 7 dans l'armée active. C'est le tirage au sort qui décide de l'entrée des conscrits dans l'armée. Des engagés volontaires sont reçus dans l'armée dès l'âge de 17 ans. DIVISIONS MILITAIRES : l'empire est divisé en 14 régions militaires, dont 10 en Europe, 1 en Finlande, 3 en Asie et 1 au Caucase. (Voir la table.) L'armée étant en voie de réorganisation. nous donnons seulement l'effectif pour l'armée régulière au 1er janvier 1872. 760,000 hommes dont 28,030 off. de tous grades et 732,000 sous-off. et soldats, formant 832 bataillons d'infanterie et 281 escadrons de cavalerie. Les 732,000 sous-off. et soldats se divisent ainsi : Infanterie 572,000, cavalerie 61,700. artillerie 80,500, génie 17,400. A ces chiffres s'ajoutaient 560,000 hommes en congé, lesquels pouvaient être rappelés en cas de guerre. COSAQUES. En cas de besoin, tout Cosaque, depuis l'âge de 20 ans jusqu'à 40 ans, est astreint au service militaire. En temps ordinaire, le nombre varie ; en temps de guerre, il est de 154 régiments de cavalerie. Ils ne payent aucun impôt au gouvernement, auquel ils ne doivent que le service militaire. Tout Cosaque est tenu de s'équiper, de s'habiller et de s'armer à ses propres frais. Le nombre des Cosaques en état de porter les armes peut être estimé à 507,000 hommes. PLACES FORTES : Kronstadt 47,166 habitants, Reval, Riga, Nikolaïew 75,681 hab., Orenbourg, Sébastopol.

MARINE MARIN. DE L'ÉT. MARINE MARC. — MARINE DE L'ÉTAT : Les forces navales se composent de 225 navires de tout rang, dont 196 à vapeur et 29 à voiles, portant 1,464 bouches à feu. Il y a 8 frégates cuirassées, 5 batteries blindées, 13 batteries cuirassées, 5 vaisseaux, 12 frégates et 15 corvettes, dans le total sont compris 6 navires blindés et 2 vapeurs armés en construction. L'escadre de la Baltique comprend 157 navires ; de la mer Noire, 31 nav. ; de la mer Caspienne, 19 nav. ; dans le lac d'Aral, 6, et dans la mer Blanche, 30. L'*effectif* de la marine militaire est de 89 amiraux, vice-amiraux et contre-amiraux, 4,000 off. et 23,950 soldats et matelots. Il y a deux amirautés, l'une à Saint-Pétersbourg pour la flotte de la Baltique, et l'autre à Nicolaïef pour la flotte de la mer Noire. *Les principaux chantiers de construction* sont dans ces deux villes et à Okhta, Kronstadt, Kherson et Arkhangel. MARINE MARCHANDE : 4,785 nav. à voiles, jaugeant 591.000 tonnes et 134 vap. jaugeant 106,000 tonnes.

VOIES ET COMMTIONS CHEMIN DE FER CANAUX — CHEMINS DE FER : En exploitation 19,947 kilom., dont en Russie d'Europe 18,066 kilom., au Caucase 1,005, et en Finlande 876 En construction 2,582 kilomètres, en Russie d'Europe, dont 9 kilomètres dans le Caucase. CANAUX 1381 kilomètres, fleuves navigables 30,557 kilomètres. Total 31,718 kilomètres pour la navigation intérieure de la Russie.

COMMERCE IMPORTATION EXPORTATION PORTS — IMPORTATION : 1,827,432,000 fr. (coton, laine, machines, métaux ouvragés, tissus, café, boissons, thé, couleurs, huiles, etc.). EXPORTATION : 1,714,852,000 fr. (céréales, lin, laine, suif, chanvre, soies de porc, cuir, bétail, métaux non ouvragés, graines oléagineuses, etc.). PORTS sur la mer Baltique, St-Pétersbourg, Riga (100,000 hab.), Revel sur la mer Noire, Odessa (159,462 hab.), Kherson sur la mer Caspienne, Astrakhan.

SUPERFICIE — *Russie proprement dite* 4,909,194 kilomètr. carrés, *Royaume de Pologne* 127,317 kil. c., *Grand duché de Finlande* 375,556 kil. c *Lieutenance du Caucase* 447,645 kil. c *Sibérie* 12,495,110 k. c. *Asie centrale* 3.381.108 kil c. *Total pour l'empire de Russie* 21,755,968 kil c. *Hab. par kil. carré :* Russie 13, Pologne 55, Finlande 5, Caucase 11. Sibérie 0,2, Asie centrale 1.5, empire de Russie environ 4.

POPULATION — *Russie proprement dite* 65,704,559 habitants, *Pologne* 6,026,421, *Finlande* 1,882,622, *Caucase* 4,893,332. *Sibérie* 3.428,867, *Asie centrale* 4,630,213. *Total pour l'empire de Russie* 86,586,000 h. On a dans l'empire 72,465,783 *chrétiens*, dont 61,158,598 dans la Russie proprement dite, 5,210,517 dans la Pologne, 2,748,681 dans le Caucase, 3,046,068 dans la Sibérie et 522,521 dans l'Asie centrale ; 2,797,880 *israélites*, dont 2,759,811 dans la Russie d'Europe ; 7,428,638 *mahométans*, dont 2,364,084 dans la Russie d'Europe ; 565,809 *païens*, dont 258,570 dans la Russie d'Europe. La population de Finlande est presque tout entière luthérienne.

TABLE ADMINISTRATIVE

GOUVERNEMENTS	kil. car.	HABITANTS.	hab. kil	CIRCONSCR. MILIT.	CHEFS-LIEUX, H. P. M.
Arkhangel	858.361	281.112	0.32	St-Pétersbourg	Arkhangel, 19.
Astrakhan	224.471	601.514	2.6	Kasan	Astrakhan, 48.
Bessarabie	36.581	1.078.932	29.6	Odessa	Kichinew, 91.
Courlande	27,286	619.154	22.6	Vilna	Mittau, 23.
Provinces du Don	160.352	1.086.264	6.7		
Ekaterinoslaw	67 720	1.552.500	19.9	Odessa	Ekaterinoslaw, 20.
Esthonie	20.247	523.961	15.5	St-Pétersbourg	Reval, 23.
Grodno	38.759	1 008.521	26.0	Varsovie	Grodno, 26.
Jaroslaw	35.613	1.000.748	28.1	Moscou	Jaroslaw, 28.
Kalouga	30.925	996.232	32.2	—	Kalouga, 33.
Kasan	65.715	1.704.624	26 9	Kasan	Kasan, 86.
Kharkow	54.494	1.698.015	31.1	Kharkow	Kharkow, 81.
Kherson	71.282	1.596.809	22.4	Odessa	Kherson, 46.
Kiew	50.990	2.175.152	42.6	Kiew	Kiew, 80.
Kostroma	84.695	1.176.097	23.8	Moscou	Kostroma, 22.
Koursk	46.455	1.934.807	42.0	Kharkow	Koursk, 29.
Kowno	40.641	1.156.041	28.5	Vilna	Kowno, 24.
Livonie	47.029	1.000.876	21.2	—	Riga, 99.
Minsk	91.357	1.182.25	12.9	—	Minsk, 30.
Mohilew	48.046	947.625	19.9	—	Mohilew, 40.
Moscou	33.302	1.772.624	53.0	Moscou	Moscou, 602.
Nijni-Novgorod	51.275	1.271.564	24.7	—	Nijni-Novgorod, 44.
Novgorod	122.337	1.011.445	8.2		Novgorod, 18.
Olonetz	148.761	296.342	1.9	St-Pétersbourg	Olonez, 2.
Orel	46.726	1.596.881	36.6	Kharkow	Orel. 44.
Orenbourg	191.564	900.547	4.6	Orenbourg	Orenbourg, 28.
Oufa	121.812	1.564.925	11.2	—	
Pensa	58.840	1.175.186	30.2	Kasan	Pensa, 28.
Perm	332.157	2.198.666	6.6	—	Perm, 20.
Podolie	42.018	1.953.188	46.0	Kiew	Kamenez, 21.
Poltawa	49.895	2.102.614	42.1	Kharkow	Poltawa, 32.
Pskow	44.208	773.701	17.5	St-Pétersbourg	Pskow, 17.
Rjasan	42.098	1.477.433	35.0	Moscou	Rjasan, 23.
Ssamara	155.914	1.857.081	11.7	Kasan	Ssamara, 52.
St-Pétersbourg	53.767	1.523.471	24.6	St-Pétersbourg	St-Pétersb., 668.
Ssaratow	84.492	1.751.268	20.7	Kasan	Saratow, 85.
Ssimbirsk	49.495	1.205.881	24.4	—	Ssimbirsk, 23.
Smolensk	56.041	1.140.013	20.5	Moscou	Smolensk, 23.
Tambow	66.520	2.150 971	32.3		Tambow, 36.
Tauride	63.555	704.997	11.0	Odessa	Ssimferopol, 17.
Toula	30.965	1.467.878	37.7	Moscou	Toula, 57.
Tschernigow	52.401	1.659.600	31.6	Kharkow	Tschernigow,
Tver	65.350	1.528.881	25.4	Moscou	Tver, 29.
Viatka	155.107	2.406.024	15.7	Kasan	Viatka, 15.
Vilna	42.507	1.001.909	23.5	Vilna	Vilna, 65.
Vitebsk	45.166	888.727	13.0	—	Vitebsk, 28.
Vladimir	48.856	1.259.923	25.7	Moscou	Vladimir, 13.
Volhynie	71 859	1.704.018	23.7	Kiew	Shitomir, 59.
Vologda	402.725	1.003.059	2.4	Moscou	Vologda, 19.
Veronège	65.885	2.152.696	32.6	Kharkow	Veronège, 45.

(ROYAUME) RUSSIE — POLOGNE (CAP. VARSOVIE) [Warszawa]

SITUATION ASTRONOMIQUE	50°,51' — 55° latitude N. (et 45°,50' — 22° longitude E.
CLIMAT	La température moyenne est d'env. + 8°. Le froid est très-rigoureux à cause des grandes tempêtes de l'est.
GOUVNEMENT PROVINCES	Le pays est gouverné par un GOUVERNEUR GÉNÉRAL nommé par l'empereur. La Pologne a cessé d'être un État indépendant, elle appartient maintenant à la Russie à laquelle elle est incorporée et jouit des mêmes droits que les autres pays russes. Le pays est divisé en 10 PROVINCES administrées chacune par un *gouverneur civil* nommé par l'empereur.

TABLE ADMINISTRATIVE

GOUVERNEMENTS	KILOM. CARRÉS	POPU-LATION	HABIT. PAR KIL.	RÉGION MILITAIRE	VILLES PRINC HAB. P' MILLE
Kalisz	11.575	669.261	50.0		Kalitz 15.
Kielce	10.095	518.750	51.5		Kielce 5.
Lomza . . .	12.087	489.699	40.5		Lomza 6.
Lublin . . .	16.858	707.098	42.0		Lublin 19.
Piotrkow . . .	12.249	682.495	55.7	VARSOVIE	Piotrkow 11.
Plock . . .	10.878	471.958	43.4		Plock 15.
Radom . . .	12.592	532.466	43.2		Radom 10.
Siedlce . . .	14.554	504.606	55.2		Siedlce 8.
Suwalki . . .	12.550	554.489	41.7		Suwalki 15.
Varsovie . . .	14.562	925.659	65.5		Varsovie 297

(GRAND-DUCHÉ) FINLANDE (CAP. HELSINGFORS)

SITUATION ASTRONOMIQUE	60°,2' — 70° latitude N. (et 18°,50' — 50°,65' longitude E.
CLIMAT	La température est humide et froide à cause des milliers de lacs marécageux qui couvrent le pays.

GOUVNEMENT / CHEF DE L'ÉTAT / SÉNAT / PARLEMENT — CHEF DE L'ÉTAT. Alexandre II, Nicolajewitch, grand-duc, empereur de Russie. (Voir Russie.) La Finlande a été cédée à la Russie par le traité de Fredrikshamn, 1809; mais elle a conservé son autonomie : elle est administrée par un GOUVERNEUR GÉNÉRAL assisté d'un Sénat, composé de 16 membres choisis par l'empereur parmi les habitants du pays. La représentation du pays est confiée à un PARLEMENT NATIONAL, composé de 4 États (ancien modèle suédois) : *nobles, clergé, bourgeois* et *paysans*. SÉNATEURS OU CHEFS DE BUREAU : *Section civile, finances, comptabilité, affaires militaires, cultes, agriculture* et *travaux publics*. On a en outre 10 sénateurs sans portefeuilles.

JUSTICE — Le grand-duché jouit de ses propres lois. Il existe 5 *cours supérieures de justice* à Abo, à Wasa et à Wiborg. La cour suprême est à Helsingfors.

CULTES / INSTR. PUBLIC. — La religion protestante luthérienne est celle du pays; cependant tous les autres cultes sont libres. Il y a 1 archevêque à Abo et 2 évêques à Borgo et Kuopio. — INSTRUCTION PUBLIQUE. (Voir Russie.)

INTERIEUR / PROVINCES — La Finlande est divisée en 8 PROVINCES administrées chacune par un GOUVERNEUR; les provinces sont divisées en Härad.

FINANCES / DÉPENSES / RECETTES / DETTE / MONNAIES

DÉPENSES	Fr.	RECETTES	Fr.
Gouvernement, etc.	1.552.674	Impôt foncier	2.682.300
Administration civile, justice	4.797.971	Impôt des manufactures	89.300
Cultes, instruction	2.709.922	Capitations	1.572.000
		Impôts indirects	9.888.951
Hygiène publique, prisons.	5.058.890	Chemins de fer	6.500.000
Dette publique.	5.029.160	Recettes diverses	10.524.445
Travaux publics, agriculture.	1.896.142	Total	50.847.996
Chemins de fer	5.700.000	DETTE	
Affaires militaires	2.252.564	Dette intérieure	6.787.900
Dépenses diverses	2.858.594	Dette extérieure	56.507.369
Total	27.815.717	Total	63.095.269

MONNAIES. L'unité monétaire est le marc (*markka*) = 1 fr. divisé en 100 *penni*.

GUERRE / MAR. DE L'ÉTAT / MAR. MARCH. / PLACE FORTE — La Finlande forme une région militaire occupée par des troupes russes. (Voir Russie.) L'armée du pays compte environ 679 hommes d'infanterie (1 bataillon de tirailleurs en garnison à Helsingfors), et 1 équipage de MARINE, environ 100 matelots et 8 pilotes. MARINE MARCHANDE. 1.956 navires, jaugeant 280.000 tonnes, dont 1.820 navires à voiles et 116 vapeurs. Équipage environ 10.000 hommes. PLACE FORTE. Sveaborg, Willmanstrand.

TRAV. PUB. / CHEM. DE FER / POSTES / TELEGRAPHES / CANAUX — CHEMINS DE FER. En exploitation 876 kilomètres, dont 813 à l'État. POSTES. Bureaux 85 (1875). Lettres et paquets 2.010.218. TÉLÉGRAPHES. Rentrent dans ceux de l'empire russe. CANAUX. Canal de Saïma, qui réunit le lac Saïma au golfe de Finlande.

COMMERCE / IMPORTATION / EXPORTATION / PORTS — IMPORTATION. 157.600.000 fr. (Céréales, sel, objets manufacturés, tabac, etc.). EXPORTATION. 85.200.000 fr. (Blé, beurre, bois, résine et autres produits des forêts.) PORTS. Abo, Helsingfors, Nystad, Wasa.

VILLES PRINCIP — (Voir la table.)

SUPERFICIE — 573.556 kilom. carrés, dont 41.671 en lacs et fleuves intérieurs (5 habitants environ par kilom. carré). Environ 100.000 kilomètres carrés en forêts.

POPULATION — 1.882.622 habitants dont 1.608.800 Finnois, 265.000 Suédois, 6.000 Russes. Environ 1.200 Allemands, 1.000 Bohémiens, 600 Lapons. - *Selon les cultes* : 1.846.499 luthériens, 55.295 catholiques grecs, 850 catholiques romains.

TABLE ADMINISTRATIVE

GOUVERNEMENTS	KILOM. CARRÉS	POPU-LATION	HABIT. PAR KIL.	RÉGION MILITAIRE	VILLES PRINC HAB. P' MILLE
Nyland	11.872	176.487	14.8		Helsingfors 32
Björneborg . .	24.171	315.595	12.9		Abo 20.
Tavastehus . .	21.585	200.307	9.2		Tavastehus 5
Viborg.	45.055	281.786	6.5	FINLANDE	Viborg 15.5.
Saint-Michel .	22.841	162.505	7.1		St-Michel 1.
Kuopio. . . .	42.751	254.554	5.4		Knopio 5.6.
Wasa	41.642	521.075	79.2		Wasa 4.5
Uleaborg . . .	165.644	192.517	1.1		Uleaborg 7.5

POIDS ET MESURES DE L'EMPIRE RUSSE

Un ukase de 1870 prescrit de faire toutes les opérations de douane à l'aide des unités du système métrique

POIDS		RAPPORTS	MESURES DE LONGUEUR		RAPPORTS	MESURE DE CAPACITÉ		LIQUIDES	
Poud	= (40 livres)	16.381 kil.	Sachine	= (7 pieds)	2.13 mèt.	Kuhl ou sac	= 262.4 lit.		
Livre	= (12 lana)	409.5 gr.	Archine	= (2 1/3 pieds)	711.2 mill.	Tschetwert	= 209.9 »	Botschka	= 491.9 lit.
Lana	= (1 1/2 once)	54.1 »	Pied	= (6 6/7 wers.)	304.8 »	Osmin	= 104.9 »	Pipe	= 412.7 »
Once	= (2 loths)	25.5 »	Werschock	= (1 3/4 pouce)	44.5 »	Pajock	= 52.5 »	Oxhoft	= 221.4 »
Loth	= (5 solotnik)	12.8 »	Pouce	= (10 lignes)	2.5 »	Tschetwerick	= 26.2 »	Ohm	= 147.6 »
Solotnik	= (96 dolis)	4.5 »	Ligne	= »	0.5 »	Tschetwerka	= 6.5 »	Ancre	= 56.9 »
Doli	= »	44 mill.	Werst	= (500 sach)	1.07 kil.	Garnetz	= 3.2 »	Wedro	= 12.2 »

(PRINCIPAUTÉ) SERBIE (CAP. BELGRADE)

SITUATION ASTRONIQUE : 45° » — 43° 10' lat. Nord. 16° 40' — 20° 27' long. Est.

CLIMAT : Temps moyen à Belgrade, 9°. Plus h., 41°; pl. b., 16°.

GOUVNEMENT — POUV'EXÉCUTIF — POUV'LÉGISLAT. CHEF DE L'ÉTAT : Milan IV, prince (Kniaz), né en 1854 (maison Obrenovic), avénement 1868, majeur 1872. (Nathalie, princesse, née en 1855; Alexandre, prince héréditaire, né en 1876). La Serbie est une monarchie héréditaire constitutionnelle. LE POUVOIR EXÉCUTIF est représenté par le chef de l'État. LE POUVOIR LÉGISLATIF est exercé simultanément par le prince et la *skouptchina* (assemblée nationale) 154 membres dont 35 sont nommés directement par le souverain, 101 par le peuple. LE SÉNAT est transformé en un CONSEIL D'ÉTAT chargé de l'élaboration des lois. SYSTÈME ÉLECTORAL. Tout homme majeur, et payant l'impôt, est électeur. La Serbie a payé à la Turquie un tribut annuel de 500.000 francs.

7 MINISTÈRES : les *ministères de la justice, de l'instruction publique et des cultes, des affaires étrangères, de l'intérieur, des finances, de la guerre, et des travaux publics.*

JUSTICE. 1 cour de cassat. et une cour d'appel (Belgrade). Les tribunaux de première instance siègent aux chefs-lieux des départements. Il y a une *justice rurale* dans chaque commune.

CULTES. La religion catholique grecque est dite religion de l'État, tous les autres cultes sont libres. L'Église est gouvernée par un *synode*, composé de l'archevêque de Belgrade, métropolitain de Serbie, et des trois évêques diocésains d'Onyza, de Negotin et de Chabatz. Tous les couvents sont supprimés.

INSTR. PUBL. Inst. prim. 484 écoles comm. Inst. second. 18 établ. 1 acad. à Belgrade, comp. ensemb. 27.761 élèv. L'instruct. est gratuite et obligat.

INTÉRIEUR — DÉPARTEMENT. La Serbie est divisée en 17 DÉPARTEMENTS ou cercles (*okonije*), 62 cantons et 1.065 communes. (Voir la table).

FINANCES — DÉPENSES — RECETTES — DETTE — MONNAIES

DÉPENSES

Dépenses générales. (Liste civile. 504.000 fr.). . . .	2.260.734 fr.

Services généraux des Ministères :

Ministère de la justice.	1.855.158 —
— de l'instruction publique et des cultes. . .	1.855.011 —
— des affaires étrangères	414.118 —
— de l'intérieur	2.847.158 —
— des finances.	842.711 —
— de la guerre.	4.345.696 —
— des travaux publics (Postes, 412.110 fr.) . .	540.272 —
Total.	14.625.898 fr.

RECETTES

Impôts directs	8.606.804 fr.
Contributions indirectes.	3.168.080 —
Taxes.	567.000 —
Biens de l'État (télégr. 155.400 f.; postes,154.400 f.).	1.087.880 —
Recettes extraordinaires.	1.412.426 —
Total.	14.842.110 fr.

DETTE. La Serbie n'avait pas avant la guerre contre la Turquie de dette nationale.

MONNAIES. Il n'existe pas en Serbie de monnaies nation¹⁸⁵. On compte en piastres à 40 paras = 20 cent.; 1 florin, de convention, de 2,60 fr., vaut env. 12 1/2 piastres (mon. autr.). Le gouvernement compte le ducat autrich. pour 24 piastres, et le speciesthaler pour 10 piastres, ce qui suppose à la piastre une valeur de 49.5 à 50 cent. ; c'est ce qu'on appelle le pied de contribution.

GUERRE — ARMÉE. L'armée serbe se compose de : 1° *l'armée permanente ; 2° l'armée nationale du 1er ban ; 3° l'armée nationale du 2e ban.* Tous les hommes valides font partie de l'armée, de 20 à 50 ans, dont 5 ans dans l'armée permanente. L'armée permanente comprend : 4 bat. d'inf., 2 escadr. de caval., 3 rég. d'artill., 1 bat. de pionn., génie, train, etc. Total, 150 officiers, 4.200 h., 1000 chev. et 72 canons. En cas de danger national la Serbie pourrait facilement mettre sur pied 150.000 hommes.

TRAV. PUBL. — IMPORTATION — EXPORTATION — POSTES — TÉLÉGRAPHES — POIDS ET MESURES

IMPORTATION, env. 50 985.000 fr. — EXPORTATION, env. 27.500.000 fr. (Céréales, 55.794 902 kilogr. Bétail, 54.100; porcs, 271.214. Peaux de mouton et de chèvre, 1.142.571; eau-de-vie, 2.765.800 kilogr).

POSTES (1872). Lettres particul., 740.858. Lettres officielles, 451.275.

TÉLÉGRAPHES. Bureaux, 52. Lignes, 1576 kilom. Dépêches, 189.221.

POIDS ET MESURES. *L'oke* vaut 4 *litres* à 100 *drachmes* chacun = 1.26 kilogr. Le *tovar* : 100 okes = 126 kilogr. On se sert aussi de la *livre* de Vienne : 560.1 gr. *L'archine* turque : 0.711 mètre. *L'eimer* de Bucarest : 45.28 litres.

SUPERFICIE : 45.555 kilom. carrés (31 hab. par kilom. carré).

POPULATION : 1.377.000 hab. dont 1.100.000 Serbes ; 160.000 Roumains-Valaques ; 20 000 Roumains-Zinzaves ; 50.000 Bulgares ; 30.000 Tsiganes ; 3.000 Juifs, Magyares, etc. *Naissances* : 65.004. *Mariages* : 15.070. *Décès* : 42.971.

MONTENEGRO (PRINCIPAUTÉ) — (CAP. CETTIGNE)

SITUAT. ASTRON. : 42° 20' — 43° lat. Nord. 16° — 17° 30' long. Est.

CHEF DE L'ÉTAT : Nicolas I, prince, né en 1841 (maison Petrovich), avénement 1860. (Milèm, princesse, née en 1847. Danilo-Alexandre, prince héréditaire, né en 1871). Le prince concentre tous les pouvoirs en sa personne. LE SÉNAT (*sonjet*) qui assiste le prince dans l'élaboration des décrets est un conseil consultatif, nommé par le prince et composé d'officiers. La *skouptchina* est une simple réunion des doyens des tribus sans aucun pouvoir.

JUSTICE. Tous les chefs voïvodes, capitaines *centurions* et *décurions*, sont en même temps administrateurs civils et juges.

CULTES. La religion catholique grecque est la religion de l'État. Le chef de l'Église est l'évêque de Cettigne (*vladika*) reconnaissant le czar de Russie comme chef supérieur.

INTÉRIEUR. Le Monténégro est divisé en 8 *nahies* (div. administ. et militaires). Les nahies se divisent en *tribus* constituées par la réunion de plusieurs *parentés*, subdivisées elles-mêmes en *familles.*

FINANCES. — DÉPENSES. 105.000 fr. (Liste civile env. 70.000 fr.). Le prince reçoit, outre la liste civile, une subvention annuelle de la Russie de 96.000 fr.

RECETTES. 105.000 fr.

MONNAIES. On se sert des poids et mesures et de la monnaie autrichienne et turque.

GUERRE. — ARMÉE. La *garde du corps* du prince (*perjanici*), composée de 100 hommes, est la seule troupe qui soit payée ; mais tous les autres citoyens sont armés et prêts à marcher au premier signal (env. 50.000 hommes).

TRAVAUX PUBLICS, COMMERCE. — IMPORTATION. Sels, poudre et articles manufacturés.

EXPORTATION. Viandes fumées de chèvre et de mouton, environ 200.000 têtes de petit bétail ainsi que des peaux, des graisses, du poisson salé, du fromage, du miel, du sumac, etc. (env. 2 millions de francs).

SUPERFICIE. 4.427 kilom. carrés. 44 habitants par kilom. carré).

POPULATION : 190.000 hab. Les seuls étrangers qui résident en groupes sont les *Tsiganes.*

TABLE ADMINISTRATIVE DE LA SERBIE					
CERCLES	sup. popul. hab. kil.		chefs-lieux	cant.	comm.
Alexinatz.	2.448— 46 910— 19		Alexinatz . . .	3	44
Belgrade.	1.707— 61.713— 56		Belgrade . . .	5	56
Cserna-Rjeka. . .	2.755— 51.966— 19		Zaïtchar. . . .	2	56
Jagodina.	1.597— 61.272— 58		Jagodina . . .	3	68
Knjachevatz . . .	1.817— 96.626— 35		Knjachevatz. .	2	55
Kragoujevatz. . .	2.865— 67 849— 25		Kragoujevatz .	4	82
Kraïna	2.974— 66.065— 22		Negotin	4	71
Kronchevatz . . .	2.535— 48.176— 19		Kronchevatz..	4	56
Podrinje	1.207—142.466—112		Losnitza. . . .	5	28
Pozarevatz. . . .	3.654— 47.263— 15		Pozarevatz . .	7	150
Rudnik	1.927— 71.192— 57		Milanovatz . .	3	47
Chabatz.	2.315— 57.458— 25		Chabatz. . . .	5	47
Smederevo . . .	1.156— 57.969— 50		Smederevo . .	2	54
Tchatchak . . .	5.744— 54.868— 15		Tchatchak . .	4	49
Tjuprija	2.092—104.808— 50		Tjuprija. . . .	2	70
Oujiza.	6.057— 81.271— 13		Oujiza. . . .	6	83
Valjevo.	2.965— 20.155— 7		Valjevo	4	68
Belgrade (ville). .	» — 25.089— »			1	1

(ROYAUME) SUÈDE [Sverige] (CAP. STOCKHOLM)

SIT. ASTRON. 69° 3'—55° 20' latitude N. 8° 46'—21° 50' long. E.

CLIMAT Température moyenne : + 5° à Stockholm et + 7° dans le Midi.

PLUIE La moy. annuelle est de 522ᵐᵐ.

GOUVEMENT / **CHEF DE L'ÉTAT** / **POUV'EXÉCUTIF** / **POUV'LÉGISLAT**

CHEF DE L'ÉTAT. Oscar II, roi, né en 1829 (maison Ponte-Corvo), avénement en 1872 (Sophie Wilhelmine, reine, née en 1856, Gustave, prince royal, né en 1858). La Suède est une monarchie constitutionnelle et héréditaire. LE POUVOIR EXÉCUTIF est entre les mains du roi, assisté d'un ministère responsable composé de *deux ministres* : le ministre d'État et de la Justice (Justitie Stats ministre), le ministre des affaires étrangères et de 8 *Conseillers d'État* (Stats-Rad) dont 5 sont à la tête des départements de l'intérieur, des affaires ecclésiastiques, de la guerre, de la marine, des finances et 3 sans portefeuille. LE POUVOIR LÉGISLATIF est entre les mains du roi et de deux chambres. La 1ʳᵉ chambre compte 128 députés élus pour 9 ans par les conseils généraux (Landsting) et les députés municipaux (Stadsfullmägtige) à raison d'un député pour 30.000 hommes. 2ᵉ Chambre, 194 députés élus pour 3 ans, en partie par les villes (56), en partie par les campagnes (138). Le roi nomme leurs Présidents (Talman). Tout citoyen âgé de 25 ans, domicilié depuis un an dans la commune et payant un impôt sur un revenu d'au moins 1120 fr. (800 kronor) est électeur et éligible.

JUSTICE / **PRISONS**

Cour suprême du royaume, tribunal de dernière instance (Konungens högsta domstol). 16 memb.; ils rendent la justice au nom du roi, qui peut assister aux séances et y donner 2 voix. Dans les causes de justice militaire 2 off. supérieurs sont adjoints aux autres membres. 5 *hautes cours royales*, trib de 2ᵉ *instance* (Hof rätter) correspondant aux cours d'appel en France, Stockholm, Jönköping et Christianstad, subdivisées en 108 juridictions (Domsagor) comprenant 355 Härad. La cour royale de justice militaire (Krigs hof rätten) juge les causes purement militaires. Tribunaux de 1ʳᵉ instance : 104 tribunaux de districts et les tribunaux des villes. La Suède ne possède ni justices de paix, ni conseils de prud'hommes. Le chancelier de justice ou le procureur du roi surveille au nom de celui-ci l'exercice de la justice et la pratique de l'administration.

PRISONS. Le système cellulaire est adopté dans tout le royaume ; il y a dans chaque gouvernement une de ces prisons. Travaux forcés pour hommes 6 prisons, et pour femmes 5. Il y a en outre 16 prisons de réclusion.

CULTES

La religion luthérienne est celle de l'État ; cependant toutes les autres religions sont tolérées et exercent leurs cultes en pleine liberté. Sous le rapport ecclés., le royaume est divisé en un archev. (Upsala) et 11 év.

INSTRUC. PUBL.

L'instruction publique est gratuite et obligatoire quant à l'instruction primaire. Petites écoles 5.833 avec 186.883 élèves, écoles populaires fixes 2.464 avec 214.784 élèves, ambulantes 1.464 avec 155.928 élèves, écoles populaires supérieures 6, écoles pédagogiques 21, écoles élémentaires 77 avec 12.272 élèv., en outre un grand nombre d'écoles spéciales ; universités 2 (Upsala et Lund), 1 école militaire supérieure, l'école militaire et l'école navale. Presque tous les hab. savent lire et écrire (97 °/₀).

INTÉRIEUR / **LÄN** / **CHEM. DE FER** / **BIENFAISANCE** / **POIDS ET MES.**

Le pays, au point de vue de la géographie physique, est divisé en 3 parties principales : *Svealand* (Suède proprement dite) *Götaland* (Gothie) et *Norrland* avec *Lappland* (Laponie).

Actuellement la Suède est divisée en 25 gouvernements, y compris la capitale, les gouvernements sont subdivisés en 115 « *Fogderier* ». (Les anciennes divisions étaient les *Landskap* (provinces).

Il y a dans chaque commune un ou plusieurs hospices pour secourir les pauvres ; ces hospices montaient en 1870 à 2.301 et le nombre des pauvres secourus à 204.578, dont 167.665 pour les campagnes et 36.713 pour les villes. Les dépenses s'élèvent à env. 8.500.000 fr. sans compter tous les dons en nature qui augmentent fortement cette somme.

FINANCES / **DÉPENSES** / **RECETTES** / **DETTE** / **MONNAIES** / **TÉLÉGRAPHES** / **POSTES**

DÉPENSES	
Maison du roi	1.772.400
Justice	5.497.416
Affaires étrangères	855.411
Guerre	17.899.700
Marine	6.765.960
Intérieur (chemins de fer 15.475.1051	19.587.960
Finances (télégraphes 1.862.000, postes 6.020.000)	16.409.120
Cultes et instruction publique	11.556.059
Pensions et dépenses diverses	2.807.772
Dépenses extraordinaire (armée et flotte 7.872.480)	14.571.071
Dette publique	12.142.400
TOTAL	**109.500.969**

RECETTES	
Excédant du budget de 1875	7.501.20
Impôt foncier	6.502.10
Recettes ordinaires	31.602.72
(Dont impôt personnel 8.410.000, amendes 1.172.390, télég. 1.890.000, chem. de fer 23.100.000, forêts 1.400.000).	
Recettes extraordinaires	70.589.98
(Dont douanes 36 644.144, postes 6.020.000, timbre 3.080.000, impôt sur l'alcool 20.225.859, impôt sur le sucre 42.000, impôt sur le revenu 4.200.000).	
Recettes nettes de la banque de Suède	1.820.00
TOTAL	**117.816.00**
DETTES { Dette intérieure	57.591.38
{ Dette extérieure	138.614.53
TOTAL	**196.205.71**

MONNAIES. 1 krona (couronne). — 100 öre — 1 fr. 39.

GUERRE / **ARMÉE** / **DIV. MILIT.** / **PLACES FORTES**

L'ARMÉE se compose : 1° *des troupes enrôlées* généralement pour 6 ans (värfvade) env. 6.500 h. ; 2° *des troupes cantonnées* (indelta armeen) env. 27.000 h. formées des volontaires qui sont principalement payés par l'usufruit des terres qu'ils habitent et qu'ils cultivent eux mêmes. Le soldat s'engage à servir pendant tout le temps qu'il est valide ; 3° *troupes de conscription* (tous les hommes valides de 21 à 25 ans env. 80.000 h.) qui forment 5 classes dont les deux plus jeunes sont exercées annuellement pendant 15 jrs ; 4° la milice nationale de Gotlan (110 offic., et 8000 h. env.) qui n'est tenue qu'au service intérieur de l'île ; 5° *Les tirailleurs volontaires* (skarp-skyttar) pour la défense du pays et dont les chefs sont nommés par le roi (1.400 h. env.).

DIVISIONS MILITAIRES : 5 districts militaires commandés chacun par un général.

ARMÉE ACTIVE.	Offic.	s.-offi	Solda
État-major	47	6	
Infanterie, 48 bat.	1.695	1.326	22.962
Cavalerie, 47 escad.	255	205	4.280
Artillerie, 5 rég.	211	127	2.524
Génie, 2 bat. et 1 c.	55	57	479
Total	2.211	1.699	30.245

PLACES FORTES : Carl-borg, Kungs-holmen, Carlsten, Nya-Elfsborg, Waxholm, Fredriksborg.

TABLE ADMINISTRATIVE

LÄN.	TER. F. KIL. C.	EAU KIL. C.	POPUL.	HAB. P. K.	CH.-LIEUX, V. PR HAB. PAR MILLE.
Stockholm { ville.	7.039	569	152.582	40	
{ campagne.			156.582		
Upsala	5.082	133	104.571	20	Upsala 12.6
Södermanland	6.171	571	140.922	23	Nyköping 4.4
Östergötland	9.717	1.019	264.689	27	Linköping 8.
Jönköping	10.085	1.051	188.665	18	Jönköping 15.1
Kronoberg	8.910	1.009	165.551	18	Wexiö 4.2
Kalmar	10.954	560	259.847	22	Kalmar 9.9
Gotland	2.865	277	54.649	19	Wisby 6.5
Blekinge	2.896	119	131.812	45	Karlskrona 16.9
Kristianstad	6.265	227	229.176	36	Kristianstad 8.9
Malmöhus	4.685	101	353.924	71	Malmö 32.2
Halland	4.770	150	131 710	27	Halmstad 6.8
Göteborg et Bohus.	4.905	152	244.010	49	Göteborg 65.9
Elfsborg	11.912	903	285.810	21	Wenersborg 5.2
Skaraborg	8.165	407	232.724	51	Mariestad 2.6
Warmland	15.242	1.614	267.081	18	Karlstad 6.5
Nerike	8.271	800	178.951	21	Orebro 10.
Westmanland	6.278	524	125 057	19	Westeras 5.6
Kopparberg (Dalarne).	27.154	1.956	186.612	7	Falun 6.7
Gefleborg	17.708	1.622	163.197	9	Geflc 17.1
Westernorrland	25.272	1.571	150.254	6	Hernösand 4.8
Jemtland	46.615	4.445	75.756	1.6	Ostersund 2.1
Westerbotten	58.951	2.856	98.015	1.6	Umea 2.6
Norrbotten	99.509	6.855	83.556	0.8	Lulea 2.6
Lacs : Wenern			5.245		
» Wettern			1.855		
» Malaren			1.225		
» Hjelmaren			485		

SUÈDE [Sverige] (SUITE)

MARINE
MAR. DE L'ÉTAT
STAT. NAVALES
MAR. MARCH.

VAPEURS	Can.	Chev.
4 monitors	8	610
10 vaisseaux cuirassés	10	403
1 vaisseau de ligne	66	350
1 frégate	16	400
4 corvett. (dont 1 en construction)	26	1300
15 canonnières	20	1710
1 canonnière	»	500
1 transport	»	140
1 aviso	»	30

NAVIRES A VOILES	Can.
1 vaisseau de ligne	62
1 frégate	56
5 corvettes	86
5 bricks (dont 1 en construc.)	28
1 schooner	8
1 transport	»

PERSONNEL. — La flotte royale comprend 141 offic. (dont 1 vice-amiral, 2 contre-amir., 6 comman-deurs), 190 sous-offic. et 600 mate-lots, 150 mécaniciens et 5.051 ma-rins, 13 offic. ingénieurs, 24 mé-decins.

La réserve : 76 offic., 50 sous-officiers, 15 ingénieurs, et environ 40.000 hommes.

STATIONS NAVALES, 3 : Stockholm, Carlskrona, Götheborg.

MARINE MARCHANDE. Navires à voiles, 3.719, jaugeant 446.132 tonnes; vapeurs, 649 avec 23.018 chevaux, jaugeant 44.462 tonnes. Équipages, 24.752 hommes.

COMMERCE
EXPORT. IMPOR.
POIDS ET MES.
PORTS. CANAUX

IMPORTATION : 429.554.000 fr. (soie, coton, fil de coton, graines, couleurs, café, huile, sucre, tabac, mélasse, céréales, laine, or, argent, houille) — EXPORTATION : 312.664.800 fr (bois, fer, papier, machines, argent, céréales, allumettes, etc.). CHEMINS DE FER: En exploitation 5,656 kil., dont 1,509 à l'État, en construc 2,900 kil., dont 600 à l'État.)

POIDS ET MESURES: Le système métrique est adopté, il sera obligatoire pour tout le royaume à partir du 1er janvier 1880.

PORTS : Stockholm, Göteborg, Gefle, Norrköping, 26.409 hab., Westerwick, 5.700 hab. — CANAUX : 5.803 kilomètres env.

TÉLÉGRAPHES : Bureaux 170 (351 bureaux de chemins de fer, dont 150 de chem. de fer de l'État); lignes 7,939 kilom.; dépêches 1.009.539. — POSTES : Bureaux 1,820, lettres et imprimés 16.259.000.

SUPERFICIE

444.814 kilom. carrés, dont 407.467 terre ferme; 37.367 kilom. c. eau; terre cultivée, 23.729 kilom. c.; prairies naturelles, 19.858 kilom. c.; forêts, 175.966 kilom. c. La densité de la population s'élevait en 1750 à 4.4; en 1800 à 6, en 1850 à 9 et 1875 à 10.6 hab. par kilom. carré).

POPULATION

4.383.291 hab. (dont env. 16.000 Finnois et 7.000 Lapons). La population en 1750 était de 1.763.358; en 1800 de 2.347.303; en 1850, de 3.482.541). — Naissances : 133.249. Mariages : 31.422. Décès : 87.760.

(ROYAUME) NORVÈGE [Norge] (CAP. KRISTIANIA) •

SITUATION ASTRONOMIQUE
57° 58' — 71° 10' lat. N. 2° 30' — 29° long E.

CLIMAT
Les côtes de l'O. ont un climat très-doux; elles ne gèlent jamais. La température moyenne est de + 1°degré env. — PLUIE. La moy. annuelle de la pluie qui tombe sur les côtes occid est d'env. 1 mèt., et, au sud du pays, env. 0m.49.

GOUVNEMENT
CHEF DE L'ÉTAT
POUV. EXÉCUT.
POUV. LÉGISLAT

CHEF DE L'ÉTAT. Oscar II (voir *la Suède*). La Norvége est une monarchie constitutionnelle et héréditaire. Outre la dynastie, les deux royaumes n'ont de commun que les représentants à l'extérieur, le conseil mixte dans les affaires communes, et lorsque le roi est mineur ou que le trône est vacant. LE POUVOIR EXÉCUTIF est entre les mains du roi, assisté d'un ministère composé de 2 ministres d'État et de 9 conseillers d'État à la tête des départements des Finances et des Douanes, de la Justice et de la Police, de l'Intérieur, de la Marine et des Postes, de la Guerre, des Cultes et de l'Instruction publique, de la Révision des comptes. 3 membres, dont un des 2 conseillers d'État, réside auprès du roi tant qu'il séjourne en Suède, les autres résident à Kristiania. LE POUVOIR LÉGISLATIF s'exerce par le roi et le *Storthing*, 111 membres élus pour 3 ans. Le Storthing élit le quart de ses membres pour former le *Lagthing* (sorte de chambre haute), les autres se constituent en *Odelsthing* et chaque chambre se réunit séparément. Les résolutions votées par trois législatures, malgré le refus de sanction du roi, ont force de loi. Le Storthing est élu à 2 degrés par les citoyens âgés au moins de 25 ans, justifiant de 5 ans de résidence Pour être éligible il faut avoir au moins 30 ans et avoir résidé 10 années dans le pays. Il n'y a pas de noblesse en Norvége.

JUSTICE
PRISONS

Tribunal suprême du royaume, tribunal de dernière instance (*Höiesteret*) se composant d'un justicier (*justiarius*) et de 10 assesseurs; dans les causes de justice militaire, il leur est adjoint 2 offic. supérieurs. 6 cours supérieures de justice (*Stifs over retter*) Tribunaux de 2e instance : Kristiania, Kristianssand, Bergen, Hamar, Tromsö. Les *tribunaux de 1re instance* (*underretter*) sont présidés dans les villes par le *byfogde* (juge particulier); à la campagne par le *sorens kriver* (magistrat d'arrondissement). Le nombre des *sorenskriverier* est de 80, divisés en 384 cantons (*thingslag*). En égard à la juridiction des tribunaux mensuels, 69 des sorenskriverier se divisent en 179 sous-districts (*maanedsthings-distrikt*); 28 villes ont leur juge particulier (*byfogde*); dans les 10 autres, le juge est en même temps celui de la campagne voisine.

PRISONS. Bagnes, 3; prison pénitentiaire, 1, et maisons de correction, 4.

CULTES
La religion luthérienne est celle du pays, mais tous les cultes sont libres. La division ecclésiastique comprend 6 évêchés.

INSTRUCT. PUBLIQUE
L'instruction est obligatoire et gratuite, chaque commune a son école populaire. Écoles supérieures (*Kathederalskoler*), 17; écoles primaires supérieures, 39; divisions avec des écoles primaires fixes, 5.360 à la campagne; 98 dans les villes. Nombre des instituteurs ambulants visitant les fermes, 2.757. Chaque *Stift* à son *directeur* qui surveille l'instruction, et son *séminaire* pour former des professeurs. 1 école supérieure militaire, 1 école militaire, 1 école navale. Il y a, en outre, un grand nombre d'écoles spéciales. Université à Kristiania. Presque tous les habitants savent lire et écrire (97 0,0)

INTÉRIEUR
AMT
BIENFAISANCE
POIDS ET MES.

Le pays est partagé naturellement en 3 grandes parties : *Nordanfjeldske* (pays situé au N. des montagnes) *Vestanfjeldske* (pays situé à l'O. des montagnes). *Sunnanfjeldske* (pays au S. des montagnes). Administrativement, le royaume est divisé en 20 AMT (départements), administrés par 6 *stifsamtmeend* et 14 *amtmeend*.

BIENFAISANCE. La Norvége est partagée en 719 *arrondissements des pauvres*, dont 612 pour la campagne, 49 pour les fabriques et usines, et 58 pour les villes et ports marchands. En 1873, 61.917 personnes ont été assistées, dont 14.752 pour les villes. Dépenses : 7.258.702 francs.

POIDS ET MESURES. (Voir *la Suède*).

FINANCES
DÉPENSES
RECETTES
DETTE
MONNAIES

DÉPENSES		RECETTES	
Liste civile	613.700 fr.	Douanes	24.433.300 fr.
Administration	1.716.900 —	Impôts divers	4.974.900 —
Cultes et instruction publique	1.669.500 —	Timbre, etc.	767.900 —
Justice et police	2.284.800 —	Droits de justice et de succession	952.000 —
Intérieur	5.733.800 —	Dîmes, biens de l'État	583.600 —
Finances	8.708.000 —	Revenu du capital	2.816.800 —
Guerre	7.405.800 —	Mines	35.700 —
Affaires étrangères	611.200 —	Postes, 2.141.500; télégr. 1.204.000)	3.345.300 —
Marine (télég. 2.137.100; post. 2.220.400 marine, 2.898.000	9.734.900 —	Recettes diverses	128.800 —
Dépenses diverses	1.182.500 —	Recettes extraord. (empr. pour constr. de chem. de fer, 16.580.000; contrib. locales pour le même but, 1.155.000); contrib. p. constr. de chauss. 1.447.600)	18.982.600 —
Dépenses extraord. (dont acquisition de fonds, etc. 1.219.400; const. de chem. de fer et de chaussées, 14.628.600; armée, 1.066.100)	16.914.100 —	Total	56.821.100 fr.
Total	54.633.000 fr.	DETTE	67.650.640 fr.

MONNAIES. 1 krona (couronne) = 100 öre = 1 fr.39

NORVÉGE [Norge] (SUITE)

GUERRE
ARMÉE
PLACES FORTES

L'ARMÉE se compose de l'armée active et de la réserve (*landværn, landstorm*). L'armée active compte 75 officiers et 12.000 hommes; en temps de guerre, elle ne peut s'élever à plus de 18.000 h. sans l'assentiment du « Storthing ». MODE DE RECRUTEMENT : volontaire et conscription La durée du service est de 7 ans dan l'armée active et 13 ans dans la réserve.
Armée active. Etat-major, 29 officiers dont 6 généraux. Infanterie, 5 brig. de 4 compag., 1 corps de chasseur de 6 compagn.; cavalerie 1 brig. de 5 corps de chasseurs à cheval (440 offic.); artillerie : 11 bat. à 8 pièces e 1 sect. d'artif. et d'ouvriers (60 offic.); génie : 200 offic. et 8 commis. Train, 4 dépôts (200 offic.).
PLACES FORTES : Fredrikssten, Akershus.

MARINE
MAR. DE L'ÉTAT
MAR. MARCH.
POSTES
TÉLÉGRAPHES

MARINE DE L'ÉTAT.	Chevaux.	Canons
Navires à voiles.		
1 brick-école	»	4
Il y a en outre 1 frégate-école et 5 transports.		
Navires à vapeur.		
4 monitors	600	8
2 frégates	900	78
3 corvettes	550	56
1 schooner	20	6
2 vapeurs remorqueurs	160	4
12	2.210	152

TABLE ADMINISTRATIVE			
AMT.	KIL. C.	HABIT.	H. KIL
Smaalenene	4.009	107.710	26.
Akershus	5.155	116.098	22.
Kristiania	9	75.986	8.443.
Hedemarken	25.992	120.651	4.
Kristian	25.044	115.805	4.
Buskerud	14.656	102.155	7.
Jarlsberg et Laurvik	2.229	87.544	59.
Bratsberg	14.781	82.974	5.
Nedenaes	9.984	75.247	7.
Lister et Mandal . .	6.275	74.866	12.
Stavanger	8.861	110.792	12.
Söndre Bergenhus .	15.160	119.501	7.
Bergen	1	53.450	
Nordre Bergenhus .	18.245	86.125	4.
Romsdal	14.635	116.505	7.
Söndre Trondhjem . .	18.547	116.604	6.
Nordre Trondhjem . .	22.775	81.745	5.
Nordland	37.970	105.788	2.
Sromsö	25.174	53.923	2.
Finmarken	47.411	24.071	0.

Personnel : 104 offic., 258 s.-offic. et matel. à engagement fixe.
MARINE MARCHANDE. 7.664 navires jaugeant 1.519, 754 tonnes, dont 211 vapeurs de 9.450 chev. et jaugeant 44.705 tonnes. Équipage : 58.554 hommes.
POSTES. Bureaux, 719. Lettres, 7.479.550.
TÉLÉGRAPHES. A l'Etat, 109 bureaux, lignes, 6.480 kilom.; dépêches, 714.921; aux chemins de fer, 62 bur.; lignes, 693 kilom.

VILLES PRINC.
HAB. PAR MILLE

Kristiania, 77; Bergen, 34; Drammsen, 49; Stavanger, 20; Trondhjem, 25; Kristianssand, 12; Frederikshald, 10; Kristianssund, 7; Laurvik, 8; Horten, 5; Tromsö, 5.

COMMERCE
IMPORTATION
EXPORTATION
CHEM. DE FER
PORTS

IMPORTATION. 260,086,400 fr. (céréales, machines.)
EXPORTATION. 169.668.200 fr. (poissons, bois, argent, fer, nickel, cuivre, cobalt, pyrite, etc.)
POIDS ET MESURES. (Le système métrique est adopté, il sera obligatoire à partir du 1er janvier 1880.)
CHEMINS DE FER. En exploitation, 557 kilomètres.
PORTS. Kristiania, Bergen, Trondhjem, Drammen, Horten, Kristianssand, Arendal, Stavanger.

SUPERFICIE

316.694 kil. carrés, dont 2.393 cultivés, 8,000 en prairies naturelles, 67,000 en forêts. (5.8 hab. par kil. carré.

POPULATION

1.817.237 habitants (dont environ 8.000 Finnois [Kvæner], et environ 17.000 Lapons [Finnar], les autres son des Norvégiens). Naissances, 56,287. Mariages, 14.165. Décès, 55,949.

(ROYAUME) DANEMARK (CAP. COPENHAGUE [Kjöbenhavn])

SITUATION
ASTRONIQUE

54°53' — 57°45' latit. N.
5°45° — 10°28' long. E.

CLIMAT

La température est la même que celle du sud de la Suède, même un peu plus douce, la temp. moyenne annuelle est de 9° environ.

PLUIE

La moyenne annuelle de la pluie qui tombe est d'environ 0m49.

GOUVNEMENT
CHEF DE L'ÉT.
POUV. LÉGIS.
POUV. EXÉC.

CHEF DE L'ETAT. Christian IX, roi, né en 1818 (Maison de Sleswig-Holstein-Sonderbourg-Glücksbourg) ; avénement 1863. (Louise, reine, née en 1817; Frédéric, prince royal, né en 1843). Le Danemark est une monarchie constitutionnelle et héréditaire. Le POUVOIR EXÉCUTIF est entre les mains du roi assisté de huit ministre responsables (dont le prince royal), et d'un Conseil d'Etat (le roi président ; memb., le prince royal et les ministres) Le POUVOIR LÉGISLATIF s'exerce par le roi et le *Rigsdag* qui est composé de deux chambres électives : le *Landsthing* (Sénat) (66 membres, dont 12 nommés à vie par le roi et les autres élus pour huit ans par le vote à deux degrés); le *Folkething* (la Chambre) (102 membres élus pour trois ans par le vote direct de la natio (1 membre sur 16.000 hommes)). 7 MINISTÈRES. Les ministères de la justice et de l'Islande, des affaires étran gères, des cultes et de l'instruction publique, de l'intérieur, des finances, de la guerre, de la marine.

JUSTICE
PRISONS
CHEM. DE FER
TÉLÉGRAPHES
POSTES
CANAUX
PONTS
POIDS ET MES.

L'autorité judiciaire est organisée en trois instances, tant au civil qu'au criminel. Tribunaux de 1re instance 18 pour tout le royaume: 2 cours d'appel (Copenhague et Viborg, en Jutland). Cour suprême (Höiesteret) à Copenhague, composée d'un justicier, de 12 assesseurs ordinaires et de 10 assesseurs extraordinaires. Il existe aussi un tribunal de navigation et de commerce à Copenhague. Pour les îles il y a une cour d'appel à Reykjavik en Islande.
PRISONS. 1 prison pour femmes à Christianshavn, 1 pénitencier pour hommes à Vridslöselille, 1 prison de travaux forcés pour hommes à Horsens.
CHEMINS DE FER. 1.260 kilomètres dont 819 à l'Etat.
TÉLÉGRAPHES. Bureaux, 174, lignes, 2.545 kilomètres. Dépêches, 762.609.
POSTES. Lettres, 16.487.777. Journaux et imprimés, 15.154.812.
CANAUX. 15 kilomètres ?
PORTS. Kjöbenhavn, Helsingör, Korsör, Aarhus, Nyborg, Aalborg.
POIDS ET MESURES. Le système métr. est adopté et sera obligatoire par tout le royaume au 1er janvier 1880

CULTES
INSTRUCTION PUBLIQUE

La religion luthérienne est dite religion nationale et jouit d'une subvention de l'État. La liberté de conscience n'en est pas moins complète et absolue. Le pays est divisé en 8 évêchés, dont 4 en Jutland, 1 en Selande, 1 à Fyen (Fionie), 1 à Laaland-Falster et 1 en Islande. Pour le *culte catholique* il y a un vicaire apostolique pour le royaume, l'évêque d'Osnabruck.
INSTRUCTION PUBLIQUE. L'instruction est obligatoire et gratuite. L'enseignement public comprend des école primaires inférieures et supérieures dans tous les villages, des écoles secondaires (12), dites écoles latines ou savantes, et écoles des sciences exactes (Lœrde Skoler, Cathedral Skoler), des écoles spéciales, 4 écoles normales pour former des professeurs pour l'enseignement primaire, et enfin une université conférant l'enseigne ment supérieur. Depuis une vingtaine d'années il s'est formé successivement, à la campagne, dans tous les Amt des écoles secondaires de paysans (Folkehöiskoler), on en compte aujourd'hui 51, dont 4 pour les femmes. Les écoles publiques secondaires sont entre les mains de l'Etat. A côté des écoles publiques, il existe aussi beaucoup d'écoles privées, dont 7 ont le droit de délivrer des diplômes qui permettent l'entrée à l'université.
Presque tous les habitants savent lire et écrire.

DANEMARK (SUITE)

Le Danemark se compose, d'après le démembrement de 1864, 1° DES ILES *Seland, Fyen* (Fionie), *Langeland, Laaland, Falster, Mœn, Bornholm ;* 2° DU JUTLAND, 3° DES DÉPENDANCES, *l'Islande et les îles Färö,* en Europe, la *Grönland,* en Amérique. Administrativement le pays est divisé en 18 *Amt* (préfectures ou bailliages) gouvernés chacun par un amtman (préfet ou bailli). Dans les villes et dans les arrondissements, l'autorité inférieure est exercée par des "Byfoged" ou "Heredsfoged" (sous-préf. ou s.-intend.) au nombre de 136. Dans les communes rurales il y a des "Sognefogder" (maires) nommés par les autorités et choisis parmi les habitants de la commune même, pour les aider dans l'exercice de tout ce qui concerne la police locale. Les ILES FÄRÖ forment un bailliage à part ; depuis 1854 on y a institué un *Lagthing,* assemblée représentative composée de 20 memb. élus par la population des îles et présidée par le bailli. L'ISLANDE est divisée en 4 bailliages. Elle a un tribunal secondaire et une assemblée représentative, le *Althing,* composé de 27 membres, dont 6 nommés par le roi et les 21 autres élus par la population ; il est présidé par le bailli de l'île. Les 16 colonies ou places de commerce du GRÖNLAND sont administrées par 2 inspecteurs supérieurs, l'un au nord, l'autre au sud du pays.

BIENFAISANCE. Il faut distinguer entre l'assistance publique obligée et la charité privée. La commune est tenue de secourir toute personne hors d'état de pourvoir à son entretien. Pour ce but il est organisé dans toute commune un bureau des pauvres. Chaque commune forme une circonscription de bienfaisance. L'assistance publique, divisée en 11 districts, exerce une certaine autorité disciplinaire sur tous ceux qui en reçoivent des secours. Outre l'organisation de l'assistance proprement dite, l'Etat entretient des hospices, des institutions d'aveugles, de sourds-muets, et 3 grands hospices d'aliénés. Il y a un grand nombre d'établissements de charité fondés par des particuliers.

DÉPENSES	FR.	RECETTES	FR.
Liste civile et apanages	2.019.562	Domaines, Forêts	2.428.051
Diète (Rigsdag)	280.000	Actif de l'Etat	6.768.292
Conseil d'Etat	132.462	Impôts directs	11.739.070
Dette publique	17.635 425	Impôts indirects	41.015.800
Pensions civiles et militaires	4.806.325	Postes	531.917
Affaires étrangères	536.917	Télégraphes	29.372
Cultes, Instruction	1.305.777	Loterie	1.190.000
Justice	3.164.580	Recettes des Färö	55.318
Intérieur	2.111.516	— des Indes danoises	35.000
Guerre	12.030.546	— diverses	1.662.881
Marine	6.684.723	Remboursements, etc.	1.864.652
Finances	4.144.991		67.320.333
Administration de l'Islande	152.880	DETTE	
Travaux publics	5.205.970	Dette intérieure	224.497.872
Dépenses extraordinaires	4.068.410	— extérieure	37.506.280
Avances, subventions	1.093.016	Total du passif	262.004.152
	65.373.100	— de l'actif	120.875.838
MONNAIES 1 krona (couronne), fr. 1.40.		Dette réelle	141.128.314

Tout Danois capable de porter les armes est obligé, sans distinction, de contribuer personnellement à la défense de la patrie. Les soldats enrôlés à l'âge de 22 ans font partie *de la ligne* et *de la réserve* pendant 8 ans et pendant les 8 années suivantes de la landwehr (renforts). Pour la conscription, le pays est divisé en 5 cercles qui recrutent chacun leur brigade d'infanterie et de cavalerie. ARMÉE ACTIVE : *Infanterie* gardes 1 bat., ligne 20 bat., réserve 10, comprenant ensemble 774 off. et 26,992 sous-off. et soldats. *Cavalerie* 16 escadrons, 128 off. et 2,180 soldats. *Artillerie* 2 régiments (12 bat.) et 2 bat. de 6 compagnies, ensemble 145 off. et 4,755 soldats. *Génie* 2 bat. 59 off. et 624 soldats. L'état-major général compte 25 off. et 21 sous-off. Total de l'armée active 1,131 off. et 34,572 sous-off. et soldats. Sur pied de guerre, l'armée compte 50,000 hommes environ. PLACES FORTES Copenhague, Fredericia, Kronborg.

MARINE DE L'ETAT.

VAPEURS A HÉLICES

Non Cuirassés	c.	chev.	Cuirassés	c.	chev.
1 vaiss. de ligne. (vais. de poste pour l'Islande).	42	1.050	3 frégates	58	4.110
			4 bat. flot. (dont 1 en constr.).	11	6.430
3 frégates	78	3.200	7	69	10.540
3 corvettes	38	2.200	NAVIRES A VOILES		
4 schooners	14	3.370	1 frégate	»	»
12 canonnières	17	2.300	2 cutter	»	»
3 vapeurs à aubes	27	1.530	8 yoles canonn.	8	»
26	246	43.650	24 chaloupes de transp. en fer.	21	»
			32	29	»

Personnel 117 off., dont 1 amiral et 800 hom. STATIONS NAVALES : Helsingör, Fredrikshavn, Esbjerghavn. MARINE MARCHANDE : 123 vapeurs, jaugeant 27,381 tonnes et 2,783 nav. à voiles, jaugeant 185,219 ton. COLONIES : Ste-Croix, St-Thomas, St-Jean. (Voir les Antilles.)

IMPORTATION : 326,502,400 francs (objets manufacturés, denrées coloniales, etc.). EXPORTATION : 251,556,200 (eau-de-vie, produits agricoles, papier, drap, bétail, chevaux, etc.).

Copenhague 193, Helsingör 9, Roeskilde 5, *dans l'île Seeland ;* Odense 17, Niborg 5, *dans Fionie,* Nykjöbing 4, *dans Falster,* Aarhus 15, Aalborg 12, Kolding 5, Viborg 6, Fredericia 7, Horsens 11, Ribe 4, *dans le Jutland,* Thorshaven *dans les Färö,* Reykjavik *en Islande* et Julianehaab dans Grönland.

38,237 kilom. carrés, dont les îles 12,993 et le Jutland 25,244 (49 hab. par kil. carré).

1,903,000 hab., dont 1,057,000 pour les îles, 846,000 pour le Jutland ; d'après les cultes (1870), luthériens 1,769,583, réformés 1,433, catholiques 1857, israélites 4,290, baptistes 3,223, mormons 2,128, etc.

TABLE ADMINISTRATIVE			
AMT	kil. carrés	population	hab. kil.
COPENHAGUE (ville)	15	193.000	14.846.1
— (campagne)	1.211	111.400	92.0
FREDRIKSBORG	1.353	83.300	61.5
HOLBAEK	1.624	90.100	55.4
SORÖ	1.472	87.200	59.2
PRAESTÖ	1.669	100.100	60.0
BORNHOLM	584	33.000	56.5
MARIBO	1.660	92.400	55.0
ODENSE	1.765	126.700	71.2
SVENDBORG	1.641	117.800	71.7
HJÖRRING	2.775	95.400	30.8
THISTED	1.687	63.300	37.1
AALBORG	2.936	91.300	30.0
VIBORG	3.031	87.800	29.0
RANDERS	2.433	100.500	41.2
AARHUS	2.477	132.500	53.0
VEILE	2.336	107.400	45.5
RINGKJÖBING	4.527	79.300	17.5
RIBE	3.043	68.900	22.6
POSSESSIONS			
ILES FÄRÖ	1.333	10.500	7.8
ISLAND	102.417	70.900	0.6
GRÖNLAND	88.100	9.800	0.1
ANTILLES DANOISES	359	37.700	105.0

SUISSE

(CONFÉDÉRATION)   **SUISSE**   (CAP. BERNE)

SITUATION ASTRONOMIQUE | 45° 49' — 47° 50' lat. N. / 3° 37' — 8° 9' long. E.

CLIMAT | Le climat offre des variations infinies : hiver perpétuel au sommet d[es] Alpes, température la plus douce dans les vallées.

GOUVNEMENT — CHEF DE L'ÉTAT — POUV'EXÉCUTIF — POUV' LÉGISL.
CHEF DE L'ÉTAT, Hein J. Dr, élu président en 1876 pour un an. LE POUVOIR EXÉCUTIF est exercé par [un] Conseil fédéral, composé de 7 membres, chargés chacun d'un *département ministériel*. Le président de [la] Confération est en même temps *président du Conseil*, il est élu pour une année ainsi que le vice-préside[nt] et ils ne peuvent être réélus l'année suivante, les membres du Conseil sont élus pour 3 ans. LE POUVO[IR] LÉGISLATIF s'exerce par *l'assemblée fédérale*, qui se compose du *conseil national*, 128 membres (1 memb[re] par 20,000 hab.), élus pour 3 ans par le SUFFRAGE UNIVERSEL et du *Conseil des États*; 44 memb. (2 pour cha[que] canton), élus par l'assemblée du peuple ou par le grand conseil de chaque canton. 7 DÉPARTEMENTS (ministère[s]) politique, justice et police, intérieur, finances et douanes, affaires militaires, chemins de fer et commer[ce], postes et télégraphes.

JUSTICE
Le *pouvoir judiciaire* s'exerce par le TRIBUNAL FÉDÉRAL, composé de 9 membres et 9 remplaçants nomm[és] pour 6 ans. Il juge les causes politiques, les conflits entre les États et entre les pouvoirs. Pour l'administrat[ion] de la justice criminelle, le tribunal fédéral est divisé en *chambre des mises en accusation, chambre d[es] affaires criminelles et cour de cassation*.

CULTES
Tous les cultes sont libres, la plupart des hab. sont protestants, cependant les catholiques sont aussi tr[ès] nombreux ; ils ont à leur tête 5 évêques (Lucerne (Bâle), Coire, Saint-Gall, Lausanne, Sion (Valais). L'or[dre] des Jésuites y est interdit. Religieusement la Suisse se divise en 3 cant. protest., 8 cant. cathol. et 11 ca[nt.] mixtes.

INSTRUCTᴼᴺ PUBLIQUE
La Suisse compte plus de 7,000 *écoles primaires* dans ses 3,000 *communes*. *L'instruction est obligato[ire]* dans tous les cantons. L'enseignement moyen n'est pas négligé non plus. Pour l'enseignement supérieur, [il] y a des *universités* à Zurich, Berne et Bâle qui comptent env. 600 *étudiants* et 150 *professeurs* et des *acadé-mies* à Lausanne, Genève et Neuchâtel, avec des facultés de théologie, de philosophie et de droit, qui compte[nt] env. 500 *étudiants* et 50 *professeurs*. L'*école polytechnique fédérale*, fondée en 1855, est établie à Zurich. E[lle] a 50 *professeurs* et plusieurs centaines *d'élèves*, parmi lesquels beaucoup d'étrangers. 6 *séminaires* pour f[or-] mer des prêtres catholiques. *Tous les habitants savent lire et écrire*.

INTÉRIEUR — CANTONS
La Suisse est divisée en 22 *cantons* subdivisés en districts et les districts en communes. LES CANTONS ch[oi-] sissent eux-mêmes leur constitution. L'autorité fédérale les approuve et les rend exécutoires. *Les districts s[ont]* administrés par un préfet ou lieutenant assisté des conseils de districts, élus. *Les communes* sont admin[is-] trées par les conseils municipaux ou communaux élus, présidés par un chef, syndic, maire, amman ou préside[nt].

FINANCES — DÉPENSES — RECETTES — ACTIF — PASSIF — MONNAIES

DÉPENSES	FR.	RECETTES	FR.
Intérêts, etc.	1.695.450	Produits des capitaux et des immeubles.	295.3[..]
Frais d'administration	746.350	Intérêts de cap., d'exploit. et sub.	105.3[..]
Départements	5.255.893	Monop. et administ. (Postes 15.676.000,	
Adm4nist. spéciale (armée 12.096.064,		télégraphes 2.225.000).	41.068.[.]
Postes 14.855.100, télégraphes 2 222.000)	56.946.607	Recettes diverses.	20.8[..]
Total des dépenses ord.	42.622.000	Total.	41.487.4[..]

Les dépenses extraordinaires s'élevaient, en 1875, à 127.040 francs. — *Passif et actif de la confédération* 1875. *Passif* : 51.509.486 francs. *Actif* : 55.872.955 frncs.
MONNAIES. La Suisse fait partie de la convention monétaire conclue à Paris (1865). Le franc est divisé [en] 100 *centimes* ou *rappes*.

GUERRE — ARMÉE — DIV. MILITAIRE
Le *service militaire* est obligatoire pour tous les hommes valides entre 20 et 44 ans. L'ARMÉE se compo[se] de *l'armée régulière* (Bundesauzug), comprenant les hommes de 20 à 52 ans, et *de la landwehr*, comprena[nt] ceux de 55 à 44 ans. DIVISIONS MILITAIRES. L'armée est répartie en 8 divisions.

ARMÉE	régulièr.	landw.	total
États majors.	858	784	1.6[..]
Infanterie, 198 bat. fusiliers, 16 bat. tiraill. (dont la 1/2 régulière)	82.786	2.786	165.5[..]
Cavalerie, 48 escad. de drag., 24 comp. de guides (dont la 1/2 régulière).	5.492	5.492	6.9[..]
Artillerie, 48 bat. de camp., 2 bat. de mont., 10 comp. de position, 8 colonnes de parc, 8 bat. de train, 2 comp. artificiers	15.852	6.422	20.2[..]
Génie	5.144	5.144	6.2[..]
Corps sanitaires, administration, etc.	2.064	408	2.47[..]
Total.	106.446	97.056	205.19[..]

COMMERCE — CHEM. DE FER
Il n'y a pas de documents publiés sur *l'importation* et *l'exportation*. On importe surtout des céréales, du bétai[l], des matières premières pour différentes industries, etc. ; on exporte principalement des articles de soie, de coto[n], d'horlogerie et de bijouterie, des den-telles, des ouvrages de bois et de paille, du fromage, etc.
CHEMINS DE FER : En exploitation, 2.507 kilom., dont 64 appartiennent à des compagnies étrangères.

POSTES — TÉLÉGRAPHE
POSTES : Bureaux 844 dont 22 bur. étrangers ; 1.928 dépôts de lettres. Let-tres, 68 075.275. Journaux et échant., 65.258.225. Recettes nettes, 159.255 fr. TÉLÉGRAPHES : Bureaux de l'État, 1.002, de chem. de fer, 493, dont 141 au public. Lignes de l'État, 6.545, de ch. de fer, 527 : dépêches, 2.896.925.

VILLES PRINC. AVEC LEURS HAB. PAR MILLE
Berne 56, Genève 47, Zurich 21, Lau-sanne 27, La Chaux-de-Fonds 20, Saint-Gall 17, Lucerne 15, Neuchâtel 15.

SUPERFICIE | 41.401 k. c. (64 hab. par k. c.)

POPULATION
2.669.147 hab. dont 1.566,347 protes-tants, 1.084 369 catholiques, 11.435 d'autres cultes chr., 6.696 juifs. Selon l'origine 2.517.600 Suisses, 159.907 étrangers, dont 62.228 Français, 57.245 Allemands, 18.075 Italiens, etc. *Nais-sances* 86.918, MARIAGES 22.655, DÉCÈS 64.712 (1874).

	CANTONS	kil. carrés	Population	Hab. kil	Protest.	Catholiq.	Autr. S. chrét.	Israé[l.]
Cant. prot.	Appenzell (Rh. ext.)	261	48.726	187				
	Zurich	1.725	284.786	165	556.057	40.945	4.775	1.16[.]
	Vaud	5.225	251.700	72				
	Schaffhouse	500	57.721	126				
Cantons mixtes	Neuchâtel	808	97 284	121	84.554	11.548	951	67
	Berne	6.889	506.465	74	456.504	66.015	2.716	1.40[.]
	Glaris	791	33.150	308	28 258	6.888	7	1[.]
	Bâle (Ville)	37	47.760	120	34.457	12.501	496	500
	Bâle (Campagne)	422	54.127	128	43.515	10.215	228	15
	Thurgovie	988	93.500	84	69.251	25.454	551	8[.]
	Grisons	7.183	91.782	15	51.887	39.845	35	1[.]
	Argovie	1.405	198.875	142	107.705	89.180	419	1.54[.]
	Genève	283	93.259	330	45.659	47 868	771	961
	Saint-Gall	2.019	191.015	95	74.575	160.060	190	19[.]
Cantons catholiques	Fribourg	1.669	110 852	66	16.819	95.951	15	47
	Soleure	785	74.715	95	12.448	62.072	101	92
	Zug	239	20.995	88				
	Lucerne	1.501	132.558	88				
	Unterwalden	475	11.415	50	7.154	464.204	162	174
	Schwitz	908	47.705	55				
	Appenzell (Rh. int.)	159	11.909	75				
	Valais	5.247	96.887	18				
	Uri	1.076	16.107	15				
	Tessin	2.818	119.619	42				

TABLE ADMINISTRATIVE

TURQUIE D'EUROPE (C. CONSTANTINOPLE)

(EMPIRE)

SITUATION ASTRONOMIQUE	CLIMAT
39° — 48° 20' lat. N. 13° 24' — 27° 20' long. E.	Entre les montagnes règne le climat le plus doux ; le pays abonde en vallées délicieuses et en plaines très-fertiles.

GOUVERNEMENT — CHEF DE L'ÉT. — POUV' EXÉCUT. — DIVAN.

CHEF DE L'ÉTAT : Abdul-Hamid-Khan, Sultan (Padichah), né en 1842, avénem. 1876. Le Sultan, qui est en même temps *émir* et *moumeneur* (chef des croyants), exerce d'une manière absolue le POUVOIR EXÉCUTIF sans autre règle de conduite que le Coran et les traditions de ses ancêtres. La succession au trône a lieu par ordre de primogéniture masculine parmi tous les princes du sang. Après le sultan, les deux personnages les plus importants sont le *cheik-ul-islam* (ancien de l'islam) ou *grand mufti*, qui préside les cultes et la justice, (le corps des ulémas) et le *sadrazam* ou *grand vizir* placé à la tête de l'administration générale et assisté par un conseil des ministres ou *mouchirs*, composé de 10 membres. *Le kislar agasi* (chef des eunuques noirs), qui est à la tête de la direction du harem impérial, est aussi l'un des grands dignitaires de l'empire. Le grand vizir et le grand mufti font partie du DIVAN ou conseil privé des ministres. Plusieurs conseils permanents préparent les projets d'ordonnance qui ressortissent aux divers *ministères*. Ce sont : le conseil de l'instruction publique, le conseil supérieur de la guerre, le conseil de l'intendance et de l'artillerie, le conseil de l'amirauté, la cour des comptes, le conseil des contributions indirectes, le conseil des travaux d'utilité publique, le conseil des mines, le conseil de la police, le conseil des fabriques militaires.

JUSTICE

Le conseil suprême de justice ou grand conseil siége immédiatement après le divan. Il est divisé en trois fonctions : législation, administration et justice. Les juges (ulémas) ont pour supérieur immédiat un *cazi-asker* (grand juge) et se divisent suivant la hiérarchie en *mollahs, cazis* (cadis) et *naïbs*.

CULTES

La religion de Mahomet (l'islam) est celle du pays ; les autres cultes sont tolérés. La religion est surveillée par le *cheik-ul-islam* et par les prêtres (*imans*), qui comprennent les *cheiks* ayant pour devoir la judicature ; les *khatibs*, qui récitent les prières officielles, et les *imans* proprement dits, qui célèbrent les mariages et les enterrements. A la tête de la religion catholique grecque est un patriarche résidant à Constantinople, pour la religion catholique romaine, un *patriarche* à Constantinople et 2 archevêques à Antivari et à Durazzo.

INTÉRIEUR — VILAYETS

La Turquie d'Europe se divise en 7 vilayets (provinces), en outre Lemnos, Imbros, Samothrace, Astypalæa constituent avec Rhodes et les îles du littoral de l'Anatolie un huitième *vilayet*. Constantinople et sa banlieue forment un district dépendant du ministère de la police. Le vilayet se divise en *moutesoriflicks* ou *sandjaks*, ceux-ci en *kazas* (cantons) et les *karas* en *nahiés* (communes). Chaque vilayet est administré par un *vali* (gouverneur général) assisté d'un conseil permanent et dont une partie des membres sont élus par les populations. Chaque *sandjuk* est administré par un *caimacan* assisté d'un *conseil ;* chaque kazas par un *mudir* assisté de même par un *conseil de notables* nommés par le *vali*. Les *nahiés* sont administrés par des chefs qu'élisent les notables (*mouktars, kodjahbachis*.) Les pays tributaires sont : la SERBIE, l'EGYPTE, TUNIS, TRIPOLI et SAMOS.

FINANCES — DÉPENSES — RECETTES — DETTE — MONNAIES.

DÉPENSES		RECETTES	
Dette publique	334.558.076	Contributions directes	92.391.250
Dotations, etc. (liste civ. 30.099.487). . .	45.009.430	— ind . .	379.555.650
Affaires étrangères . .	3.938.500	Recet. (forêts 3.575.000, mines 4.050.000, télégraphes 3.656.250, postes 1.350.000. . .	
Intérieur	66.009.937		
Justice.	10.776.825		46.520.550
Finances.	43.736.757	Tributs	18.598.700
Guerre et marine. . .	123.815.475		
Commerce, etc.	2.522 925	Total	556.866.150
Instruction publique.	2.258.733	DETTE PUBLIQUE. .	5.500.000.000
Travaux pub. (postes et télég., 9.616.500)	17.679.037		
Total	650.305.695		

MONNAIES. *Or :* pièce de 500 piastres = 113 f. 92. Pièce de 250 p. appelée *medjidié d'or* ou juslik, de 50 p., de 25 p. en proportion. *Argent : Medjidié d'argent* ou *ghiumech* de 20 p. = 4 f. 44, pièces de 10 (*onlik*) de 6 (*attelik*) de 5 (*bechlik*) de 2 (*jekilik*) de 1 et de 1/2 piastres en proportion. La piastre d'or ressort donc à 0 f. 22,78 et la piastre d'argent à 0 f. 22 c. 18. Livre turque à 100 p. = 22 f. 78.

GUERRE — ARMÉE — DIV. MILITAIR.

L'ARMÉE se compose de l'*armée régulière* (nizam), des *troupes régulières* et des *troupes auxiliaires*. LE SERVICE EST OBLIGATOIRE pour tous les mahométans, qui seuls peuvent servir dans l'armée ; les sectateurs des autres religions payent une contribution de 150 à 250 fr. par tête, mais ils sont obligés de servir dans la marine s'ils sont appelés. L'*armée régulière* comprend 46 régiments d'infanterie, 45 bat. de tirailleurs, 26 régiments de cavalerie, 8 régiments d'artillerie et 1 corps du génie. Il y a en outre 6 régiments d'artillerie de forteresse, 2 brigades d'artillerie de côtes, 6 bat. d'artillerie indépendante, 17 sect. d'artillerie locale et 1 corps d'ouvriers d'artillerie. *Troupes irrégulières :* 16 régiments de gendarmes (Bachi-Bozouks). *Troupes auxiliaires* ou contingent de province. En temps de paix l'armée régulière se compose de 100.000 hommes et 26.000 chevaux ; en temps de guerre l'armée régulière compte 204.000 hommes. 1" réserve (idatyal) 106.000 hommes, 2° réserve (iédif) 24.000 hommes, gendarmes 32.800, hiyade 120.000. Total 486.400 hommes. Troupes irrégulières et auxiliaires ensemble 100.000 hommes.

DIVISIONS MILITAIRES. L'armée se partage en 7 corps d'armée, dont 3 cantonnés en Europe (Constantinople, Choumla, Roumélie).

MARINE

LA MARINE DE L'ÉTAT se compose de 115 vapeurs avec 1.600 canons dont 19 navires blindés avec 120 canons, 17 navires à hélices avec 640 canons. Environ 35 navires à voiles en bois. *Equipage :* environ 6.000 matelots en temps de guerre. Infanterie de marine 1 régiment et 2 régiments d'ouvriers.

MARINE MARCHANDE : 224 navires à voiles jaugeant 34.700 tonnes et 9 vapeurs à 3.050 tonnes.

COMMERCE — CHEM. DE FER — TÉLÉGRAPHES — POSTES — POIDS ET MES. — PORTS

Il n'y a pas de données exactes sur le commerce.

IMPORTATION : Objets manufacturés, confectionnés, etc.

EXPORTATION : Céréales, coton, fruits, vin, tabac, miel, essence de rose, soie, maroquin, garance, etc.

CHEMINS DE FER : En exploitation 1.530 kil.

TÉLÉGRAPHES : Bureaux 399, lignes 28.035 kil., dépêches 910.130, recettes nettes env. 2.000.000 fr.

POSTES : Bureaux 429 ; en outre la France, la Grande-Bretagne, la Russie, l'Allemagne, l'Autriche-Hongrie, la Grèce et l'Egypte entretiennent des bureaux à Constantinople.

POIDS ET MESURES : (Le système métrique) — Voir page 84).

PORTS : Constantinople, Salonique (Silanik), Rodosto, Varna.

VILLES PRINC. — A LEURS HAB. — EN MILLE.

Constantinople 600, Adrianople 150, Salonique 75, Séraïevo 50, Philippopolis 45.

SUPERFICIE

365.300 k. carrés (23 hab. par kil. carré).

POPULATION

8.477.214 habitants, dont comme religion 3.600.000 mahométans, 4.800.000 chrétiens et 75.000 juifs ; comme nationalité 3.732.300 Slaves, 2.210.800 Turcs, 1.229.200 Albanais, 1.024.200 Grecs, 199.600 Roumains. — *Tout l'Empire :* 21.618.814 hab., sans compter les pays tributaires.

TABLE ADMINISTRATIVE		
VILAYETS	k. car.	CAPITALES
EDIRNEH ou ADRIANOPLE	68.000	ADRIANOPLE.
DANUBE ou TOUNA	86.000	ROUSTCHOUK.
SALONIQUE ou SELANIK	52.000	SALONIQUE.
MONASTIR et PRISREND	53.000	MONASTIR.
BOSNA SERAÏ (BOSNIE)	61.000	SERAJEVO.
JANINA (EPIRE ET THESSALIE)	36.000	JANINA.
CRÈTE ou CANDIA.	7.800	LA CANÉE.
ILES EUROP. DU VILAYET DE L'ARCH.	1.200	DARDANELLES.
CONSTANTINOPLE ET SA BANLIEUE. . .	300	

ASIE

SITUATION ASTRONOMIQUE

1° — 78° latit. N. — 23°,40'; — 172° longit. O.

DIVISIONS

L'Asie comprend : la CHINE, le JAPON, les INDES, l'IRAN, le TOURAN, l'ARABIE, la TURQUIE d'ASIE et la RUSSIE D'ASIE.

BUDGET

DÉPENSES. . . . . 2.185 millions de francs.
RECETTES. . . . . 2.218 millions de francs.
DETTE. . . . . 7.932 millions de francs.

COMMERCE

IMPORTATION . . . . 2.376.2 millions de francs.
EXPORTATION . . . . 2.910.4 millions de francs.

TÉLÉGRAPHES

LIGNES. . . . . 39.965 kilomètres.

CHEMINS DE FER

LIGNES. . . . . 12.302 kilomètres.

SUPERFICIE

44.782.900 kilomètres carrés (18.4 habitants par kilomètre carré).

POPULATION

824.548.500 habitants.

CHINE

(ROYAUME)   (CAP. PÉ-KING)

SITUATION ASTRONOMIQUE	20° — 50° lat. N. 70° —130° long. E.	CLIMAT	Température moyenne à Pékin +12°, à Canton 21°, + au nord de la Chine, la température est à peu près la même que celle de l'Allemagne du Nord.

GOUVERNEMENT — CHEF DE L'ÉTAT — SECRÉTARIAT D'ÉTAT — CONSEIL DE L'EMPIRE — MINISTÈRES.
CHEF DE L'ÉTAT. Kvang-si, de la famille Tsing, né en 1872. La monarchie est héréditaire et absolue. Les deux premiers corps de l'Etat sont : le *Secrétariat d'Etat* (Nei-Ko) et le *Conseil de l'Empire* (Chun-chi-chu). Le Secrétariat d'État se compose de 6 grands dignitaires dont 3 Mandchous et 3 Chinois. Les 4 membres supérieurs (2 Mandchous et 2 Chinois) ont le titre de « Secrétaire d'Etat actuel », les 2 autres membres ont le titre de « Sous-Secrétaire d'Etat. » Le Conseil de l'Empire. Le nombre des membres de ce Conseil n'est pas limité. Il se compose des princes impériaux, des secrétaires d'Etat, des présidents des ministères.
6 MINISTÈRES ou Départements exécutifs, présidés chacun par 2 présidents et 4 vice-présidents. Ils sont subordonnés au Secrétariat d'Etat ou au Conseil de l'Empire; les 6 ministères sont : *les ministères de la justice, des cultes, de l'intérieur, des finances, de la guerre, des travaux publics.* En dehors de ces 6 ministères, sont : le ministère des colonies, l'office des Censeurs, l'office de l'Académie de Pé-king, le ministère de la famille impériale, de la maison impériale et l'office des affaires étrangères qui sont du ressort des 10 premiers corps de l'Etat.

JUSTICE.
Les liou-pou au nombre de 6 (tribunaux supérieurs) à Pé-king. Outre ces tribunaux, il existe le tribunal des affaires étrangères et coloniales, le tribunal de censure et le tribunal chargé de surveiller les tribunaux et les fonctionnaires. Ils sont indépendants des liou-pou.

CULTES.
La religion dominante est le bouddhisme (Fo). La religion du philosophe Lao-Tscu possède beaucoup d'adhérents. On compte aussi quelques centaines de milliers de chrétiens.

INTÉRIEUR — PROVINCES.
La Chine proprement dite se divise en 18 provinces, les provinces se divisent en *fou*, les fou en *tchou* et les tchou en *hien*. Les 18 provinces sont gouvernées par 8 gouverneurs généraux et 15 gouverneurs. Après ces dignitaires, les directeurs d'impôts provinciaux et les juges supérieurs provinciaux sont les plus hautes autorités.

FINANCES — DETTE — MONNAIES.
On ne peut obtenir rien d'authentique sur les revenus de l'Etat qui s'élèvent à environ 1.150 millions de francs.
DETTE PUBLIQUE. Le montant des dettes intérieures n'est pas connu en Europe. En 1874, le gouvernement chinois a émis le premier emprunt extérieur, s'élevant à 15.691.875 fr., au taux de 95 et portant 8 0/0 d'intérêt. Cet emprunt est garanti par les recettes de la douane.
MONNAIES. Le seul numéraire qui soit d'un usage général en Chine est une petite monnaie faite d'un mélange de cuivre, de plomb, d'étain et de toutenague (zinc chinois) qui ne vaut environ que le douze centième d'une piastre estimée 6 fr. (soit 2 centimes). Cette monnaie s'appelle en chinois *lé, li* ou *zin*, ou plus généralement *tsien*, en anglais *cash*, en allemand *pitje* et en français *sapèque*.

TABLE ADMINISTRATIVE POUR LA CHINE PROPREMENT DITE

PROVINCES	POPULAT.	KIL. C.
PETCHILI	36.880.000	148.350
CHANTOUNG	29.530.000	139.280
CHANSI	17.057.000	170.850
HONAN	29.070.000	173.350
KIANGSOU	59.647.000	105.960
NYANPOEI	36.597.000	139.880
TZIANGSI	26.514.000	177.660
TOU-KIANG	22.800.000	118.520
TIHE-KIANG	8.100.000	92.580
HOUPÉ	28.584.000	179.950
HOU-NAN	20.049.000	215.550
CHEN-SI	10.310.000	210.340
KAN-SOU	19.513.000	674.920
SZE-TCHOU-AN	35.000.000	479.270
KOUANG-TOUNG	20.152.000	233.730
KVANG-SI	8.121.000	201.640
YUX-NAN	5.824.000	529.760
KOUEÏ-TCHOU	5.679.000	172.900
ILE DE HAINAN	2.500.000	36.200
ILE DE FORMOSA	3.020.000	58.800
TOTAL	404.947.000	4.057.290

GUERRE — ARMÉE — DIVISIONS MILITAIRES.
L'ARMEE comprend 24 bannières (régim. de la garde), composées de :

8 bans mandchouriens de 80 comp. (la comp. a 80 hommes).		25.600
8 — mongoliens de 15 comp.	—	4.800
8 — chinois de 30 comp.	— —	9.600
4 troupes de ligne (chacune des 18 provinces fournit en moyenne 3.500 hommes).		650.000
Cavalerie mongolienne (ne fait le service qu'en cas de guerre).		30.000
	Total	700.000

DIVISIONS MILITAIRES. L'administration militaire de chaque province est dirigée par un général chinois; dans quelques provinces il y a encore un général tartare d'un grade plus élevé que le général chinois, mais d'une autorité moindre.

MARINE.
MARINE DE L'ETAT. 826 bâtiments et chaloupes avec 3.600 can. env.
MARINE MARCHANDE. 8.000 navires jaugeant 616.000 tonnes.

TRAVAUX PUBLICS — POSTES — TÉLÉGRAPHES — CHEM. DE FER — CANAUX.
POSTES. A Pé-king et dans les ports ouverts aux étrangers on a accepté le système européen, mais pour la Chine inférieure on a encore les commissions des postes par les facteurs seulement.
TELEGRAPHES. Les ports de Shang-haï, de Canton, d'Amoï et de Fou-tchcou sont reliés à l'Asie et à l'Europe par les lignes de la grande Compagnie des télégraphes du Nord à Copenhague.
CHEMINS DE FER en exploitation, de Shang-haï à Kongwan, 8,5 kilomètres.
CANAUX. La Chine a des milliers de canaux établis entre les fleuves navigables. Le canal impérial, qui est le premier canal du monde, a une longueur de 2.000 kilomètres environ, et sa largeur est de 60 à 300 mètres.

COMMERCE — IMPORTATION — EXPORTATION — POIDS — MESURES — PORTS.
IMPORTATION. Environ 640 millions de francs (opium, marchandises de coton, de laine. etc.).
EXPORTATION. Environ 620 millions de francs (thé noir, thé vert; poussière de thé, soie brute, soieries, sucre, etc.).
POIDS ET MESURES. Mesures de poids : Shih ou pierre = 72.575 kilog., picul ou tan = 60.479 kil., kuin = 18.144 kil., Yin = 1.210 kil., cally ou kin = 604.790 grammes, taël ou liang = 57.799 gr., chic = 1.595 gr. lui = 0.157 gr., kernel ou shu = 0.157 gr.
Mesures de longueur : L'unité des mesures de longueur est le *chih* (on a plusieurs espèces de chih. Les rapports ci-dessous ont été fixés par le gouvernement. *Yin* = 55.5 mètres, *chang* = 3.55 m., *chih* = 3.55 mill), *tsun* ou *punto* = 3.55 mill, *tou* ou *yih-lih* = 3.55 mill.
Mesures de capacité. *Ping* = 824.8 litres, *yu* = 164.96 l., *chih* ou *sei* 103.1 l., *tu* = 65.90 l., *Hoh* on *hurih* = 51.55 l., *tou* ou *téou* = 10.31 l., *shing* = 1.03 l., *koh* ou *oh* = 0.103 l.
PORTS. Les principaux ports, ouverts aux étrangers, sont au nombre de 13 : Shang-haï, Canton, Kan-Keou, Ning-po, Fou-Tcheou, Tien-tsin, Sva-tao, Tching-Kiang, Kiou-Kiang, Amoï, Tche-Fou, Niou-tchouang et Takao.

VILLES PRINCIPALES AVEC LEURS HABITANTS EN MILLE.
Pé-king 1.300 habitants (dont 800.000 Tartares, 400.000 Chinois, 100.000 hommes en garnison). *Canton* 1.200, parmi les habitants de cette ville, un grand nombre habite sur le fleuve, on compte à peu près 12.000 bateaux servant d'habitation. *Sou-tchou-fou* 2,000 ; cette ville, située sur le canal impérial, « la Venise de la Chine », est la ville du bon ton, de l'élégance, des amusements raffinés, des meilleurs théâtres et du plus fin langage. *Tihan-tchau-fou* 1.000. *Tching-tou-fou* 1.000. *Sin-gan-fou* 1.000. *Tien-tsin* 900. *Nangkin* 600, ancienne capitale, est encore une ville très-importante. *Ning-po* 300. *Amoï* 300. *Takao* 200. *Mukden* 170. *Sva-tao* 120. *Victoria* 100, sur l'île Hong-Kong, est une ville anglaise. *Macao* 90, ville portugaise. *Lhassa* 80, capitale du Thibet. *Ourga* 70, capitale de la Mongolie. *Shang-haï*, port de mer profond, est la plus grande ville commerciale de la Chine et une des plus grandes du monde. Parmi ses habitants on compte 7.500 Européens et 2.000 Américains.

SUPERFICIE.
SUPERFICIE. 10.290.500 kilomètres carrés (Chine proprement dite 4.037.590 kilom. carrés, Mandchourie 950.000 kil. c., Mongolie 3.577.300 kil. c., Thibet 1.688.000 kil. c., Corée 236.784 kil. c.). — (41 habitants par kilomètre carré.)

POPULATION.
POPULATION. 433.447.000 habitants (Chine proprement dite 404.947.000 hab., Mandchourie 12.000.000 d'hab., Mongolie 2.000.000 hab., Thibet 6.000.000 hab., Corée 8.500.000 hab.)

(EMPIRE) INDE (CAP. CALCUTTA)

SITUATION ASTRONOMIQUE 8° — 35° lat. N. et 76° — 96° long. E.

CLIMAT Climat des tropiques dans le Bengale, sur les bords du Gange et de l'Indus et sur le littoral. Climat tempéré à la base des montagn. Clim. des pôles dans le Ht Himalaya.

GOUVERNEMENT — CHEF DE L'ÉTAT

CHEF DE L'ÉTAT. Victoria Ire, impératrice des Indes, reine de la Gde-Bretagne et d'Irlande. Lord Lytton, vice-roi et gouverneur général de l'Inde, nommé en 1876, est le chef de toutes les branches de l'administration. CONSEIL D'ÉTAT composé de 15 membres (8 choisis par la couronne et 7 par la cour des directeurs), élus pour 10 ans. CONSEIL DU GOUVERNEUR GÉNÉRAL composé du vice-roi, du commandant en chef et de 5 membres ordinaires. Les membres sont chargés des départements des Affaires étrangères, des Finances, de l'Intérieur, de la Guerre et des Travaux publics. LE CONSEIL DE PRÉSIDENCE DE BOMBAY composé du gouverneur, du commandant et de 2 membres. LE CONSEIL DE PRÉSIDENCE DE MADRAS composé du gouverneur, du commandant et de 3 membres.

JUSTICE

4 hautes cours de justice : Calcutta, Benarès, Bombay et Madras; ces grandes divisions sont subdivisées en provinces, administrées judiciairement par des commissaires et des juges provinciaux.

CULTES

La popul. se répartit entre les différents cultes: hindous, 140.000.000; mahométans, 41 mil[lions]; bouddhistes, 5 mil[lions], sikhs, 2.200.000; païens, 1.800.000 et chrétiens, 800.000. Le primat de l'Église est l'évêque de Calcutta.

INTÉRIEUR

L'État est partagé en 9 grandes régions administratives : les présidences de Madras et de Bombay, administrées par des gouverneurs; les régions du Bengale, de Punjab et du N.O., administrées par des lieutenants-gouverneurs, les provinces centrales, les provinces de Birmanie et de l'Oude, administrées par des commissaires généraux, et les provinces administrées directement par le gouverneur général.

FINANCES — DÉPENSES — RECETTES — DETTE — MONNAIES

DÉPENSES

Charges des recettes brutes (postes, 20.189.900 ; telégr. 10.800.725)	238.808.850
Intérêts de la dette	135.301.550
Administration, etc.	48.150.250
Justice	57.454.500
Ports	14.751.150
Agencespolit., pensions, fonds provinciaux	221.782.175
Armée	384.379.800
Travaux publics	168.848.525
Chemins de fer	4.597.075
Secours à la famine	55.946.500
Garanties aux Cies de chemins de fer	32.498.550
Total	1.362.515.725

RECETTES

Impôts	1.129.359.675
Monnaies	2.975.525
Postes	18.485.000
Télégraphes	7.166.975
Recettes diverses	63.594.050
Départem. de la guerre	24.711.125
— des trav. publ.	13.882.425
Chemins de fer	3.274.650
Total	1.263.249.425

DETTE

Dette consolidée	2.688.372.675
Dette non consolidée	194.798.975
Total	2.883.171.650

MONNAIES. (Voir Iles-Britanniques).

GUERRE — ARMÉE — DIVISION MILITAIRE

ARMÉE RÉGULIÈRE	off.	sold.
Infanterie de ligne	1.538	41.000
Cavaler. de ligne	225	5.670
Artiller. à cheval	117	2.190
Artillerie à pied	911	8.520
Total	2.791	55.380

ARMÉE IRRÉGULIÈRE Comprend env. 140.000 troupes indigènes, commandées par 4.700 officiers européens. DIVISIONS MILITAIRES : 3 grands districts militaires : Calcutta, Madras et Bombay, commandés par un général en chef et 2 lieutenants-généraux.

TABLE ADMINISTRATIVE

Gouv. Prés. et Prov.	Population
Prov. du Gouv. Gén.	7.831.547
Ajmire	426.258
Coorg	168.312
Berar	2.251.565
Mysore	3.055.412
Prés. de Bombay	14.042.597
Div. du Nord	5.269.262
Div. du Sud	7.043.011
Sind	1.750.323
Prés. de Madras	31.111.100
Distr. du Nord	6.794.900
Distr. Central	10.436.800
Distr. du Sud	14.079.400
Prés. du Bengale	64.647.885
Burdvan	7.286.960
Div. du présid.	6.544.460
Rayshahye	8.893.709
Cooc-Behar	1.045.941
Dacca	9.517.498
Chittagong	3.480.136
Patna	13.122.743
Bhaugulpore	6.613.558
Orissa	4.317.500
Chotac-Nagpor	3.825.580
Prov. d'Assam	2.207.450
Cooc-Behar	524.760
Assam	1.682.690
Prés. du Nord-Ouest	50.769.036
Meerut	4.973.190
Kamaon	743.170
Rohilhund	5.433.550
Aghra	5.038.156
Jhansie	934.747
Allahabad	5.466.116
Benares	8.178.147
Prés. de Punjab	17.596.846
Hissur	1.226.700
Delhi	1.920.912
Ambala	1.652.720
Jullundhur	2.464.020
Amritsur	2.743.880
Lahore	1.890.000
Ravalpindi	2.197.000
Mooltan	1.474.574
Derajat	991.255
Pechavur	1.035.785
Prés. d'Oude	11.220.747
Luchnow	2.583.019
Leetapore	2.603.426
Faizabad	3.584.130
Raï-Bardi	2.650.172
Prés. Centrale	9.066.010
Nagpoor	2.299.500
Jubbulpoor	2.446.110
Nerbadda	4.080.500
Chutteesgur	3.259.900
Birmanie Britann.	2.562.525
Arrakan	461.156
Pegu	1.524.422
Tenasserin	576.763
Total	191.507.070

POSSESSIONS PORTUGAISES

VILLES ET TERRITOIRES		habit.	kil. c.
Administrées par un Gouverneur général siégeant à Goa.	Goa, Salcete, Bandez.	474000	3750
	Damas, Diu (Ile).	55000	410
Total		527000	4160

RECETTES, env. 700.000 fr. DÉPENSES, env. 640.000. COMMERCE EXTÉR., env. 6 mill[ions]

POSSESSIONS FRANÇAISES

VILLES	habit.	k. c.
Pondichéry	153.000	290
Chandernagor	22.000	9
Karikal	92.000	150
Mahé	8.000	60
Yanaon	5.000	14
Total	260.500	503

(Administrées par un Gouverneur siégeant à Pondichéry.)

Tout le commerce extérieur, dont le total est de 20 millions fr. est concentré à Pondichéry et à Karikal.

CEYLAN, ANDAMAN, NICOBARES

SITUATION ASTRONOMIQUE. Ceylan, 6° — 9° 50' lat. N.; 77° 25' — 79° 32' long. E — Andaman et Nicobares, 6° 45' — 13° 40' lat. N.; 90° — 91° 55' long. E.

GOUVERNEMENT. — Les îles sont administrées par un gouverneur-commandant qui dépend directement du ministère des Colonies, à Londres.

INTÉRIEUR. — 6 prov. chacune administrées par un commissaire.

FINANCES. — Dép. 29 millions fr. Rec. 3 mill. fr. Dette, 16 mill. fr. Monnaie, poids et mesures. Voir l'Inde angl.

GUERRE. — Armée, 2.850 hommes.

COMMERCE. — Import. 159 mill. fr. Export 138 mill. fr. Chem. de fer, 132 kil. en ex[ploitation]

VILLES PR. II. P. M. — Colombo, 100; Point de Galle, 48; Jaffna, 35; Candy, 18.

SUPERFICIE. — 63.533 kilom. carré.

POPULATION. — 2.403.300 hab.

ÉTATS INDIGÈNES

Chacun dirigé par un *Rajah* (chef in[digène]) plus ou moins dépendant du gouvernement de l'Inde anglaise.

	habit.	kil. c.
Rampore	507.000	2.4
Téhrée	200.000	2.2
Bastar	297.000	»
Karond	108.000	»
Kairagurh	116.000	»
Nandgaon	133.000	»
Patna	90.000	»
Kavarda	69.000	»
Sonpoor	60.000	»
Raigurh-Barguh	51.000	»
Rondka et Sakteh	61.000	»
Sarangurh	45.000	»
Kanker	56.000	»
Bamra et Makray	56.000	»
Jummoo et Kachmire	1.521.000	206.
Patiala	1.586.000	14.
Bhavulpore	472.800	38.
Nabha	227.000	2.
Kapourthala	201.000	1.
Jeend	190.000	2.
Mandi	140.000	2.
Chamba	110.000	»
Sarmour (Nahan)	100.000	2.
Bussahir	90.000	6.
Hindur	70.000	1.
Furredcote	68.000	1.
Khalsia	62.000	
Kahlour (Belaspore)	60.000	
Keonthal	50.000	
Malerkotla	46.000	
Joubbal	40.000	
Souket	45.000	1.
Baroda	1.710.000	11
Kattyrar	1.476.000	54
Kolhapur	546.000	8.
Mahratta (Sud)	411.000	9
Koutch	409.000	16
Pahlanpoor-Agence	321.000	15
Mahikanta	511.000	10
Sattara	262.000	7
Cambay	175.000	
Savountvarree	152.000	2
Janyera	71.000	
Surat et Javar	49.000	2
18 pet. États Punjab	175.000	5
Travancore	1.262.000	17
Cohin	400.000	2
Poodookottah	515.000	2
Revakanta	282.000	19
Raypeepla	140.000	11
Sind	105.000	12
Nepal } indépendants	45.000	50
Boutan }	20.000	25
Total, env.	15 mill.	

INDE (SUITE)

TRAV. PUBL. — CHEM. DE FER — POSTES — TÉLÉGRAPHES — INSTR. PUBL.
CHEMINS DE FER. En exploitation, 10.625 kilom., dont 1.080 kilom. à l'Etat.
POSTES. Bureaux. 5.174 ; lettres, 85.000.000 ; journaux, 10.000.000.
TÉLÉGRAPHES. 25000 kilom. ; 221 bureaux ; 726.341 dépêches (dont 625.729 privées et 58.659 publiques).
Outre les trois Universités à Calcutta, Madras, Bombay et les Collèges sanscrits de Calcutta et de Bénarès, l'Inde compte 16,261 écoles qui reçoivent 662.557 élèves aux frais de l'Etat.

COMMERCE — IMPORTATION — EXPORTATION — POIDS ET MES. — PORTS
IMPORTATION. 895.000.000 (boissons, houille, drogueries, résine, huiles, sel, tissus, objets manufacturés).
EXPORTAT. 1.415.000.000 (riz, semences et fruits, thé, café, épices, sucre, soie, laine, peaux, opium).
POIDS ET MESURES. (Voir les Iles-Britanniques).
PORTS. Calcutta, Madras, Bombay, Sourate, Masoulipatam, Karatchi.

VILLES PRINC. AVEC LEURS HAB. PAR MILLE
Calcutta, 850 ; Bombay, 644 ; Madras, 400 ; Bénarès, 175 ; Patna, 160 ; Delhi, 155 ; Agra, 150 ; Allahabad, 144 ; Bangalobe, 143 ; Amritsur, 136 ; Rangoon, 97 ; Sourate, 80 ; Pouna, 80 ; Mysore, 60.

SUPERFICIE
2.430.260 kilom. carrés (env. 79 hab. par kilom. carré, dont prov. du Gouv. génér., 126.150 ; présid. de Bombay, 330.290 ; prés. de Madras, 567.100 ; prés. de Bengale, 518.120 ; prov. d'Assam, 92.260 ; prés. du Nord-Ouest, 209.550 ; prés. de Punjab, 264.170 ; prés. d'Oude, 62.090 ; présid. Centrale, 217.970 ; Birmanie britann., 242.580.

POPULATION
191.300.000 hab. (non compris les Etats-Fédéraux).

RUSSIE D'ASIE

SITUATION ASTRONOMIQUE
Caucase 39° 45' lat. nord, 58° 42' long. est. *Sibérie* 40° 63' lat. nord, 80° 188' long. est. *Asie centrale* 58° 52' lat. nord, 48° 84' long. est.

CLIMAT
Dans la Sibérie du Nord on a constaté jusqu'à 60° de froid, au sud de cet énorme pays le climat rappelle celui de l'Europe tempérée. Dans l'Asie centrale le climat est à peu près celui de la Perse et du Turkestan ; à Samarkand la température varie entre + 40° et 12°, avec une moyenne annuelle de 16°. Le climat du Caucase varie à chaque pas selon l'altitude et l'exposition des lieux habités. Tiflis a la moyenne annuelle de Rome ou de Valence ; mais les chaleurs sont plus fortes, les froids plus durs.

GOUVERNEMENT
LA LIEUTENANCE DU CAUCASE est gouvernée par un lieutenant de l'empereur. Le grand duc Michael Nicolaïevitch est chef de toutes les branches d'administration. LA SIBÉRIE et l'ASIE CENTRALE sont administrées par des gouverneurs généraux qui sont subordonnés au ministre de l'intérieur. (Voir la table.)

CULTES
La religion catholique grecque orthodoxe est celle des Etats ; mais tous les cultes sont libres. (V. Russie d'Europe.)

INTÉRIEUR
Les provinces du Caucase sont administrées par des gouverneurs civils.

FINANCES
Les dépenses et les recettes sont comprises dans celles de l'empire russe. MONNAIES : la monnaie russe est employée.

GUERRE
ARMÉE : *Caucase* 3,166 off., 104,581 hommes et 4.925 chev. en temps de paix, en temps de guerre 4.906 off., 255,511 hommes et 21.040 chev. *Sibérie et Asie centrale* : En temps de paix 921 off., 24,469 hom. et 538 chev. ; en temps de guerre 1,057 off., 58,700 hom. et 3,500 chev. Le Caucase forme une région militaire, la Sibérie et l'Asie centrale en forment 5. (Voir la table.)

COMMERCE — IMPORTATIONS — EXPORTATIONS — CHEM. DE FER — TÉLÉGRAPHES — POIDS ET MES. — PORTS
Les chiffres du commerce sont compris dans les chiffres du commerce de l'empire russe. Les principaux articles d'*importation* sont : thé, métaux fabriqués, tissus, objets manufacturés, etc. Les articles d'*exportation* sont : peaux, pelleteries, métaux, coton, soie, semences, etc. CHEMINS DE FER : *Caucase* 1,006 kil. en exploitation, 10 kil. en construction. En outre, il existe des communications par bateaux à vapeur, avec la mer Caspienne, le lac d'Aral et les grands fleuves navigables de Sibérie. TÉLÉGRAPHES : 12.757 kilom. POIDS ET MESURES : au Caucase on se sert des poids et mesures de la Russie, en Sibérie et en Asie centrale on se sert de ceux de la Russie et du Turkestan. (Voir Touran.) PORTS : *Mer Noire*, Poti ; *Mer Caspienne*, Bakou, Derbent ; *Mer Blanche*, Ochotsk, Nicolajevsk, Vladivostok.

ÎLES
(Voir la table).

SUPERFICIE
CAUCASE : 447,645 kil. carrés (11 hab. par kil. c.) SIBÉRIE : 12,495,410 kil. (0,5 hab. par kil. c.) ASIE CENTRALE : 3,581,168 k. carrés (1,4 hab. par kil. carré).

POPULAT.
CAUCASE : 4,895,552 hab., dont 2,072,059 catholiques grecs, 1,987,215 mahométans, 22,752 israélites, etc., etc. SIBÉRIE : 3,428.867 habitants, dont 2.956,827 catholiq. grecs, 61,059 mahomét., 11,941 israélites, etc. ASIE CENTRALE : 4.650,215 hab., dont 274.059 catholiques grecs, 5.016.502 mahométans, 3,596 israélites.

TABLES ADMINISTRATIVES

Lieutenance du Caucase

GOUVERNEMENTS	kil. carrés	habitants	hab. k.	RÉGIONS MILIT.	Villes princ., hab. p. mille
Stavropol	69.026	457 118	6.0		Stavropol, 21.
Kotnaw	95.087	672.224	6.8		Jeisk, 26.
Terek	60.798	485.257	7.9		Mosdok, 13.
Daghestan	29.840	448.299	15.0		Derbent, 15.
Sakatal	4.195	56.802	13.5		Jakataly, 0.5.
Tiflis	40.459	606.581	15.		Tiflis, 71.
Bakou	59.248	513.560	15.5	CAUCASE	Bakou, 15.
Elisabethpol	44.552	529 412	11.9		Elisabethpol, 16.
Erivan	27.650	452.001	16.5		Erivan, 14.
Kutaïs	20.707	605.691	29.2		Kutaïs, 12.
Soukhoum	8.628	70.701	8.1		Soukhoum-Kale, 2.
Tchernomozie	7.420	15.705	2.2		

Sibérie

GOUVERNEMENTS	kil. carrés	habitants	hab. k.	RÉGIONS MILIT.	Villes princ., hab. p. mille
Prov. du Littoral	1.890.676	43.520	0.02	SIBÉRIE ORIENT.	Nicolajevsk, 5.
— de l'Amour	449.500	22.297	0.04	—	Blagovechtchensk, 2.
Transbaïkalie	625.596	450.780	0.6		Nertchinsk, 4.
Irkoutsk	800.768	378.244	0.4	SIBÉRIE ORIENT.	Irkoutsk, 27.
Jakoutsk	3.929.195	231.977	0.05		Jakoutsk, 5.
Jénisseisk	2.571.428	572.862	0.1	SIBÉRIE ORIENT.	Krassnojarsk, 11.
Tomsk	852.172	838.756	0.9	SIBÉRIE OCCID.	Tomsk, 24.
Tobolsk	1.377.775	1.086.848	0.9	—	Tobolsk, 17.

Asie Centrale

GOUVERNEMENTS	kil. carrés	habitants	hab. k.	RÉGIONS MILIT.	Villes princ., hab. p. mille
Akmolinsk	545.340	581.900	0.7		Omsk, 27.
Sémipalatinsk	487.675	510.165	1.0	SIBÉRIE OCCID.	Sémipalatinsk, 10.
Tourgaï	525.636	558 802	0.6		
Ouralsk	566.405	546.715	0.9		Ouralsk, 11.
Sémiretchensk	402.205	559.550	1.3	TURKESTAN	Copal, 5. Tackent, 64.
Syr-Darja	429.050	955.200	2.2	TURKESTAN	Samarkand, 20. Djodchent.
Sabemchan	50.954	286.449	5.6		
Kouldja	71.215	114.557	1.6		
Amou-Darja	105.555	109.585	1.0		
Terr. Transcap.	527.069	275.000	0.8		
Ferghana	75.215	960.000	15.0	TURKESTAN	

INDO-CHINE OU PRESQU'ILE ORIENTALE DE L'INDE

	COCHINCHINE COLONIES FRANÇ. CAP. SAIGON.	CAMBODGE ROYAUME. CAP. PNOM-PENH.	MALACCA ÉTATS MALAYS & COLON. ANGL.	SIAM ROYAUME. CAP. BANGKOC.	BIRMANIE ROYAUME. CAP. AVA.	ANAM EMPIRE. CAP. HUÉ.
SITUAT. ASTR.	19°—12° lat. N et 102°—105° l. E.	10°—15° lat. N et 101°—104° l. E.	1°—5° lat. N et 90°—102° l. E.	4°—22° lat. N. et 76°—104° l. E.	19°—28° lat. N. et 91°—99° l. E.	10°—25° lat. N et 100°—107° l. E.
CLIMAT	La temp. varie entre +35° et +17°. À Saïgon la temp. moy. est +26°.	Le climat de la côte est le même que celui de Saïgon.	Malacca, située sur l'équateur a le climat des tropiques.	La température moyenne de Bangkoc est de +21° env.	La température moyenne est de +12° à +14° env.	La température moyenne est de +12° au N. et de +25° au S.
GOUV NEMENT	Le Gouverneur général est en même temps command. en chef de la division navale de l'Indo-Chine.	Le Cambodge est gouverné par un 1er et un 2e roi sous le protectorat de la France.	Le Gouverneur est command. en chef dans toutes les colonies de l'Indo-Chine. Les Malays sont des tribus nomades.	CHEF DE L'ETAT. Chula-Long-Karana Ier, roi. Le 2e roi est le premier dignitaire du royaume. La royauté est hérédit. Conseil d'Etat suprême (senabodi). Conseil des ministres (8 membres).	CHEF DE L'ETAT. Mung-Lon Ier, roi. Le gouvernement est entièrement despotique. Le roi est regardé comme un être supérieur et comme étant élu directement par Bouddha.	CHEF DE L'ETAT. Tu-Duc, né en 1817, empereur. Comme dans tous les Etats de l'Indo-Chine, le gouvernement est absolu.
CULTES.	Le bouddhisme est la religion dominante dans toute l'Indo-Chine, la langue sacrée est le *poli* qui a du rapport avec le sanscrit. On donne le nom de *talapoins* ou *p'ra* aux prêtres de cette secte. Les missionnaires catholiques ont converti un assez grande partie de la population.					
INTÉRIEUR	Le pays est divisé en 6 prov., chacune administrée par un commissaire, et en 20 arrondissements. Les provinces sont : Saïgon, Srien-Hoa, Mytho, Vinh-Long, Chaû-doc et Ha-tûn. POPULATION : 1.569.225 hab. sur 56 244 kil. carrés.	Le pays est administrativement partagé : Les provinces : [ror.] — du 1er roi... 790.000 ; du 2e roi... 74.000 ; de la reine-mère... 22.000 ; Diverses familles nomades. 12.000 } [k. c.] 85.861 Total... 898.000 | 85.861	4 possessions anglaises (straits settlement) administrées par des commissaires. [ror / k. c.] Singapore... 97.100 / 580 ; Penang... 61.800 / 274 ; Wellesley... 71.400 / 611 ; Malacca... 77.700 / 1.657. Total... 308.000 / 3.122. Malays indép.. 220.000 / 82.000. Total gén... 528.000 / 85.122	Le roy. de Siam est div. en 41 prov. Chac. est adm. par un gouv. portant le titre de *Phrava*, cons. de 1re cl. *Tinou-phrava*, conseil intime actuel, avec tit. d'Excell. Le peuple se div. en 3 catégor. : les sold., les gens de corvée, les tributaires, les clients des princes et les mandarins et enfin les esclav. *Tribus* : les Karians, les Lawas, les Kas et les Choms.	Sont regardées comme dépendantes de la Birmanie, les provinces de Bukhung, de Khamti et de Kn-qui dont les principales villes sont : Kiang-hung, Kiang-tung et Muang-la. Les divisions administratives sont peu connues, les grandes divisions géographiques sont : l'Ara au Birman, le Laos, le Mrc-lopchan et le Louachan.	L'empire d'Anam comprend : le Ton-Kin, la Cochinchine anamite et une partie, assez vaguement limitée, du pays des Laôs. Dans plusieurs cantons et surtout dans les montagnes vivent des tribus indépendantes, plus ou moins féroces et belliqueuses. On y distingue : les Mouis, les Manangs et les Layes, etc.
FINANCES — RECETTES, DÉPENSES, MONNAIES, POIDS ET MESURES	RECETTES. DÉPENSES. MONNAIES. Les monnaies, poids et mesures de France sont légalement en usage dans la Cochinchine française ; mais les indigènes se servent de leurs unités nationales qui se rapprochent des mesures chinoises.	RECETTES. Inconnues. DÉPENSES. Inconnues. MONNAIES et POIDS ET MESURES. La population se sert des monnaies, poids et mesures de la Chine.	RECETTES. 78 mill^r de fr. env. DÉPENSES. 74 — —. MONNAIES. On compte en piastres à 100 cents. La piastre = 5 fr. 37. POIDS ET MESURES. L'unité est le *bahar* = 3 piculs = 405 livres avoirdupois = 185 kilog.	On évalue les recettes du Trésor à 20 millions de fr. env. MONNAIES. L'unité est le *tical* ou *bat* qui vaut 5 f. 25. On compte égal^t en p^ros d'Esp. à 100 c° = 5 f. 57. POIDS et MES^s. 1 tical = 4 gr. 1 picul ou picol = 50 catties = 60 kilog. 1 catty = 20 laels = 80 ticals = 1 kilog. 21.	On évalue les dépenses à 132 millions env. MONNAIES et POIDS ET MESURES. On se sert des monnaies, poids et mesures de la Chine.	On évalue les dépenses à 160 millions env. MONNAIES. Le gouvernement tarife la piastre à 5 fr. 58 ; mais le comm. l'évalue 2 *kvan*, ce qui ne lui donne qu'une val^r de 2 f. 68. Auj. elle est peu estimée = 1 fr. POIDS ET MESURES. Sont les mêmes qu'en Chine.
GUERRE — ARMÉE, MARINE	ARMÉE : 4 régiments d'infanterie de marine, 1 escadron d'artillerie et 3 compagnies de génie.	ARMÉE. Chaque homme valide de 18 à 50 ans est tenu de servir dans l'armée en cas de guerre.	ARMÉE à Singapore { 917 h. (infanterie). 104 h. (artillerie). 940 h. (sap. et génie)	ARMÉE. 8.000 h. garde royale. En cas de guerre tout homme valide est tenu de servir. MARINE DE L'ETAT : 8 navires. MARINE MARCH^e. 76 nav., y comp. 3 vap. jaug. 27.647 tonn.	ARMÉE. 40.000 hommes env. MARINE. Depuis l'annexion du littoral de la Birmanie par les Anglais, il n'existe plus ni marine de l'Etat ni marine marchande.	ARMÉE. 100.000 h. env. MARINE DE L'ETAT. L'empereur a 5 navires à vapeur (18 can.) commandés par des officiers français. MARINE MARCHANDE. 120 navires au long cours.
COMMERCE — IMPORTATION, EXPORTATION	IMPORTAT. (1874) 5.400.000 f. (thé, boissons, chaux, papier, opium). EXPORTAT. (1874) 4.600.000 f. (poissons salés, lainages, soie, vin, riz).	Les articles principaux d'exportation et d'importation sont les mêmes que ceux de Birmanie.	IMPORTAT. 505 millions de fr. (machines, tissus, bijouterie, etc.). EXPORTAT. 282 millions de fr. (peaux, sucre, coton, tabac, maïs, riz, poivre, soie brute.)	IMPORTAT. 52 millions de fr. EXPORTAT. 42 — —. Pétrole, rubis, bois de sandal, chéniers, teck, riz, noix de coco, sucre, coton, poivre, bétel, etc.	IMPORTAT. 45 millions de fr. (métaux, sel, etc., etc.). EXPORTAT. 45 millions de fr. (riz, indigo, ivoire, bois, poudre de riz, etc.).	IMPORTAT. 36 millions de fr. environ. EXPORTAT. 52 millions de fr. environ, tapis, vernis, musc, sucre, soie, coton, riz, canelle, café, poivre, etc.
VILLES PRINCIP. HABIT. Pr MILLE	Saïgon 82 dont 700 européens environ, Beien-hoa 40, Bola 25.	Pnom-penh 15, Oudong 25, Angcor siège de l'anc. emp. des Kmers.	Singapore 100, Penang 50, Malacca 15.	Bangkoc 500, Ajuthia 60, Naphabouri, Luang 15.	Ava 70, Mandalay 40, Amarapura 50, Bhamu 10.	Hué 100, Kécho 200, Tourane 70. PORTS. Kin-gnôn, Gna-thang.
SUPERFICIE	56.244 kilom. carrés environ.	85.681 kilom. carrés environ.	85.122 kilom. carrés.	800.000 kilom. carrés environ.	246.000 kilom. carrés.	512.900 kilom. carrés.

IRAN

ÉTATS	PERSE (ROYAUME) (Cap. TEHÉRAN)	AFGHANISTAN (PADICHAH) (Cap. CABOUL)	BELOUTCHISTAN (KHANAT) (Cap. KELAT)
SITUATION ASTRONOMIQUE	25° — 40° lat. Nord. 42° — 60° long. Est.	30° — 38° lat. Nord. 59° — 72° long. Est.	2 — 30° lat. N. 60° — 67° long. E.
CLIMAT	Sur lés bords du golfe Persique, le climat est brûlant; plus l'on s'avance vers les montagnes, moins l'air est chaud. Au N. et à l'O. le climat est tempéré, l'hiver y est même quelquefois très-rigoureux.		
GOUV NEMENT CHEF DE L'ÉTAT	CHEF DE L'ETAT. Nassh-ed-Din, né en 1829. Roi portant le titre de Shahyn-Shah (Roi des Rois). La Perse est une monarchie héréditaire, absolue, gouvernée de la même manière que la Turquie, d'après une loi basée sur le Coran. — LE CONSEIL D'ETAT se compose : d'un président, du grand vizir et des ministres. Dans toutes les questions d'importance, il faut entendre l'avis du chef de l'État. — 9 MINISTÈRES : Les ministères de la justice, des cultes et des mines, des affaires étrangères et de la guerre, de l'intérieur et des finances, de la maison du shah, des postes, des travaux publics, du commerce.	CHEF DE L'ETAT. Chir-Ali, khan, émir de Caboul est regardé comme chef de l'Etat; cependant chaque khanat est gouverné par un khan (petit souverain tributaire) et a ses affaires entièrement séparées de celles du gouvernement de Caboul. l'Emir de Caboul, tout en ayant un pouvoir absolu, partage le pouvoir avec les grands du pays (aristocratie).	Le khan de Kélat régnant sur les familles nomades qui habitent le Béloutchistan est sous la suzeraineté anglaise, c'est-à-dire qu'il dépend du gouvernement de l'Inde anglaise.
CULTES	Les Persans sont mahométans de la secte d'Ali; ils s'appellent eux-mêmes *Tadjiks*, les autres les appellent *chiites* (sectaires). *Le Imam-Djouma* et *le Checkh-oul-Islam* ont une position officielle; mais le *Mouchtahid* est en vérité le chef de l'Eglise. Pour le culte catholique, on a 3 évêques : 2 à Ispahan, 1 à Téhéran. Les religions de Mahomet et la secte Sunna sont dominantes dans l'Afghanistan et le Béloutchistan.		
INTÉRIEUR PROVINCES INSTRUCT.PUBL	La Perse est divisée en provinces administrées par des gouverneurs qui dépendent directement du gouverneur de Téhéran. La Perse est composée des anciens royaumes : de Perse, de Carmanie, de Parthie, d'Hyrcanie, de Médie et de Susiane. — INSTRUCTION PUBLIQUE. Il existe un grand nombre de colléges entretenus par l'Etat. Une grande partie du peuple sait lire et écrire.	En dehors de Caboul, l'Afghanistan se partage en 6 khanats : Hérat, Kaffrestan, Badakchan, Sivistan, Maymene, Kahkod.	Le khanat de Béloutchistan est partagé en 7 provinces : Kélat, Sarovan, Djolavan, Kolch-Gaudava, Mikran, Lotsa ou Lous, Kôhistan.
FINANCES DÉPENSES RECETTES DETTE MONNAIES	DEPENSES, env. 45 millions de fr. (dont l'armée, 17.500.000; la cour royale, 10 millions; administration civile, 15.000.000. RECETTES, env. 48 millions de fr. (dont impôts directs, 38 millions; la douane, 5 millions; revenus des domaines, 5 millions. DETTE. Il n'y a pas de dette publique.	**MONNAIES** Or : 1 *toman* à 200 *schahis* ou à 1000 *dinars* = 11,57 fr. Pièces de 2 *tomans* et de 1/2 *toman* en proportion. Argent : 1 *sachib-kéran* ou *yck-hozar-dinar* à 20 *schahis* ou à 100 *dinars* . . . . = 1,04 fr. 2 *sachib-héran* en proportion. 1 *banobat* à 10 *schahis* ou 500 *dinars* . . . . . = 0,52 fr. 1 *abassis* à 4 *schahis* ou à 200 *dinars* . . . . . = 0.21 fr.	
GUERRE ARMÉE	La durée du service est de 12 ans; le tirage au sort avec remplacement est introduit. ARMÉE ACTIVE. Env. 50.000 hommes : Infanterie. . . 18.000 (20 bat. de 800 h.) Cavalerie . . . 10.000 (dont 500 h. garde royale). Artillerie . . . 2.000 (dont 200 h. à chameaux. En cas de guerre, la Perse peut mettre sur pied : infanterie, 70 bataill.; caval. 50 à 60.000 hom. Total 250,000 hommes.	Il n'y a pas d'armée active, mais en cas de guerre le khanat de Caboul fournit env. 36.000 hommes à cheval, et les Etats tributaires environ 24.000. Total, 60.000 hommes.	Inconnu.
TRAV. PUBL. POSTES COMMUNICA-TIONS TÉLÉGRAPHES	Depuis quelques années on entretient entre les capitales et les autres villes les plus importantes une communication régulière par des *diligences de poste*. Le gouvernement persan s'occupe d'organiser les postes d'après le système européen. COMMUNICATIONS. On n'a pas encore de chem. de fer dans l'Iran. Les communications avec l'Europe se font par une ligne régulière de bateaux à vapeur, sur la mer Caspienne. C'est une compagnie russe (Kawkoï i mercun) qui entretient cette ligne; les bureaux sont : Ashabad, Ensdi, Bakou, Derbent, Astrakan et Nijni-Novgorod. TELEGRAPHES. Bureaux, 46; lignes, 3.966. Nombre des dépêches (1875), 675.000; recettes, 550 000 fr.		
COMMERCE IMPORTATION EXPORTATION PORTS	IMPORTATION : env. 25.000.000 fr. (tissus, verreries, papier, fer, cuivre, sucre, thé, etc.). EXPORTATION : env. 12.500.000 fr. (soie, peaux, tabac, tapis, châles, etc.). PORTS, *sur la mer Caspienne* : Ashabad, Ensdi; *sur le golfe Persique* : Beader, Boucher, Batina, Tcharak, Kamir, Bender, Albasi; ce dernier appartient au sultan d'Oman.	IMPORTATION: 24 millions de fr. env. (articles manufacturés). EXPORTATION : 28 millions de fr. env. (céréales, tabac, chevaux, pelleteries, châles, etc.).	IMPORT. 5 mill.ns de fr. env. (fabric. des métaux). EXPORT. 8 mill.ns de fr. env. (laine, peaux, indigo, chev., tabac). PORTS. Passoni, Summiam, Gwador.
POIDS ET MESURES	L'unité de poids en Perse est le *miscal* = 4,8 grammes. On fait usage de différents poids dont les valeurs varient suivant les localités : le *maund* ou *batman de Tabris*, ou *de Tauris* = 2,88 kil.; le *maund royal* ou *batman de Schahi*, de *Chiras* ou de *Rhest* = 5,76 kilog.; le *maund-reï* ou *batman-reï* = 30 livres russes = 12,28 kilog.; le *maund de Heschei* = 46,08 kilog. MESURES DE LONGUEUR. Ces mesures ont des valeurs très-difficiles à déterminer : le *guz* = 2 pieds; 1 pied = 24 doigts; 1 doigt = 7 grains d'orge; 1 grain d'orge = 7 crins de cheval. Le *farsang*, mesure itinéraire = 5,55 kilom. MESURES DE CAPACITÉ. Les grains et les liquides se vendent généralement au poids. On fait cependant usage de *l'artaba*; il égale 65,23 litres.		
VILLES AVEC LEURS HAB. PAR MILLE	Téhéran, 110; Tabris, 180; Barfrouch, 80; Méched, 70; Ispahan, 60; Hamadan, 50; Kachan, 50; Yezd, 40; Ashabad, 40; Recht, 40; Sari, 40; Kirmanchah, 30; Urumia, 50; Sinah, 20; Bender, Albasi, 12.	Caboul, 60; Koudahar, 50; Hérat, 85; Maymene, 40; Chulin, 40; Taïzabad, 24; Andchony, 15; Koundous, Balch.	Kélat, 12; Gondava, 10; Béla, 10.
SUPERFICIE	1.644.000 kilom. carrés (3 hab. par kilom. carré).	772.000 kil. c. (3 hab. par kilom. carré).	276.500 kilom. c. (4 hab. par k. c.).
POPULATION	6.500.000 habitants.	4.500.000 hab.	1.000.000 hab.

PROVINCES les plus importantes de la Perse avec leurs chefs-lieux : *Khorassan*, Mechhed; — *Téhéran*, Téhéran; — *Azerbeidjan*, Tauris; — *Ispahan*, Ispahan; — *Fars*, Chiras; — *Mazendéran*, Sari; — *Guilan*, Recht; — *Kermanchah*, Kermanchah; — *Hamadan*, Hamadan; — *Kerman*, Kerman; — *Yezd*, Yezd; — *Arabistan*, Chonchter; — *Astérabad*, Astérabad; — *Chahroud-et-Bostám*, Bostám; — *Kurdistan*, Sinna; — *Bouronjird*, Bouronjird.

JAPON

(EMPIRE) — (CAP. MIAKO et YEDO)

SITUATION ASTRONIQUE	30° — 45 lat. Nord. 128° — 145 long. Est.
CLIMAT	Temps moyen + 15° env. Le climat de Yéso est à peu près le même que celui de l'Écosse, et celui de Liou-Kiou rappelle le climat de la Sicile.

GOUVNEMENT — CHEF DE L'ÉTAT — POUV. SUPRÊME. CHEF DE L'ÉTAT. Mouts-Hito, mikado (empereur), né en 1852, avénement 1867 ; Harou-Ko, impératrice, née en 1850). LE POUVOIR SUPRÊME appartient au chef de l'État. Les affaires de l'État sont dirigées par Daidjookan ou Shoin (Conseil d'État), composé de 5 présidents et de 15 membres, dont les 10 ministres actuels. LE GENROIN (Sénat) comprend les princes du sang impérial, les princes médiatisés et d'anciens grands dignitaires. 10 MINISTÈRES : *Les ministères de la justice, des cultes, de l'instruction publique, des affaires étrangères, de la maison impériale, de l'intérieur, des finances, de la guerre, de la marine, des travaux publics.*

JUSTICE. La Cour suprême de justice est le *Taïchinin* (cour de cassation), formé par des juges supérieurs.

CULTES. Les religions dominantes sont le *bouddhisme* et la religion de *Shintos*. On compte env. 160.000 chrétiens.

INSTRUCTION PUBLIQUE. L'instruction est généralement répandue dans tout le Japon, et depuis quelques années elle a fait de grands progrès. Les écoles primaires publiques se sont rapidement établies, principalement dans les villes ; mais le mouvement n'est pas aussi marqué dans les provinces de l'O. et sur les côtes que dans l'intérieur. Pour faciliter l'étude des langues, par ordre du mikado, plusieurs professeurs européens ont été engagés, et un grand nombre d'étudiants ont été envoyés en Europe et en Amérique.

INTÉRIEUR. Les îles nombreuses (env. 5.850) qui forment l'empire du Japon sont divisées en 3 FOU (districts résidentaux) Miako, Yédo, Osaka ; 72 *keri* (préfectures) et 717 *rori* (sou-préfect.) ; l'île Yeso et les Kouriles ont une administration qui dépend directement du Daidjookan.

FINANCES — DÉPENSES — RECETTES — DETTE — MONNAIES

DÉPENSES	FR.	RECETTES	FR.
Dette publique	23.446.555	Impôts	352.874.684
Pensions et indemnités	96.148.976	Tribut du Han (Liou-Kiou)	274.017
Administration (marine, justice, trav. publ. intérieur, col.)	69.118.466	Revenus (chem. de fer, télégraphes)	9.745.466
Guerre	37.550.000	Monnaies	5.646.296
Instruction publique	9.180.000	Terres de l'État	682.857
Liste civile	5.150.000	Vente des biens de l'État	4.380.647
Administration provinciale	23.220.000	Sommes dues au gouvernement	16.405.751
Police	8.640.000	Recettes diverses	2.168.957
Entretien des établissements publics, temples, etc.	8.586.000	**Total**	**370.176.655**
Dépenses diverses (agents politiques, etc.)	48.249.912	DETTE : Dette intérieure	178.226.184
Mobilisation éventuelle de l'armée	27.000.000	Dette extérieure	78.196.926
Total	**136.249.889**	Papier-monnaie	4.778.090.622
		Total	**5.034.515.752**

MONNAIES

	Yen.	Sen.	Fr.		Yen.	Sen.	Fr.		Fr.
Or :	20	2000	103.35	Argent	1	100	5.40	Tael ou tail.	5.36.25
—	10	1000	51.66		0	50	2.70	Monmi ou mas	0.53.65
—	5	500	25.83		0	20	1.08	Pun ou condorin	0.05.26
—	2	200	10.34		0	10	0.54	Casche, sen ou rin	0.00.54
—	1	100	5.17		0	5	0.27	Focje ou mon	0.00.05

GUERRE — ARMÉE — DIVIS. MILITAIR

Depuis 1872, *le service est obligatoire* pour tous les sujets. La durée du service est de 5 ans dans l'armée active (yobigoune). Les soldats qui ont fini leur temps de service font partie pendant 4 ans de la réserve (kobigoune). La garde nationale (kokouningoune) comprend tous les Japonais âgés de 17 à 40 ans. L'armée du Japon se compose ainsi :

ARMÉE	INFANTERIE	CAVALERIE	ARTILLERIE	SAPEURS
Garde impériale	6 bataill.	2 escadr.	2 batteries	—
Ligne	32 —	1 —	5 —	—
Corps d'instruction	4 —	1 —	1 régiment	1 bataill.

En temps de paix, on compte 55.380 h. ; en temps de guerre l'effectif peut s'élever à 50.240 h. — DIVISIONS MILITAIRES. 6 gouvernements généraux : Yédo, Osaka, Kiousiou (siége du gouv. à Koumamotou), Nagoya, Hiroshima, et celui du Nord-Est (siége du gouv. à Senday).

MARINE — MAR. DE L'ÉTAT — MARINE MARCH.

MARINE DE L'ÉTAT. La flotte compte 21 navires, dont :

1 bélier cuirassé	5 canons		
2 corvettes cuirassées	60 —		
2 avisos	4 —	Total :	
6 canonnières	23 —	98 canons.	
2 transports désarmés	6 —		
2 — à voiles	»		

L'équipage est de 3.672 hommes, dont 272 officiers.

MARINE MARCHANDE

58 navires à vapeur, et 20.000 navires à voiles.

COMMERCE — POIDS ET MESURES — PORTS

IMPORTATION. 165 millions de fr. env. (coton, laine, riz, sucre, métaux, etc.).
EXPORTATION. 232 millions de fr. env. (soie brute, cocons, œufs de vers à soie, thé, cuivre, etc.).
Le commerce intérieur est concentré dans le port de Niigata. L'importation de cette ville est évaluée à env. 12 millions de francs et l'exportation à 10 millions.

POIDS	MESURES	MESURES DE SUPERFICIE
Kuran-me = 1.75 kil.	Sazi ou syak = 10 suns = 100 buns = [1000 rins	Pou ou ken. = 3.6 mèt. carr.
Kin ou livre = 280. gramm	Rane-sasi = 0.303 mèt.	Se = 109.5 —
Fyakmé = 175. —	Tsune-sasi = 0.379 mèt.	Tan = 10.9 ares.
Moumé = 1.75 —	Ken ou inck = 6 rane-sasi plus 3 suns = [1.9 mèt.	Tsyo = 109.5 ares.
Pun = 0.175 —	Zjoo à 2 ken = 3.818 mèt.	**MESURES DE CAPACITÉ**
Rin = 17.5 milligr.	Tsyo ou matsi = 114.5 mèt.	Kokou = 181.7 litres.
Mon = 1.75 —	Ri ou lieue = 4.1254 kilom.	To = 18. lit. Go = 0 18 lit. Syo = 1.8 lit. Syak. = 0.018 lit.

PORTS. Yedo, Yokohama, Hiogo, Nagasaki, Hakodadé, Niigata.

TRAVAUX PUBLICS

POSTES. 8 bureaux de poste centraux. Nombre de bureaux (1875), 5.200 ; lettres expédiées, 17.005.842.
CHEMINS DE FER. 3 lignes en exploitat. comprenant 105 kilom.
TÉLÉGRAPHES : 2.832 kilom.

VILLES PRINCIP. AVEC LEURS HAB. PAR MILLE. Yedo ou Tokio, 780 ; Miako ou Kioto, 570 ; Osaka, 550 ; Koumamotou, 500 ; Yokohama, 160 ; Kagosima, 150 ; Nagasaki, 100 ; Niigata, 80 ; Kanasava, 60 ; Hiogo, 50 ; Foyama, 50 ; Hakodadé, 25.

SUPERFICIE. 582.500 kilom. carr. (Japon proprem. dit, 296.700 ; les îles Liou-Kiou, 6.900 ; Yéso et les Kouriles, 99.200).

POPULATION. 54.225.000 hab. (Japon proprem. dit, 52.820.000 ; les îles Liou-Kiou, 166.000 ; Yéso et les Kouriles, 1.237.000). — (89 hab. par kilom. carré).

LA POPULATION SE CLASSE (EN 1872)

Grands daïmios (princes)	29
Petits daïmios (nobles)	2.666
Grands propriétaires	5.516
Militaires et marins	200.000
Prêtres et bouddha	212.000
— de Shinto	102.500
Agriculteurs	15.000.000
Industriels	1.204.000
Commerçants	1.510.000
Ouvriers	2.730.000
Enfants au-dessous de 14 ans	4.600.000
Personnes ayant plus de 60 ans	1.540.000

TOURAN

ÉTATS	TURKESTAN (ROYAUME) (CAP. YARKAND)	CHIVA (KHANAT) (CAP. CHIVA)	BOKHARA (KHANAT) (CAP. BOKHARA)
SITUATION ASTRONOMIQUE	36° 20' — 43° 45' lat. Nord et 55° — 72° long. Est.		
CLIMAT	L'été du Haut-Touran est torride, son hiver est très-froid. Bokhara et Chiva ont un climat qui rappelle celui de l'Égypte. On a constaté dans le Turkestan la température de + 40° de chaleur et — 35 à — 40° de froid.		
GOUVERNNT CHEF DE L'ÉTAT	CHEF DE L'ÉTAT. Mohammed-Yacub Bey Atalik-Ghazi de Turkestan. Tous les *khans* ou petits souverains à l'E. du Turkestan sont regardés, depuis 1865, comme gouverneurs des provinces et dépendants du chef de l'État.	CHEF DE L'ÉTAT. Sade, Khan. Depuis les opérations militaires de 1873, entre Chiva et la Russie, toutes les questions importantes sont contrôlées par le gouvernement russe.	CHEF DE L'ÉTAT. Seyd-Mozafar, émir. L'Etat de Bokhara est, comme le Turkestan, divisé en différents Khanats, et tous les khans reconnaissent la souveraineté du chef de l'État.
CULTES	La population du Touran, mélangé de Turcs et de Mongols, professe l'islamisme. Bokhara est un des centres religieux les plus fréquentés. Cette ville est aussi le siège des écoles réputées les plus savantes. Les tribus de Siad-Poche au S. O. sont hindoues.		
INTÉRIEUR	Le haut Turkestan est partagé en 7 provinces ou *khanats* : Yarkand, Kachgar, Khotan, Koutcha, Outch et Ak-Son. Elles sont administrées par des khans.	L'État de Chiva est partagé en Chiva proprement dit (sur l'Amou-Daria), les 2 oasis de Merv et de Sarachs (au S. O.) et les steppes de Karakoum.	Dans l'État de Bokhara on regarde comme provinces les territoires de Hissar, de Bokhara, de Karchi et d'Amou-Daijn.
GUERRE	Il n'y a pas d'armée active dans le Touran, mais en cas de guerre chaque khanat fournit un contingent d'hommes à cheval, environ 5 p. 0/0 de la population actuelle. On estime cette armée à 150.000 hommes environ pour le Turkestan ; 40.000 hommes pour le Chiva ; 70.000 pour le Bokhara.		
COMMERCE	IMPORTATION du Touran est évaluée à 90 millions de francs environ (manufactures, tissus, métaux). EXPORTATION à 120 millions env. (châles, pelleterie, peaux, turquoises, etc.). MONNAIES. Pièce d'or *tilla* = 21 tangas (pièces d'argent) = 16 fr. env. Le *tanga* = 50 *pullis* = 0 fr. 76. On compte en tangas à 50 pullis. — POIDS ET MESURES. Le *batman* = 127 kilog. L'*arch* = mèt. 06 Le *kar* = 3 *arch*.		
VILLES	Yarkand, 120.000 hab. ; Kachgar, 80.000 ; Khotan, 60.000 ; Koutcha, 60.000 ; Kargalik, 6.000 ; Posgam, 50.000 ; Ak-Son, 70.000 ; Iltchi, 40.000 ; Shaddula, 30.000.	Chiva, 50.000 hab. ; Koungrad, 8.000 ; Merv, 4.000.	Bokhara, 150.000 hab. ; Karchi, 30.000 ; Chir, Hissar, 20.000 ; Khitab.
SUPERFICIE POPULATION	1.691.500 kil. c. y compris les différentes tribus turcomanes. 2.750.000 hab.	57.800 k. c. y compris les familles nomades du S. O. 700.000 hab.	217.500 kilom. carrés. 229.000 habitants.

ARABIE

ÉTATS	OMAN (SULTANAT) (CAP. MASCAT)	HADRAMAOUT (Différents pays sur la côte Sud)	NEDJEB Au milieu de l'Arabie (CAP. ER-RYAD)
SITUATION ASTRONOMIQUE	12° 60' — 27° latitude Nord et 39° 58' long. Est.		
CLIMAT	On y rencontre les climats les plus opposés ; sur les hauteurs il fait un froid excessif, tandis que les plaines sont desséchées par le soleil le plus ardent. Il y a des contrées où il pleut 6 mois de suite ; d'autres où pendant des années entières on n'a d'autre pluie que la rosée.		
GOUVERNNT CHEF DE L'ÉTAT	CHEF DE L'ÉTAT. Saïd Turki, né en 1847, sultan de Mascat. Depuis 1872, le sultan exerce un pouvoir absolu sous la protection de l'Angleterre.	CHEFS DES ETATS. Les sultans de Ma-Kalla, Terim, Chcir et Sihout, sont des souverains indépendants et leur pouvoir est absolu et despotique.	CHEF DE L'ÉTAT. Ahmed ben Gheis, roi des Wahabites (peuples nomades). Sa suzeraineté est reconnue par les autres tribus qui ont leurs chefs particuliers (kaimaks).
CULTES	L'islamisme, qui a pris naissance en Arabie, y domine encore. La secte des Wahabites, qui a commencé le siècle dernier, professe une sorte de mahométisme réformé.		
COMMERCE MONNAIES POIDS ET MESURES	La valeur du commerce avec l'étranger n'est pas connue. L'importation comprend les métaux et les objets manufacturés. L'exportation comprend café, perles, chevaux, gomme, drogueries, etc. LA MONNAIE réelle se compose de piastres espagnoles et de thalers de convention. La monnaie de compte est une *piastre*, dont 1215 = 1000 piastres espagnoles, et qui vaut 4.45 fr. ; on la divise en 80 *kabik* ou *caveers*. POIDS : *Bahar* = 199.55 kilogr. ; *farcelle* ou *frezil* = 13.29 kilogr. ; *maund* ou *mon* = 1.59 kilog. *viaka* = 33 gr. MESURES DE LONGUEUR : La *guz* ou *guèze* = 635 millim., le *covido* ou *covid* = 483 millim. MESURES DE CAPACITÉ : Le *teman* ou *tommond* de riz contient 40 *kellas* ou *mekmedas* et pèse env. 84.9 kil. Pour les liquides, le *gudda* ou *cuddy* = 8 *nufficahs* = 128 *vakias* = 2 anciens *gallons* à vin d'Angleterre = 7.57 litres.		
PORTS	Tharfar, Merbat, Sur, Mascat, Makalla, Matrah et Aden (ville très-commerçante avec un beau port). L'île de Périm, appelée le Gibraltar de la mer Rouge, et l'île du Comoran, sur la côte de l'Yemen, sont des possessions anglaises. Mascat, autrefois siège brillant des califes, est importante comme ville commerçante. Près de la ville de Mareb, au N. de l'Hadramaout, se trouvent les grandioses ruines de *Saba*.		
VILLES	Mascat, 40.000 h. ; Matrah, 25.000 ; Isohâr, 20.000 ; Merbat, 4000.	Chibam, 20.000 hab. ; Makalla, 18.000 ; Terim, 20.000 ; Chier, 10.000.	Er-Ryad, 50.000 h. ; Oneise, 24.000 ; Bereide, 24.000 ; Rass, 18.000 ; Sadik, 18.000.
SUPERFICIE	2.750.000 kilom. carrés environ.	POPULATION	L'Arabie compte 12 millions d'habitants env.

L'ASHA, rivage brûlant, longe le golfe Persique vis-à-vis de la rive persane, est habité par des tribus arabes.

L'HEDJAZ et L'YEMEN dépendent de la Turquie (voir Turquie). VILLES SACRÉES des Mahométans sont : *la Mecque* (Mekka), à 85 kilomètres de Djeddah, est bâtie dans une vallée sablonneuse, au sein d'un désert déchiré par des monts rocailleux, sans arbres et sans eaux vives. Tous les ans, cette solitude se peuple subitement de 100.000 pèlerins et de 50.000 chameaux. Ces enthousiastes viennent pour visiter la pierre apportée par l'ange Gabriel et jeter 63 pierres au diable, dans la vallée de Muna, où Satan apparut au premier homme. Cette pierre sacrée (la pierre Noire) se conserve dans un petit monument ; la Kaaba, *Médine* (Médinet-el-Nabi : ville du Prophète) est célèbre par la mosquée qu'y fonda Mahomet, et qui contient le tombeau du Prophète.

TURQUIE D'ASIE

SITUATION ASTRONOMIQUE : 34° — 42° latitude N. 24° — 43° longitude E.

CLIMAT : En général brûlant, excepté dans la région de l'Euphrate. La température moyenne à Smyrne est de + 18°; à Jérusalem, + 24°; à la Mecque, + 31°.

GOUVERNEMENT : CHEF DE L'ETAT, Abdul-Hamid II, sultan. (Voir la Turquie d'Europe).

JUSTICE : La COUR SUPREME des provinces d'Asie est présidée par un *cazi-asker* ou grand juge. Les juges se divisent, suivant la hiérarchie, en *mollahs*, *cazis* (cadis) et *naïbs*. (La durée des fonctions de chaque cazi-asker est d'une année.)

CULTES : *L'islamisme* est la religion dominante. Les Turcs et la plupart des autres peuples sont de la *secte d'Omar*. Les Grecs, les Arméniens et les Maronites sont chrétiens. Les Druses, habitants du Liban, ont une religion à part; leur prophète est *Hakem* (calife d'Égypte au xi° siècle).

FINANCES : Voir Turquie d'Europe.

INTÉRIEUR — VILAYETS : La Turquie d'Asie comprend 7 grandes *divisions historiques* : l'Asie Mineure, à l'O.; l'Arménie et le Kourdistan, au N.-E.; la Mésopotamie, entre le Tigre et l'Euphrate; la Babylonie, au S.-E.; la Syrie et l'Arabie, au S-O. L'administration turque l'a divisée en 18 vilayets (provinces), subdivisés en *sandjak*. Le vilayet est administré par un *vali* (gouverneur général), le sandjak, par un *mutessarif* (lieutenant-gouverneur). La presqu'île de Scutari et les îles du Prince et de Kartal dépendent du ministère de la police de Constantinople.

TABLE HISTORIQUE ET ADMINISTRATIVE

VILAYETS	POPULAT.	KIL. C.	NOMS HISTORIQUES.
Scutari (pr^ile)	796.000	12.800	Sacaria, Nicoméd.
Kastamuni	750.000	55.600	Sinope, Paphlag.
Trébizonde	9.600.000	57.260	Pont, Colchis.
Sivas	594.000	64.280	Cappad., Galathie.
Angora	515.000	69.400	Césarée, Ancyra.
Broussa	1.042.000	74.800	Bithynie, Brussa.
Aïdin	1.107.000	51.690	Smyrne, Lydie.
Koniah	774.000	105.770	Pamphyl. Phrygie.
Adana	341.000	56.950	Cilicie, Miletene.
Erzeroum	805.000	152.200	Arménie.
Diarbekir	715.000	97.500	Assyrie, Kurdistan
Bagdad	2.120.000	242.500	Babylonie, Mésop.
Alep	550.000	105.560	Syrie (h^te), Chaldée
Beyrouth	544.000	171.230	Phénicie, Palestin.
Chypre	156.500	9.540	Ile de Cypre.
Djezaïreh	431.500	14.550	Iles Egée. Sporades
Hedjaz	450.000	550.000	L'Arabie pétrée.
Yémen	700.000	220,000	L'Arabie heureuse.
Hedjer	166.000	81,330	L'Arabie déserte.

GUERRE — DIVISIONS MILITAIRES — ARMÉE : DIVISIONS MILITAIRES. 4 régions militaires (Anatolie, Irak-Arabie, Syrie et Yémen), chacune commandée par un *mouchir* (maréchal). L'armée active ou *nizam* comprend les troupes régulières et les 2 réserves ou *idatyal* et *rédif*. Les troupes sont réparties ainsi :

Quartiers génér^x	Infant.	Tirail	Artill.	Caval.	Génie.
Bagdad (Irak)	6 rég^ts	5 bat.	1 rég^t	5 rég^t	1 c^ie
Damas (Syrie)	5 »	5 »	1 »	4 »	1 »
Sanaa (Yémen)	5 »	5 »	5 bat.	2 »	1 »
Ersingian (Irak)	5 »	5 »	1 rég^t	4 »	1 »

Les troupes irrégulières comprennent : la gendarmerie, les volontaires ou *Bachi-Bozouks*.

COMMERCE — CHEMINS DE FER — MONNAIES — POIDS ET MESURES — PORTS : COMMERCE. Compris dans celui de la Turquie d'Europe. CHEMINS DE FER. En exploitation, 2 lignes aux environs de Smyrne, comprenant 251 kilom.; de Scutari à Ismid, 45 kilom., total, 274 kilom.; en construction, une ligne entre Jaffa et Jérusalem. En 1869 le gouvernement a fait une concession pour l'exploitation d'une ligne de Scutari à Bagdad. MONNAIES, POIDS ET MESURES. On est obligé dans toutes les provinces de se servir du système de monnaies, poids et mesures en vigueur à Constantinople. Cependant dans chaque province on fait encore usage des anciens systèmes : à Bagdad et à Bassora on emploie celui de l'Afghanistan; en Arménie et dans le Kourdistan celui de Perse; dans l'Yémen celui de l'Arabie. PORTS. Smyrne, Beyrouth, Jaffa, Bassora Larnaca (sur la Méditerranée), Sinope, Sansoun, Kérasonda, Trébizonde, Batoum (sur la mer Noire.)

TABLE ETHNOGRAPHIQUE

Osmanlis ou Turks	8 000.000	58.5 %
Arabes	900.000	6.7 »
Kourdes	800.000	5.9 »
Circassiens	360.000	2.7 »
Turkomans	80.000	0.6 »
Tartares et Druses	80.000	0.6 »
Israélites	220.000	1.5 »
Arméniens	1.750.000	13.0 »
Grecs	1.000.000	7.5 »
Syriens, Chaldéens	250.000	1.7 »
Maronites	175.000	1.5 »

VILLES PRINCIPALES AVEC LEURS HABITANTS PAR MILLE : ASIE MINEURE : *Smyrne*, 160; *Brousse*, 90; *Scutari*, 70; *Manissa*, 60; *Trébizonde*, 60; *Tokat*, 50; *Angora*, 50; *Kastamuni*, 40, *Kaisarien*, 40; *Adana*, 30; *Koniah*, 25; *Aidin*, 25. — ARMÉNIE et KOURDISTAN. *Erzeroum*, 20; *Diarbekir*, 60; *Erzingian*, 40; *Bitlis*, 30; *Van*, 30. — MÉSOPOTAMIE et BABYLONIE. *Bagdad* est le centre du commerce entre l'Arabie, la Turquie, la Perse, le Turkestan et l'Inde. Pendant de longues années elle eut la gloire de s'appeler la reine des lettres et des sciences, fut la capitale de l'empire arabe et posséda 2,000,000 d'habitants; aujourd'hui on en compte à peine 100,000 : *Bassora*, 75; *Mossoul*, 60; *Kerbela*, 25; *Hillah*, 10. — SYRIE et PALESTINE. *Damas*, 150. Près de cette ville sont les ruines grandioses de Palmyre et d'Héliopolis; ces ruines, ainsi que celles de Ninive, près de Mossoul, et celles de Babylone, près de Bagdad, sont un témoignage de la splendeur et de la richesse de ces pays. *Beyrouth*, 100; *Alep*, 80; *Hamah*, 50; *Jérusalem*, 40; la ville sainte de David et de Jésus-Christ languit dans un pays de monts calcaires secs, sur des coteaux dont les noms ne s'effaceront de la mémoire des hommes qu'avec la fin de l'histoire; *Hems* (Emese) 50; *Tripoli*, 25; *Antioche*, 20: *Jaffa*, 18; *Gaza*, 15; *Saïda* (Sidon), 12; *Hebron*, 10; — ARABIE. *La Mecque* (Mekka), 45; *Sanaa*, 40; *Djiddah*, 50; *Medine*, 20; *Moka*, 6. — SUR LE GOLFE PERSIQUE. *Hofhouf*, 50; *Koeït*, 50; *Monana* (île Bahrein). — CHYPRE. *Nicosia*, 20.

SUPERFICIE : 1.928.920 kilomètres carrés, y compris les îles.

POPULATION : 15.495.000 habitants (7 habitants par kilomètre carré).

(PRINCIPAUTÉ) SAMOS (CAP. CORA)

SITUATION ASTRONOMIQUE : 57° 39' — 57° 48' lat. N. 24° 12' — 24° 48' long. E.

CLIMAT : Sembl. à celui du littoral médit. de l'Asie Mineure.

GOUVERNEMENT : CHEF DE L'ÉTAT, Constantin Ier, prince, né en 1830, avénement 1874; Euphrosine, princesse née en 1848. Les affaires de l'État sont dirigées par le chef de l'État et un Conseil administratif, *4 membres* représentant les *4 districts* de l'île. Depuis 1832, Samos est tributaire de la Sublime-Porte.

JUSTICE : 1 *cour d'Appel* et de *Cassation* (Cora), et 1 *cour de Justice* de 1re *instance*.

CULTES ET INSTRUCTION : *Religion grecque* orthodoxe. Pour l'instruction on a un collège princier à Cora.

FINANCES : RECETTES : 670.251 francs. DEPENSES : 666,255 francs. MONNAIES, POIDS ET MESURES. Le système de monnaies, poids et mesures est le même que celui de la Turquie.

COMMERCE : Exportation : 2,527,814 fr. (raisins secs, vins, huiles, peaux). Importation : 2.569.551 francs.

MARINE MARCH^de : 252 navires jaugeant 4964 tonnes.

SUPERFICIE : 550 kilomètres carrés environ.

POPULATION : 55,000 habitants, non compris 15,000 indigènes de Samos habitant le littoral de l'Asie Mineure.

AFRIQUE

SITUATION ASTRONOMIQUE

37°,20′ latit. N.—34°,51′ latit. S.; 19°,53′ long. O.—48°,54′ long. E.

DIVISIONS

1° Pays indépendants : MAROC, ABYSSINIE, les DIFFÉRENTS PAYS DU SOUDAN, les républiques de TRANSVAAL, de LIBÉRIA, d'ORANGE, les PAYS A L'EST, et les PAYS DU SUD DE L'AFRIQUE.

2° Les pays tributaires de la Turquie : ÉGYPTE, TUNIS et TRIPOLI.

3° Les POSSESSIONS ANGLAISES, FRANÇAISES, PORTUGAISES et ESPAGNOLES.

BUDGET

DÉPENSES. . . . . 383.5 millions de francs.
RECETTES. . . . . 385.4 millions de francs.
DETTE. . . . . 6.930 millions de francs.

COMMERCE

IMPORTATION . . . . 718.4 millions de francs.
EXPORTATION . . . . 812.9 millions de francs.

TÉLÉGRAPHES

LIGNES. . . . . 12.639 kilomètres.

CHEMINS DE FER

LIGNES. . . . . 2.432 kilomètres.

SUPERFICIE

29.932.948 kilomètres carrés (6.7 habitants par kilomètre carré).

POPULATION

199.921.600 habitants.

ÉGYPTE

(ROYAUME)   (CAP. LE CAIRE)

SITUATION ASTRONOMIQUE	10° - 32° lat. Nord. 22° — 40° long. Est. **‖ CLIMAT** Température moyenne annuelle au Caire + 20°, en Nubie la moyenne varie entre + 15 et + 16°.
GOUVNEMENT / CHEF DE L'ÉTAT	CHEF DE L'ETAT. Ismael Pacha, Khédive d'Égypte, vice-roi, souverain de la Nubie, du Kordofan et du Darfour, né en 1850, avénem. 1863 (Mohamed-Tewfik, prince héréditaire, né en 1852). Le khédive exerce un pouvoir absolu; il est assisté d'un *Conseil privé* (Méglis-kassussi) avec le prince héréditaire comme président et 16 membres dont 8 ministres. LE GRAND CONSEIL (Méglis-el-Akham) est chargé de régler toutes les affaires des tribunaux indigènes. CONSEIL DES DELEGUÉS (Méglis-Shora-el-Nuab) composé des délégués de toutes les provinces. — 8 MINISTERES : les ministères *de la justice, de l'instruction publique et de wakfs, de l'intérieur, des affaires étrangères, des finances, de la guerre et des colonies, de la marine, des travaux publics.*
JUSTICE	A la suite du traité avec les différentes nations européennes. le khédive a fait instituer des *tribunaux* pour juger les procès mixtes entre indigènes et Européens. — *Cour d'appel d'Alexandrie :* 1 président et 10 membres dont 4 indigènes ; 1 procureur général et 7 substituts. *Tribunal de 1re instance d'Alexandrie,* 12 memb. *Tribunal de 1re instance du Caire,* 6 memb. *Tribunal de 1re instance d'Ismaïla,* 5 membres.
CULTES	L'islamisme est la religion du pays. Cependant les autres cultes sont tolérés. A la tête de l'Eglise catholique-romaine est un archevêque (Alexandrie) et 2 vicaires.
INTÉRIEUR PROVINCES	L'Egypte est divisée en 16 PROVINCES, chacune administrée par un *mudir* (gouvern. gén.). La Nubie est partagée en 12 *districts* ou anciens pays. Le Kordofan et le Darfour sont sous la direction d'un gouverneur génér.

FINANCES — DÉPENSES, RECETTES, DETTE, MONNAIES

DÉPENSES		RECETTES	
Dotations (liste civile, 7.800.000 fr.; tribut de Constantinople, 17.372.550 fr.)	27.473.550 fr.	Revenus généraux	178.580.410 fr.
Appoint. et dép. div. (maison du khédive, 563.940 fr.)	14.142.180 —	Revenus des Gouvernorats, etc.	18.268.120 —
Ministère de l'Intérieur	207.480 —	Douanes	16.215.940 —
— des Affaires étrangères	280.150 —	Chemins de fer	25.116.910 —
— de la Justice	1.165.710 —	Produit net du sel	7.778.420 —
— des Finances	1.311.570 —	— des Ecluses	4.200.690 —
— des Travaux publics	218.660 —	Fermage, etc.	13.810.680 —
— de l'Instruction publique	1.136.200 —	Droits sur les tabacs	6.692.920 —
— de la Guerre et de la Marine	22.262.110 —	Revenus nets sur le Soudan	3.640.000 —
Dépenses pour les provinces	5.271.110 —	Total	274.104.090 fr.
Gouvernements, police, hôpitaux	11.999.650 —	DETTE Dette consolidée	2.489.422.000 fr.
Administration des Ecluses	683.800 —	— flottante	5.257.093.060
Dépenses extr., dette publ., etc.	187.536.180 —	Total	5.746.515.060 fr.
Total	275.688.550 fr.	Dette particulière du khédive	1.158.275.300 fr.

MONNAIES. — *Or :* pièce de 100 piastres = 25 fr. 62 c. — *Argent :* pièce de 10 piastres = 2 fr. 50 c. La piastre en or vaut 0 fr. 25 c., et en argent 0 fr. 25 c.

GUERRE ARMÉE, MARINE	ARMÉE. Infant. 4 rég., 12.000 h.; caval. 4 rég. 3.500 h.; chass. 1 bataill., 1.000 h.; artill. 15 bat., 1.500 h; ingén. 1 bat., 1.500 h.; nègres du Soudan, 2 rég., 3.000 h. — Total, 22.500 hommes. MARINE DE L'ETAT ? — MARINE MARCHANDE : 600 nav. jaugeant 62.000 tonn. y compris 38 vap. 29.000 tonn.
TRAV. PUBL. CHEM. DE FER	CHEMINS DE FER. Lignes, 1.528 kilom., dont une ligne de 8 kilom. n'appartenant pas à l'Etat. CANAUX. Le canal de Suez a une longueur de 160 kilom. et une largeur de 58 à 100 mètres et une profondeur de 8 mètres. — Bénéfice net du canal, 1.061.709 fr. POSTES. Env. 37.000.000 lettres et journaux. — TÉLÉGRAPHES. Lignes, 6.485 kil. Bureaux, 77. Dép., 562.823.
COMMERCE IMPORTATION EXPORTATION POIDS ET MES. PORTS	IMPORTATION. Env. 145.000.000 fr. (tissus, fer et autres métaux, machines, confections, etc.). EXPORTATION. 340.000.000 fr. (cotons, semence de coton, sucre, blé, fèves, gomme, etc.). POIDS ET MESURES. *Cantaro* = 100 *rottoli* = 44,464 kil.; *rattolo* = 12 *onces* = 240 *drachmes* = 444,64 gramm. *Quintal* = 56 *okes* = 44,464 kil. Le *pik hendasi* = 630 millim. ; le *pik beledi* = 560 millim.; le *pik stamboul* = 677 millim. L'*aune* = 44 pouces français = 13/4 *pik*. *Ardeb* = 871. litres; *rubbio* = 1.15 litres. PORTS. Alexandrie, Port-Saïd, Suez, Damiette, Rosette.
VILLES PRINCIP HAB. PAR MILLE	Le Caire, 350; Alexandrie, 212; Tanta, 60; Khartoum, 60; Zagazig, 40; Damiette, 30; Siout, 28; Damanhour, 25; Rosette, 15; Suez, 14; Port-Saïd, 9; Keneh, 13; Schibin, 12; Ismaïla, 5; Mansourah, 16.
SUPERFICIE	2.251.600 kilom. carrés, dont Egypte 550.630; Nubie, 864.500 ; Soudan, le Darfour et le Kordofan, 836.500.
POPULATION	16.949.000 hab. (5.172.061 indigènes). Etrangers résidants en Egypte, 79.696, dont Grecs, 34.000; Français, 17.000, Italiens, 14.000; Autrichiens et Anglais chacun 6.000, etc. (7.5 hab. par kil. carré.)
OASIS	Dans le désert de Libye : *Farafrah*, 3.345 hab. sur 3.500 kilom. carrés; *Beharieh*, 2.410 hab. sur 8,68 kilom. c.; *Dachel*, 20,000 hab. sur 60 kilom. c.; *Chargeh*, 5.740 hab. sur 8,56 kil. c., et *Siwah*, 5.600 hab. sur 16 kilom. c.

TRIPOLI

(VILAYET)   (CAP. TRIPOLI)

SITUAT. ASTRON	22° — 33° lat. N. et 7° — 25° long. E. **‖ CLIMAT.** — Température moy. annuelle de Tripoli env. + 22°.
GOUVNEMENT	Le vilayet de Tripoli est gouverné comme les autres provinces turques de l'Asie et de l'Europe par un *vali* (gouverneur général).
CULTES	On professe l'islamisme.
INTÉRIEUR	Le vilayet comprend 3 parties, administrées chacune par un *mutessarif* (lieut.-gouvern.). Tripoli, Barca, Fezzan. Parmi les différentes oasis du Fezzan la plus grande est Ghadames avec une ville du même nom.
FINANCES	DÉPENSES : 1.500.000 fr. — RECETTES : 2.800.000 fr., les recettes consistent en dîmes prélevées sur les oliviers, les dattiers, les troupeaux. — Les recettes des douanes sont envoyées à Constantinople. MONNAIES. Piastre = 16 *carroubes*. = 0 fr. 60 c. 25 environ.
GUERRE ARMÉE MARINE	On n'a pas d'armée régulière. Les troupes de la milice ou de la gendarmerie montent à env. 200 hommes. En cas de guerre pour la Turquie, le vilayet est obligé d'envoyer un contingent d'env. 4.500 hommes. MARINE. On a généralement 1 ou 2 nav. turcs stationnant devant Tripoli; il n'existe pas d'autre marine. MARINE MARCHANDE. 110 navires jaugeant 6.000 tonnes.
COMMERCE IMPORTATION EXPORTATION POIDS ET MES. PORTS	IMPORTATION : 5,500.000 fr. (métaux, bois, objets manufacturés). EXPORTATION : 7.500.000 fr. (froment, cire, bétail, ivoire, plumes d'autruche, etc.). POIDS ET MESURES. *Cantaro* = 100 *rottoli* = 48,76 kil. Le *dreah* ou *pik* = 5 *palmes* = 671,05 millim. *Ueba* = 4 *temen* = 16 *orbah* = 52 *mefs orbah* = 107,546 litres. Le barile de vin et spiritueux = 24 *bozze* = 64,80 litres. L'*herbaia* d'huile = 6 *caraffas* et pèse 9,55 kil. PORTS. Tripoli, Bangazi, Zchida..
VILLES PRINCIP	Tripoli, 20.000; Bengazi, Braiga, 4.000; Moursouk, 6.000; Ghadames, 5.000; Sakna, 2.500; Beni-Ulid, 4.500.
SUPERFICIE	892.000 kilom. carrés, dont Tripoli, 532.000 ; Barca, 120 et Fezzan, 400.000, (1.4 hab. par kil. c.)
POPULATION	Env. 1.250.000 hab., dont Tripoli, 900.000 ; Barca, 200.000 ; Fezzan, 150.000 hab.

RÉPUBLIQ.	LIBÉRIA CAP. MONROVIA	TRANSVAAL CAP. POTCHEFSTROOM	ORANGE CAP. BLOEMFONTEIN
SITUATION ASTRONOMIQUE	4° 30' — 8° lat. S.; 7° — 13° long. O.	22° — 27° lat. S.; 26° — 32° long. E.	26° 30' — 30° 30' lat. S.; 24° 30' — 29° 50° long. E.
CLIMAT	La températ. moyenne est d'env. + 54° dans l'intérieur du pays et + 22° sur les côtes.	La température annuelle est d'environ + 20°; elle varie entre + 4° et + 30°.	
GOUVNEMENT CHEF DE L'ÉTAT POUVᵣ EXÉCUT. POUVᵣ LÉGISL.	CHEF DE L'ETAT, Spriggs Payne, J., élu ainsi que le vice-président pour 4 ans (1876). LE POUVOIR EXÉCUTIF est représenté par le Président. LE POUVOIR LÉGISLATIF par le *sénat* (8 membres), et la *chambre des représentants* (13 mem.). LE POUVOIR JUDICIAIRE, par une cour suprême. Le cabinet comprend 4 secrétaires (ministres), secrétaires d'Etat, du trésor, procureur général, grand maître des postes.	CHEF DE L'ETAT, Burgers, T.-F., élu président pour 5 ans en 1872. LE POUVOIR EXÉCUTIF est représenté par le président et 4 secrét. d'Etat. LE POUVOIR LÉGISLATIF est entre les mains du *volksraad* (corps législatif). 9 chefs des départements : trésorier général, procureur général, directeur général des postes, auditeur général, chef des écoles, directeur de l'enregist., président de l'orphelinat, topographe en chef, chef de l'artil.	CHEF DE L'ETAT, Braad, J.-H., élu président (1874) pour 5 ans. LE POUVOIR EXÉCUTIF est représenté par le président et 5 secrétaires d'Etat. LE POUVOIR LÉGISLATIF est confié au *volksraad* (assemblée nationale), 50 memb. env. élus par le peuple. 9 chefs des départements : Président de la cour suprême, 1ᵉʳ et 2ᵉ juge, trésorier général, président de l'orphelinat, chef de l'instruction publi., maître des postes, procureur.
JUSTICE	Cour suprême avec 1 président et 4 memb. Ces 4 memb. sont également juges pour chacune des 4 provinces.	Dans chaque district, il y a un *juge* qui fait également partie du Conseil.	Une nouvelle cour suprême, composée d'un président et de deux memb., a été décrétée par le *volksraad* (1872).
CULTES	Tous les cultes sont tolérés. L'Eglise est séparée de l'Etat. Monrovia possède un collége national.	La religion *hollandaise* réformée est la religion de l'Etat. Le culte catholique est interdit.	La religion dominante est la religion réformée hollandaise.
INTÉRIEUR	La république est divisée en 4 provinces : Montserrado, Grand-Bassa, Sinoe et Maryland.	Le pays est divisé en 12 districts, gouvernés chacun par un *landdrosts* (magistrat), assisté d'un conseil.	La république est divisée en 15 districts gouvernés chacun par un *landdrosts* (magistrat).
FINANCES ÉPENSES ECETTES ETTE IONNAIES	DÉPENSES . . . . . 557.285 fr. RECETTES . . . . . 557.285 DETTE . . . . . . 2.500.000 MONNAIES. (Les mêmes que celles des Etats-Unis de l'Amérique du Nord).	DÉPENSES . . . . . 2.051.530 fr. RECETTES . . . . . 2.162.400 DETTE . . . . . . 1.640.000 MONNAIES. On compte en livres sterling à 20 schilling (système anglais).	DÉPENSES . . . . . 2.592.050 fr. RECETTES . . . . . 2.567.275 DETTE 825.075
GUERRE	Il n'y a pas d'armée permanente; tous les citoyens de 16 à 50 ans sont obligés de servir dans la milice qui forme une brigade de 4 régiments.	Il n'y a pas d'armée permanente. Le service dans la landwehr (milice) est obligatoire pour tous les citoyens de 21 à 40 ans.	La répub. n'a pas d'armée permanente, excepté un petit corps d'artil. stationné à Bloemfontein. Tous les citoyens font partie de la milice.
COMMERCE IMPORTATION XPORTATION OIDS ET MES.	IMPORTATION. Env. 1.200.000 fr. (tissus, sel, objets manufacturés). EXPORTATION : 2.600.000 f. (café, sucre, cacao, ivoire, genièvre, huile de palme, arrowroot, etc.) POIDS ET MESURES (Les mêmes que ceux de l'Amérique du Nord).	IMPORTATION. Les articles importés sont des objets manufacturés, métaux, etc. EXPORTATION. Les principaux objets exportés sont : les plumes d'autruche, laine, ivoire, bétail, céréales, oranges, fruits secs, tabac, beurre, eau-de-vie, etc. On y trouve de riches mines d'or, des diamants, du fer, du cuivre, du plomb, du charbon, du nickel, etc.	IMPORTATION : 17.425.625 fr. (pendant les deux premiers trimestres de 1875). EXPORTATION : 38.272.075 fr. (consiste principalement en laine, plumes d'autruche, peaux de bœuf, etc.)
LLES PRINC. AB. PAR MILLE.	Monrovia 15, le port unique de la république.	Potchefstroom 2, Pretoria 15, siége du gouvernement Rustenbourg 0,5, Lydenbourg 0,5.	Bloemfontein 1. Le commerce général se fait par le port Elisabeth.
UPERFICIE	24 800 k. car. (29 hab. par k. c.).	296.200 k. car. (0.9 hab. par k. c.).	Env. 110 000 k. car. (0.5 h. p. k. c.).
OPULATION	720.000 hab. (Nègres) dont 200.000 sont civilisés.	Env. 275.000 hab. dont 25.000 blancs.	65.000 hab. dont 20.000 indigènes.

COLONIES FRANÇAISES

SÉNÉGAL ET SES DÉPENDANCES : Le Sénégal est administré par un gouverneur; il se divise en 3 arrondissements : *Saint-Louis, Bakel* et *Gorée*, qui comprennent 14 villes, dont 9 dans Saint-Louis. *Importation* env. 12 millions de fr. *Exportation* 5 millions de fr. env. *Ports :* Saint-Louis, Rufisque. *Villes :* Saint-Louis 15.600, Dagana 2.400, Podor 2.300, Bakel 2.500, Gorée 2.800, Dakar 2.800, Rufisque 7.400, Sedhiou 2.200.

ÉTABLISSEMENTS DE LA COTE-D'OR ET DU GABON. Ces 2 comptoirs sont administrés par un commandant et comptent env. 4.000 hab.

ILES

LA RÉUNION OU ILE DE BOURBON. Le gouvernement se compose d'un gouverneur, d'un conseil privé et d'un conseil général. L'ile est divisée en 2 arrondissements, comprenant chacun 6 communes. *Importation* millions de fr. env. *Exportation* 32 millions de fr. (sucre). *Ports et Iles principales :* Saint-Denis 36.000 hab., Saint-Benoît 10.000, Saint-Pierre 28.000, Saint-Paul 25.000. La Réunion compte 183.529 hab. sur une superficie de 2.515 kilom. carrés.

SAINTE-MARIE DE MADAGASCAR. L'ile a une bonne rade, le *Port-Louis*. Elle compte 6.564 hab. sur une superficie de 90 kilom. carrés.

MAYOTTE ET SES DÉPENDANCES fait partie du groupe des îles Comores, dont l'île Mayotte est la plus méridionale. Sa superficie est de 500 kil. et population de 50.000 habit.

NOSSI-BE qui a une population de 10.000 hab. sur 95 kilom. carrés.

NOSSI-CUMBA. La population de ces îles est presque toute composée de Sakalaves; les créoles, les colons, l'administration et la garnison forment à peine un total de 900 personnes.

COLONIES PORTUGAISES

LES ÉTABLISSEMENTS SUR LA COTE OUEST DE L'AFRIQUE comptent env. 9 millions d'hab. (dont *Anguela* 2.000.000, *Loanda* 323.064, *Benguela* 87.980, *Mossamedes* 22.535) sur 808.500 kilom. carrés.

ETABLISSEMENT SUR LA COTE EST *ou Mosambique*. On compte un total de 167.060 hab. sur 990.000 kil. c.

SÉNÉGAMBIE. Elle compte 6.154 hab. sur 69 kil. carrés (Bessao 542 hab., Cachen 1.881, Bolama 3.751).

ILES

ILES DU CAP-VERT. Ces îles sont administrées, aussi bien que les autres colonies, par un gouverneur. Elles comptent 82,864 hab. sur 3.851 kil. c.

SAN-THOMÉE ET PRINCIPE comptent environ 25,672 hab. sur 1,081 kil. carrés.

COLONIES ESPAGNOLES

TERRITOIRE DE SAN-JUAN compte env. 1.400 hab. sur 100 kilom. carrés.

ILES

Fernando-Po, Annobon, Corisco et *Elobey* comptent ensemble 35.000 hab. sur une superficie de 2.014 kilom. carrés. Ces colonies sont administrées par des commandants.

ÉTATS	**MAROC** (EMPIRE) (Cap. FEZ)	**ABYSSINIE** (HABECH) (EMPIRE) (Cap. GONDOR)	**ZANZIBAR** (SULTANAH) (Cap. ZANZIBAR)	**MADAGASCAR** (ROYAUME) (Cap. TANANARIVO)
SITUATION ASTRONOMIQUE	28° 20′ — 3 1° 55′ lat. N. 5° 20′ — 12° 30′ long. O.	7° — 16° 40′ lat. N. 32° — 41° long. E.	2° lat. N. et 10° lat. S. 36° — 40° long. E.	12° 12′ — 25° 45′ lat. S. 41° 20′ — 48° long. E.
CLIMAT	La températ. moy. de Tanger est +18°. Le climat des steppes est le même que celui du Sahara.	L'élévation du sol, les rivières, les pluies abondantes, rendent la température beaucoup moins chaude qu'en Nubie et qu'en Égypte.	Le climat est celui de l'Afrique méridionale ; il varie entre + 25 et + 45°.	La température moyenne annuelle est d'env. + 25° (Le climat est très-chaud et très-malsain, surtout pour les Européens).
GOUVNEMENT CHEF DE L'ÉTAT	CHEF DE L'ÉTAT. Muley-Hassan, sultan, né en 1831, avénement 1873. Il porte le titre d'émir-al-moslemin (émir des musulmans). La monarchie est héréditaire et le pouvoir absolu.	CHEF DE L'ÉTAT. Johannes (Jean) II, empereur, avénem. en 1864. Le prince est souverain héréditaire de droit divin. Il a entre ses mains les pouvoirs exécutif et législatif. Les grands fiefs sont remplacés par des gouvernements nommés par l'empereur.	CHEF DE L'ÉTAT. Bargasu-ben-Saïd, seyyid (souverain), avénem. 1870. Le pouvoir est entièrement absolu et despotique. Zanzibar, qui dépendait de l'Imam de Mascate, est indépendant depuis 1856.	CHEF DE L'ÉTAT. Ranavalo II, reine, avénem. 1868. Le gouvernement est despotique, mais l'administration paraît être organisée d'une manière tolérable. L'esclavage est en pleine vigueur.
CULTES	L'islamisme.	Les habitants en général professent le christianisme. L'Abouna (chef de la religion).	L'islamisme est la religion professée par les habitants.	Le christianisme, prohibé en 1835, est toléré maintenant.
INTÉRIEUR	L'empire est composé de 2 parties principales : le royaume de Maroc et le royaume de Fez. L'empereur réside à Maroc, à Fez ou à Méquinez.	Les principales parties sont les roy. de Tigré, d'Amhara, les prov. d'Efat et de Choa, le Samhara et le pays des Gallas. L'empire est div. en 7 prov. (Amhara, Tigré, Sarae, Choa, Agami, Simen et Godjam).	Le sultanah comprend l'île de Zanzibar, les iles de Pemba, de Monfia et de la côte de Zouahili.	L'île est partagée en 28 provinces. On compte en outre plus de 25 différentes tribus qui sont dirigées par leurs chefs plus ou moins dépendants de la reine.
FINANCES MONNAIES	DÉPENSES : env. 2 millions de francs. MONNAIES. On se sert surtout des monnaies de l'Espagne. Le *mitskal* ou *mitikal* = 1/2 réal ; le réal correspond à la piastre espagnole = 5 fr. 19 c.	L'impôt foncier, le seul qui existe (avec le produit des douanes) se calcule sur le rendement moyen de la terre au dixième env. MONNAIES : *Sequin* = 11 fr. 68 c.	Les principaux revenus de la douane qu'il amodie pour une somme d'environ 2 millions 300.000 fr.	Les dépenses et les recettes sont inconnues. Une grande partie du revenu provient des douanes.
GUERRE ARMÉE	Armée régulière : 8.000 h. moitié infanterie, moitié cavalerie. Armée irrégulière : environ 20.000 h. de cavalerie. On compte 26 villes fortifiées dans l'empire?	Chaque noble doit un service temporaire d'après l'importance de son fief. L'armée permanente est évaluée à env. 40.000 h. Feu l'emper. Théodoret II a dissous les pet. corps francs entretenus par les gr. vassaux et les a versés dans l'armée permanente.	Armée permanente env. 1500 h. équipés et exercés d'après le système des États civilisés. Elle forme la garde du sultan.	Environ 50.000 hommes, forces dont dispose la reine.
MARINE	MARINE DE L'ÉTAT : 180 navires à voiles avec 400 can. env. MARINE MARCHANDE : 450 navires, jaug. 21.000 tonnes.		1 corvette à voiles avec 4 can. et 2 yachts à vap.	Inconnue.
COMMERCE IMPORTATION EXPORTATION POIDS ET MESURES PORTS	IMPORTATION : 59.340.000 fr. (obj. manufact., métaux, tissus, épicer., lainag., soie brute, etc). EXPORTATION : 35.250.000 f. (pois, fèves, laine, peaux, amandes, bestiaux, chauss., sucre). POIDS ET MESURES. Le *quintal* ou *kintal* = 100 liv., *livre* (artal ou rattle) = 500 gramm. *Coda* ou *dreah* = 8 *tomiens* = 0.571 mèt. ; *Pik* = 660.96 millim. ; *cala* = 0.55 mèt. ; *caffiso* = 5.284 hectol. ; *kula* = 15.155 litres. PORTS. Tanger, Tetouan, Mazagran, Safi, Casablanca, Mogador.	IMPORTATION : 18.000.000 fr. env. (tissus, fer, fusils, objets manufacturés, etc.). EXPORTATION : 17.000.000 f. (chevaux, bétail, cire, ivoire, dattes, poudre d'or, etc.). L'industrie est très-avancée et les champs cultivés abondent en riz, maïs, blé, sucre). POIDS ET MESURES. Le *rollolo* = 12 wakers = 120 drachmes = 311 gramm. Le *pik* (aune) = 686 millim. Le *cuba* = 1016 litres.	IMPORTATION : env. 11.000.000 fr. (métaux, sel, objets manufacturés, etc.). EXPORTATION : env. 12.000.000 fr. (ivoire, gommes, noix et huile de palme). PORTS. Zanzibar, Quiloa, Mombas.	IMPORTATION : environ 6.125.000 fr. (L'article le plus important est le rhum). EXPORTATION : envir. 6.570.000 f. (bétail, peaux, cire, gomme, suif, riz, etc.). PORTS. Tramatave, Taka, Boina, Port-Choiseul.
VILLES PRINCIP HAB. PAR MILLE	Fez, 150 ; Maroc, 70 ; Méquinez, 50 ; Karsel, Kébir, 25 ; Tétouan, 20 ; Tanger, 18.	Gondor, 8 ; Adona, 10 ; Axoum (Ville sacrée), Angalola, 8 ; Metemnch, 5 ; Mota, 3 ; Basso.	Zanzibar, 85 ; Mombas, 20 ; Quiloa, 12 ; Fagal, 8 ; Kismayo, 4.	Tananarivo, 80 ; Beiva, 30 ; Mananzaro, 25 ; Talia, 6 ; Kanatsi.
SUPERFICIE	Env. 672.300 kilom. carrés, dont 197.100 kilom. champs fertiles. (9 hab. par kilom. carré).	Env. 750.000 kilom. carrés (5 hab. par kilom. carré env.).	Env. 100.000 kil. c., dont l'île Zanzibar 1600 kil. (8 hab. par kil. c.).	Env. 609.000 kilom. c. (7 habit. env. par kilom. carré).
POPULATION	Env. 6.000.000 hab. (Arabes, Berbères, Maures et Juifs).	Env. 3.500.000 hab.	Env. 750.000 habit., dont l'île Zanzibar 200 000, l'île Pemba, 10.000.	Env. 4 mil{ns} hab. dont 2 mil{ns} Hovas, 500.000 Séclaves, 300.000 Bélimsaras, le reste des Antavares.
HISTORIQUE	L'Abyssinie, comprise dans l'ancienne Éthiopie, semble avoir été dans le 1er siècle le berceau de la civilisation africaine. L'empire d'Abyssinie était fort ancien ; suivant Bruce, ses rois descendent d'un fils que la reine de Saba eut de Salomon. La religion juive y domina longtemps. Le christianisme y pénétra vers le IVe siècle.			

PAYS A L'EST DE L'AFRIQUE

Bagos avec 10,000 hab. sur 715 kil. c. *Beit-Takue* 8,000 h. sur 990 kil. c. *Marea* 16,000 hab. sur 1,575 kil. c. *Habab* 68,000 hab. sur 6.215 kil. c. *Bedjeck* 1,200 hab. sur 110 kil. c. *Mensa* 17,400 hab. sur 1,595 kil. c. *Kunama* 130,000 hab. sur 25,060 kil. c. *Abyssinie* 3,500,000 hab. sur 750,000 kil. c. (Voir ci-dessus). *Pays de Galla* jusqu'à l'équateur 7,000,000 hab. sur 715,000 kil. c. Presqu'île de *Somali* 8,000,000 hab. sur 825,000 kil. c. Le pays entre l'Abyssinie et le Soudan égyptien au N., le Nil blanc à l'O., l'équateur au S. et le pays de Galla à l'Est (35° à l'E. de Paris), 7,840,000 hab. sur 770,000 kil. c. Le pays entre l'équateur, la contrée portugaise de Mozambique, le pays de Cazembe, le lac de Tanganyikga et la côte de l'Est 3,500,.000 hab. sur 1,575,000 kil. c.

LIMAT	Le climat est tropical ; c'est le climat où le nègre végète et où le blanc meurt.
PRODUCTIONS	Plumes d'autruche, ivoire, gomme, cire, dattes et amandes.
SUPERF. POPUL.	29,700,000 hab. sur 4,125,000 kil. carrés.

POSSESSIONS ANGLAISES EN AFRIQUE

LONIES	CAP DE BONNE-ESPÉRANCE	NATAL
T. ASTRON	28° 54' lat. Sud ; 17° 29° long. Est.	28° 31' lat. Sud ; 29° 52° long. Est.
LIMAT	Température moyenne + 18° dans la ville du Cap et au Port-Elisabeth.	La température varie entre + 4 et + 36°, moyenne annuelle + 20°.
OUVNEMENT	Un gouverneur général, commandant des forces de la colonie. LE POUVOIR EXECUTIF est confié au gouverneur et au CONSEIL EXÉCUTIF. LE POUVOIR LÉGISLATIF est entre les mains du CONSEIL LÉGISLATIF, composé de 21 membres (10 élus pour dix ans et les 11 autres pour cinq ans), présidé par le chef de la justice ; et de l'ASSEMBLÉE (66 membres élus pour cinq ans, représentant les districts et les villes de la colonie). Un ministère de 5 membres appelés : secrétaires des colonies, procureur général. trésorier général, commissaire des terres de la couronne et des travaux publics, secrétaire des affaires indigènes.	Un lieutenant gouverneur. LE POUVOIR EXÉCUTIF est représenté par le gouverneur et le CONSEIL EXÉCUTIF, composé du chef de la justice et du commandant des troupes ; des secrétaires de la colonie, du trésor, des affaires indigènes ; du procureur général et de deux membres nommés par le gouverneur et choisis parmi les députés du Conseil législatif. Le POUVOIR LÉGISLATIF est entre les mains du gouverneur et du Conseil législatif, composé de quatre membres officiels (les secrétaires de la colonie, du trésor, des affaires indigènes, le procureur général) et de 12 membres élus par les comtés et les bourgs.
LTES	La religion de l'État est le protest. angl. comme dans la métropole. mais tous les autres cultes sont tolérés.	
TÉRIEUR	La Colonie du Cap est divisée en deux régions : les provinces de l'Ouest et les provinces de l'Est, subdivisées en 16 divisions électorales.	La Colonie de Natal est divisée en 14 districts administrés par des magistrats ou commissaires.
NANCES	DÉPENSES : 5,404,000 fr. RECETTES : 5,200,000 fr. DETTE : 43,278,000 fr. MONNAIES (Voir Gr.-Bretagne).	DÉPENSES : 4 550,950 fr. RECETTES : 5,184,025 fr. DETTE : 8,250,000 fr. MONNAIES (Voir Gr.-Bretagne).
ERRE	2,248 hommes.	400 hommes.
MMERCE	IMPORTATION : 136,282,425 fr. (coton, fer forgé et non forgé, machines, mercerie, etc.) EXPORTATION : 100,285,175 fr. (laine, animaux, etc.) TÉLÉGRAPHIES : lignes 200 kilom. CHEMINS DE FER : En exploitation, 10 kilom. POIDS ET MESURES (Voir Grande-Bretagne).	IMPORTATION : 21,597,800 fr. (produits manufacturés). EXPORTATION : 16,275,700 fr. (laine, ivoire, sucre, café, coton, etc.) CHEMINS DE FER : En construction 555 kilom. POIDS ET MESURES (Voir Grande-Bretagne).
LES PRINC. B. PAR MILLE	Le Cap 30, Port-Elisabeth 11, Grahamstown.	Port-Natal 5, Pietermaritzbourg, Durban.
PERFICIE	558,000 kilom. carrés (1.3 hab. par kilom. carré).	46,400 kilom. carrés (7 hab. env. par kilom. carré).
PULATION	776,158 hab. dont blancs et Européens 5,847, hommes de couleur 273,930, le reste de la population consiste en Malais.	315,000 habitants.

LONIES	ILE MAURICE ET SES DÉPENDANCES	ILE STE-HÉLÈNE ET SES DÉPENDANCES
T. ASTRON.	4° 21° lat. Sud ; 50° 62° long. Est.	15° 16° lat. Sud ; 7° 8° long. Ouest.
IMAT	La température varie entre + 12° et + 36°, moyenne annuelle + 24°	La température moyenne annuelle est de + 21°.
UVNEMENT	Un gouverneur, qui est en même temps commandant de l'île. Les dépendances de l'île Maurice, relèvent administrativement de ce même gouverneur.	Un gouverneur commande les forces de l'île sous la dépendance du ministre des Colonies.
LTES	La religion de ces îles est la religion anglicane, religion de la métropole, tous les autres cultes sont tolérés.	
TÉRIEUR	Les différentes îles sont partagées en quatre groupes : l'île Maurice, les Seychelles, l'île Rodrigue et les plus petites îles.	Trois divisions comprenant l'île Sainte-Hélène, l'île de l'Ascension et l'île de Tristan de Cunha.
NANCES	DÉPENSES : 16,600,000 fr. RECETTES : 17,500,000 fr. DETTE 2,250,000 fr. MONNAIES (V. Grande-Bretagne).	DÉPENSES : 425,000 fr. RECETTES : 375,000 fr. MONNAIES (Voir Grande-Bretagne).
ERRE	470 hommes.	Une garnison de 209 hommes.
MMERCE	IMPORTATION : 61,000,000 fr. (produits manufact.) EXPORTATION : 84,000,000 (café, sucre, coton, etc.) CHEMINS DE FER : En exploitation 106 kilom. POIDS ET MESURES (Voir Grande-Bretagne).	IMPORTATION : 2,500,000 fr. EXPORTATION : 1,100,000 fr. POIDS ET MESURES (Voir Grande-Bretagne).
LES PRINC.	Port-Louis 50,000 habitants.	James-Town.
PERFICIE	1 139 kilom. carrés, d'après Fr. Martin. 906 kilom. carrés, d'après Behm et Wagner.	121 kilomètres carrés (52 habitants par kilomètre carré).
PULATION	316,042 hab. d'après Fr Martin, 13,391 habit. d'après Behm et Wagner.	6,250 hab.

LA GAMBIE, SIERRA-LEON, LE LAGOS, LA COTE-D'OR

T. ASTRON.	5° — 18° long. Ouest ; 13° lat. Nord ; 2° long. Est.
IMAT	La température moyenne annuelle est d'environ + 26°.
UVNEMENT	Deux gouverneurs, l'un dans la *Gambie* et *Sierra-Leone*, l'autre dans le *Lagos* et la *Côte-d'Or* ; ils sont sous la dépendance du ministre des colonies.
LTES	(Voir les autres possessions anglaises).
TERIEUR	Les quatre possessions sont administrées chacune par un commissaire sous la dépendance des deux gouverneurs.
NANCES	DÉPENSES : environ 37,000,000 fr. RECETTES : environ 38,000,000 fr. DETTE (1874) : 625,000 fr.
ERRE	610 hommes.
MMERCE	IMPORTATION : env. 20 millions fr. EXPORTATION : env. 22 millions fr. POIDS ET MESURES (V. Gr. Bretagne).
LLES PRINC.	Free-Town 18, Bathurs 3, Saint-James 5, El-Mina 18.
PERFICIE	Gambie 55 kil. carrés. Sierra-Leone 1.200 et la Côte-d'Or 43,000, Total 44,255.
PULATION	Gambie 14,200 hab., Sierra-Leone 39,000, la Côte-d'Or 520,200, Lagos 60,200. Total 633,400 hab.

SAHARA

ASPECT — Le grand désert qui occupe la partie centrale de l'Afrique s'appelle le *Sahara* ou plutôt *Scahhara* (grand désert). L'intérieur du Sahara offre sur de grands espaces des plaines nues et couvertes de sable. *El erg* (région des dunes de sable) est une des parties les plus arides et est situé au sud de l'Algérie. *Le désert de Libye* est la partie la plus orientale du Sahara.

SITUATION — Le Sahara commence à la côte occidentale de l'Afrique, s'étend jusqu'à l'Egypte en traversant toute l'Afrique dans un espace d'environ 4.500 kilomètres. Au nord il a pour limites le Maroc, l'Algérie, la Tunisie, le Tripoli et l'Egypte; au sud, le Soudan. L'espace compris entre le nord et le sud est d'environ 1.400 kilom.

CLIMAT — Le climat est tropical et pendant une grande partie de l'année les rayons solaires y tombent verticalement. Des vents brûlants et d'une grande violence parcourent le désert et y soulèvent des masses de sable. Il y a des endroits où il ne tombe jamais, pour ainsi dire, une goutte d'eau, tandis que dans d'autres endroits il tombe une pluie abondante du mois de juillet au mois d'octobre. La température moyenne de l'été est d'environ + 38°; de l'hiver + 11°; température moyenne de l'année environ + 22°; le thermomètre descend quelquefois à 0° et au-dessous pendant la nuit, mais le jour il s'élève parfois à + 50° et plus.

TRIBUS — Les principales tribus qui habitent le Sahara sont : au centre la TRIBU DES TOUAREGS. Oasis : *Hogar* et *Asgar* avec environ 20.000 habitants sur à peu près 310.000 kilomètres carrés; villes principales : Rhat, Ideles, Dehanet, Turim, *Air ou Asben*, avec environ 75.000 habit. sur 55.000 kilom. carrés; villes principales : Agades, 7.000 hab., Tintillust 450. — *Asauad*, ville principale ; Mabrouck. — *Imrhad-Touareg*. villes principales : Sekia, Insisu, Temmisan. — A l'est : la TRIBU DE TIBOU. Oasis : *Tibesti*, environ 7.000 habit. sur 120.000 kilom. carrés, grande oasis montagneuse, habitée par les Tibou Rechadeh; villes principales : Tibesti El-Tan, *Borgou*, environ 110.000 habit. sur 30.000 kilom. carrés; villes principales : Jin, Nuva, Turki, *Kaouara*, 3.000 habit., *Borku*, 10.000 habit. dont les nomades de Bulgeda 5.000, *Wanyanga* 1.200 habit., *Ennedi*, 7.000 habit., *Kànem*, 10.500. — A l'ouest sont : les PAYS DES MAURES, race mêlée de Berbères et d'Arabes. Oasis : *Tagant*, contrée montagneuse, habitée par les Kounta et d'autres tribus de sang berbère qui ont adopté la langue arabe. *El-Hodh* 60.000 habit., sur 50.000 kilom. carrés, habitée par des tribus dont le fond est berbère. Villes principales : Tischit, Baghéna, *Trarza*, *Brakna* et *Douaich*. *Aderar*, 25.000 hab. sur 65.000 k. c., *El Diouf*, habité par des fractions d'Oulad-Deleïm, d'Arib, de Kounta, etc.

PRODUCTION — Millet, maïs, dattes, gomme, plumes d'autruche, ivoire, peaux, etc.

SUPERFICIE | 6.310.200 kilomètres carrés. || **POPULATION** | Environ 3.700.000 habitants.

SOUDAN

ASPECT — Les grandes contrées au sud du Sahara s'appellent *Soudan*, *Nigritie* (pays des noirs) ou *Cakrour*. Le vaste bassin du lac Tchad occupe le centre du pays. La population comprend des nègres et plusieurs peuples étrangers à cette race.

SITUATION — Les limites du Soudan sont : à l'ouest la mer, à l'est l'Egypte (Dar-for, etc.), au nord le Sahara et au sud les contrées équatoriales.

CLIMAT — Le Soudan est exposé à des chaleurs très-fortes durant 7 à 8 mois de l'année; la saison des pluies est de 4 à 5 mois. Le Soudan intérieur peut rivaliser de fécondité avec les meilleurs pays tropicaux.

PAYS AU CENTRE — Le Soudan est divisé en un grand nombre de royaumes, dont voici les principaux : PAYS MAHOMÉTANS : WADAY (avec une partie de Kauem, de Bahr-el-Ghasal, de Borku, d'Emedi et les nomades). Le Waday compte 3 millions d'habitants, dont le royaume de Waday, proprement dit, 2.349.000. La superficie est de 319.563 kilomètres carrés, y compris Runga et les pays tributaires de Fittri, de Sula et de Tama; capitale ABECHE, 8.000 habit. BAYERMI 1.500.000 habit., sur 146.300 kilom. carrés. Villes principales : Bugoman 6.000 habit.; Meskin 2.000; Mandchafa 4.000; Baingana 1.000; Maffale 1.500; Moro 800. BORNOU 5 millions d'habit. sur 135.100 kilom. carrés. Villes principales : Yedi 2.000 habit.; Marte 3.000; Missène 2.500; Dehimak 1.000; Ngala 6.000; Telam 1.000; Rangana 1.000 à 1.200; Afade 2.000; Kala-Kafra 3.000. SOKOTO 12 millions d'habit., y compris Adamana. Superficie : Sokoto 506.900 kilom. carrés; Adamana 150.900 kilom. carrés. GORDO 5.800.000 habit. sur 213.400 kilom. carrés. MASSINA 4.500.000 habit. sur 166.630 kilom. carrés. Villes : Tombouktou 13.000 habit.; Kabara 2.000 habit. Les pays mahométans du Soudan central comptent ensemble 31.400.000 habit. sur 1.417.870 kilom. carrés. — Autres pays : LAGONE. — Villes: Karnak-Lagone 12.000 habit.; Alfre 5.000 habit.; Kultchi 2.500. MANDARA 130.000 habit. dont 30.000 dans la capitale. TESSANA, SSONRHAY, MANDINGO, BANDARA, BUDDUMA, sur les îles du lac Tchad, environ 20.000 habitants.

PAYS A L'OUEST — Comprennent les pays situés entre le fleuve Sénégal et le Niger inférieur avec la Guinée supérieure comptant 58.500.000 habitants sur 2.117.500 kil. carrés. SORUBA 3 millions d'habit. sur 129.250 kilom. carrés. EGBA avec 100.000 hab. Capitale ABBECKUTA. DAHOMEY 150.000 habit. sur 10.340 kil. carrés. ACHANTI avec le provinces tributaires et la Côte-d'Or 4.500.000 habit. sur 189.585 kilom. carrés. LIBERIA 250.000 habit. sur 24.750 kilom. carrés. (Voir p. 63) et les possessions franç., portug., e-pagnoles et anglaises. (Voir p. 63 et 65)

PAYS A L'EST | Sont : le Dar-for, le Kordofan et une partie de la Nubie (appelés aussi Soudan égyptien). (Voir l'Egypte.)

PRODUCTION — Les principales productions végétales sont le maïs, le riz, le millet, les ignames, les fèves, les bananes, les patates, le coton, etc. On y trouve aussi de la cire, de la gomme, du café, de l'ivoire, des plumes d'autruche et de marabout.

SUPERFICIE | 3.537.570 kilom. carrés. || **POPULATION** | Environ 75.000.000 habitants.

PAYS ÉQUATORIAUX

ÉTATS — COLONIES DE SNHILLUCK : 500.000 habitants sur environ 28.950 kilom. carrés; DE NUER : 400.000 habit. sur 51.100 kilom. carrés; DE BOR : 10.000 habit. sur 2.201 kilom. carrés; D'EYLAB : 8.000 habit. sur 3.800 kilom. carrés. — Les pays inconnus des nègres de chaque côté de l'Equateur, suppose-t-on, comptent environ 42.000.000 d'habit. sur 3.850.000 kilom. carrés.

SUPERFICIE | 3.950.000 kilom. carrés. || **POPULATION** | 44 millions habitants.

PAYS AU SUD DE L'AFRIQUE

ÉTATS — CONTRÉES PORTUGAISES sur la côte de l'Est (Mozambique, Sofala, etc.) avec 167.000 habit. sur 990 kilom carrés. — COLONIES ANGLAISES 1.358.702 habit. sur 662.562 kilom. carrés, dont le *Cap avec Cafrerie* brit. 720.984 hab. sur 507.517 kil. carrés. *Cafrerie avec Griqua land de l'Est* : 210.000 hab. sur 41.517 kil. carrés. Basoutoland, 75.000 hab. sur 21.887 kil. carrés. Griqua-land de l'ouest, 25.477 hab. sur 45.676 kil. carrés. — CAFRERIE INDEPENDANTE 440.000 hab. sur 162.800 kilom. carrés. — REPUBLIQUE TRANSVAAL et ORANGE 550.000 habit. sur 406.200 kilom. carrés. (Voir page 65.) — PAYS DE BETCHOUANIE 160.000 habit. sur 517.000 kilom. carrés. — GRAND MAMAGUA-LAND 40.000 habit. sur 258.000 kilom. carrés. — DAMARA 20.000 habit. sur 110.000 kilom. carrés. — POSSESSIONS PORTUGAISES sur la côte de l'Ouest (Angola avec Ambriz, Benguela et Mossamedes) 9.057.500 kilom. sur 808.500 kilom. carrés. — LOBALE 200.000 habit. sur 11.000 kilom. carrés. — KIBOKOE 750.000 habit. sur 27.500 kil. carrés. — Les pays de BUNDA 2.500.000 habit. sur 423.500 kil. carrés; MOLOWA 1 million habit. sur 517.250 kil. carrés. — Pays des CAZEMBE 550.000 hab. sur 291.500 kil. carrés.

SUPERFICIE | 4.706.056 kilom. carrés. || **POPULATION** | 15.677.785 habitants.

(RÉGENCE) TUNIS (CAP. TUNIS)

ASTRON.	52° — 37° lat. N. ; 6° — 9° long. E. ‖ CLIMAT ‖ La température moyenne de Tunis est d'environ + 16°.
GOUVERNEMENT CHEF DE L'ÉTAT	CHEF DE L'ÉTAT. Mohammed-Es-Sadak, pacha-bey, né en 1813, avénement en 1859. Le pouvoir est absolu. 6 MINISTÈRES : ministères des *affaires étrangères*, de la *justice* (garde des sceaux), de l'*intérieur*, de la *guerre*, de la *marine*, de l'*instruction publique* et des *travaux publics*.
CULTES	La religion dominante est l'islamisme.
INTÉRIEUR	La régence comprend 41 tribus, administrées par des caïds nommés par le bey ; elles sont divisées en 18 grands quatans, administrés par des mecheiks.
FINANCES DÉPENSES RECETTE MONNAIES	DÉPENSES : 8.500.000 fr. — RECETTES inconnues. — DETTE EXTÉRIEURE: 125 millions. — MONNAIES : OR, le *boumia* = 100 piastres ; le *boukamsin* = 50 piast.; le *bonacherin* = 20 piast.; le *bonachra* = 10 piast.; la piastre d'or = 0f,60c,33. — ARGENT, le *buokamsa* = 5 piastres; le *kuarba* = 4 piast.; le *boutleta* = 3 piast.; le *bourialin* = 2 piast.: le *bourial* ou *rial* = 1 piast.; la piastre d'argent = 0f,62c,88.
GUERRE	ARMÉE RÉGULIÈRE : 7 régim. d'infant. (5.900 hommes); 4 batteries d'artillerie et 1 corps de cavalerie. — ARMÉE IRRÉGULIÈRE (env. 11.000 hommes) dont 300 karouglis (*janitchares*), 5.000 zouaves et 1.500 spahis.
MARINE	La MARINE comprend 2 navires ; 1 aviso de 160 chevaux et 8 canons; 1 transport de 240 chevaux et 2 canons. L'équipage est de 250 hommes.
COMMERCE IMPORT. EXPORT. CHEM. DE FER TÉLÉGRAPHES POSTES POIDS ET MESURES PORTS	IMPORTATION : 17.044.666 f. (objets manuf., tissus, confections, bois, etc.). — EXPORTATION: 22.793.830 f. (céréales, fruits, tabac, cire, huile d'olive, peaux, éponges, corail, etc.). — CHEMINS DE FER : En exploitation 60 kilom., en construction 125 kilom. — TÉLÉGRAPHES : Bureaux 10, lignes 644 kilom. — POSTES : Il existe à Tunis un bureau français et 1 bureau italien. — POIDS ET MESURES : Le *pik arabe* = 448 millim.; le *pik hendash* = 673 millim.; le *pik turc* = 637 millim. Le pik s'appelle aussi *draa*, *cafiso* ou *kaffis* = 16 *vhibas* ou *vebas* = 192 *sahas* ou *zahs* = 4 hectol. 96; le *Saha* = 2 lit. 383, *mataro* (mitre ou kalla) = 9 lit. 85. *mataro* (mitre ou metal) = 19 lit. 69.— PORTS : Golette, Bizerte, Souze, Monastïr, Sfako.
VILLES PRINCIP. AVEC LEURS ... PAR MILLE	Tunis 155, Kaïrvan 15, Souze 8, Marza, Monastïr 7, Golette 4, Bardo 3.
SUPERFICIE	118.400 kilom. carrés (10 habitants environ par kilom. carré).
POPULATION	1.200.000 habitants *selon le chevalier Tulin de la Tunisie*, dont 45.000 musulmans, 25.000 catholiques, 400 cathol. grecs et 100 protestants, etc.

(COLONIE FRANÇAISE) ALGÉRIE (CAP. ALGER)

ASTRON.	30° — 37° lat. N.; 4° — 8° long. E. ‖ CLIMAT ‖ La températ. moyenne d'Alger est de + 20°, celle d'Oran de + 17°.
GOUVERNEMENT	UN GOUVERNEUR GÉNÉRAL qui est à la tête de l'administration et en même temps chef des forces militaires. Un CONSEIL DU GOUVERNEMENT, placé auprès et sous la présidence du gouverneur, donne son avis sur toutes les affaires renvoyées à son examen. Un DIRECTEUR GÉNÉRAL pour les finances et les affaires civiles. L'Algérie est représentée au SÉNAT et à la CHAMBRE DES DÉPUTÉS par 3 *sénateurs* et 3 *députés*.
JUSTICE	10 *tribunaux de première instance*. 1 *tribunal de commerce* à Alger, 65 *justices de paix* dont 7 ressortissent du tribunal d'Alger, 10 de Blidah, 5 de Tizo-ouzou, 6 d'Oran, 7 de Mostaganem, 5 de Tlemcen, 9 de Constantine, 6 de Bône, 8 de Bougie, 4 de Sétif. Dans la province d'Alger, la *juridiction musulmane* est divisée en 101 *circonscriptions* (territoires civils 16; territoires militaires 85), dans la province d'Oran 67 *circonscript.* (territ. civ. 25; territ. milit. 42, hors le Tell 20), dans la prov. de Constantine 99 *circonscript* (territ. civ. 15; territ. milit. 84). A chacune des circonscriptions est préposé un *khadi* (juge) assisté d'*adels* (suppléants). Total 267 *circonscriptions* (territoires civils 36; territoires militaires 231).
CULTES	4 CULTES reconnus par l'État et entretenus à ses frais : *le culte catholique, apostolique, romain* (1 archevêque à Alger et 2 évêques); *le culte protestant* (pasteur président à Alger); *le culte israélite* (grand rabbin à Alger) et *le culte mahométan* (muphti de 1re classe à la grande mosquée d'Oran).
INSTRUCT.	ALGER : 1 académie, 1 école préparatoire de médecine et de pharmacie, cours public d'arabe, 1 lycée, 1 école normale, 2 collèges communaux (Mélianah, Blidah). Il y a en outre des écoles primaires et supérieures pour les indigènes. ORAN : Cours public d'arabe, Médersa de Tlemcen, 3 collèges communaux (Oran, Mostaganem, Tlemcen), 7 écoles primaires. CONSTANTINE : Cours public d'arabe, Médersa de Constantine, 1 collège mixte (Constantine), 3 collèges communaux (Bône, Philippeville, Sétif), 8 écoles primaires.
INTÉRIEUR DIVISIONS DÉPARTEMENTS	L'Algérie comprend 2 RÉGIONS : le Tell et le Sahara ; la région tellienne renferme 3 DÉPARTEMENTS : ALGER, CONSTANTINE ET ORAN. La région saharienne comprend toute l'étendue de nos possessions au delà du Tell, et se rattache administrativement à 3 DIVISIONS MILITAIRES ayant leur siège, l'une à Alger, l'autre à Oran et la troisième à Constantine. Chaque département, se divisant en *arrondissements, districts, commissariats civils* et en *communes*, est administré par un PRÉFET qui exerce les attributions conférées aux préfets des départements de la métropole. Chaque département a un CONSEIL GÉNÉRAL composé de membres français *élus* (Alger 26, Constantine 24, Oran 22) et des assesseurs musulmans, au nombre de 6 pour chaque département, *nommés* par le gouverneur général civil et ayant voix délibérative.
FINANCES	DÉPENSES : 26.808.631 fr. — RECETTES. 23.708.100 fr, — MONNAIES. On se sert des monnaies françaises.
GUERRE DIVISION DIVIS. MILITAIR.	ARMÉE. Le 19e *corps d'armée* est stationné en Algérie. Il y a dans chaque province une division commandée par un général de division. Troupes : 6 bataillons de chasseurs, 4 régim. de zouaves, 3 régim. de turcos, 1 légion étrangère, 3 bataill. d'infant. légère, 2 régim. de caval. légère de France, 4 régim. de chasseurs d'Afrique et 3 régim. de spahis (environ 40.000 hommes). DIVISIONS MILITAIRES. 3 divisions militaires : Alger, Oran et Constantine, subdivisées en 11 cercles.
COMMERCE IMPORT. EXPORT. CHEM. DE FER	IMPORTATION : 112.900.000 fr. (objets manufacturés, vêtements, vins, sucres, café, etc.). — EXPORTATION : 133.000.000 fr. (céréales, poissons, bétail, légumes, peaux, laine, crin, fruits). — CHEMINS DE FER. En exploitation, 543 kilom. — TÉLÉGRAPHES. Bureaux, 95 ; lignes, 5.549 kilom.; dépêches 600.000. — POSTES. Bureaux 180. — POIDS ET MESURES. Système métrique. (Voir page 84). — PORTS. Alger, Oran, Saint-Louis, Bone, Saint-Denis.
VILLES PRINCIP. AVEC LEURS ... PAR MILLE	Alger 49, Constantine 33, Oran 23, Tlemcen 22, Bone 18, Blidah 16, Philippeville 12, Cherchell 11, Sétif 10.
SUPERFICIE	669.013 kilom. carrés, dont Alger 101.316, Oran 289.631, Constantine 278.083 (4 hab. par kilom. carré env.)
POPULATION	2.448.691 hab., dont Alger, 909.290; Oran, 523.848; Constantine, 1.015.553. (Mahométans, 2.155.120; Juifs, 52.989; Français, 144.071; étrangers, 116.511).

AMÉRIQUE

SITUATION ASTRONOMIQUE

54° latit. S. et environ 71° latit. N. et 37°20' — 170°38' longit. O.

DIVISIONS

Ce continent est naturellement divisé en deux grandes parties l'AMÉRIQUE DU NORD et l'AMÉRIQUE DU SUD.

L'AMÉRIQUE DU NORD comprend : les États-Unis, le Dominion d Canada, le Mexique et l'Amérique centrale qui se compose des répu bliques de Honduras, de Guatemala, de San-Salvador, de Nicaragua Costa-Rica. Les Antilles, comprenant les républiques de Haïti et d Saint-Domingue, les possessions anglaises, espagnoles, françaises, ho landaises, danoises et suédoises, font également partie de l'Amériqu du Nord.

L'AMÉRIQUE DU SUD comprend : l'empire du Brésil, les républiqu Argentine, du Paraguay, d'Uruguay, de Colombie, de l'Équateur, Vénézuela, du Pérou, du Chili, de Bolivie et les pays des Patagons

BUDGET

DÉPENSES . . . .   3.250 millions de francs.
RECETTES . . . .   3.150 millions de francs.
DETTE . . . .   16.520 millions de francs.

COMMERCE

IMPORTATION . . . .   4.878 millions de francs.
EXPORTATION . . . .   5.302 millions de francs.

TÉLÉGRAPHES

LIGNES . . . .   168.347 kilomètres.

CHEMINS DE FER

LIGNES . . . .   133.522 kilomètres.

SUPERFICIE

41.154.154 kilomètres carrés (24 habitants par kilomètre carré) dont l'Amérique du Nord 23.480.454, (Amérique centrale 569,633 Antilles 245.509, Grönland 1.967.850), Amérique du Sud 17.653.700

POPULATION

85.519.800 habit., dont l'Amérique du Nord 59.499.812 (l'Amériqu centrale 2.828.164, les Antilles 4.516.178), l'Amérique du Sud 26.519.908

AMÉRIQUE CENTRALE

	HONDURAS (Cap. COMAYAGUA)	GUATEMALA (Cap. GUATEMALA)	SAN-SALVADOR (Cap. SAN-SALVADOR)	NICARAGUA (Cap. MANAGUA)	COSTA-RICA (Cap. SAN-JOSÉ)
RÉPUB. POSITION ASTRONOMIQUE	14° — 16° lat. N. 86° — 91° long. O.	14° — 17° lat. N. 91° — 95° long. O.	13° — 14° lat. N.; 90° — 95° long. O.	11° — 14° lat. N. 86° — 90° long. O.	8° — 11° lat. N. 85° — 88° long. O.
CLIMAT	Le climat est très-varié dans l'Amérique Centrale; la chaleur est étouffante dans les plaines et les vallées profondes, mais sur les plateaux et sur les pentes des montagnes on jouit de la plus douce température, qui varie entre 16° et 24° ou une température moyenne de 20°.				
GOUVERNEMENT DE L'ÉTAT EXÉCUTIF LÉGISLAT	CHEF DE L'ÉTAT. Leiva, P., président. LE POUVOIR EXÉCUTIF est exercé par le président, le conseil des ministres (3 membres) et le Conseil d'État 7 membr. dont les 3 ministres. LE POUVOIR LÉGISLATIF par le sénat de 7 membres et le Corps législatif de 11 membres. — 3 MINISTÈRES : les ministères de l'Intérieur et des Affaires étrangères, des Finances, de la Guerre.	CHEF DE L'ÉTAT. Bonnos. Rafino, lieut.-génér., élu président, 1875, pour 7 ans. POUVOIR EXÉCUTIF est exercé par le président et le Conseil d'État (le nombre des membres n'est pas limité) élus par la chambre et le président. — POUVOIR EXÉCUTIF est confié à la chambre des représentants (25 membr.). 3 MINISTÈRES : les ministères de l'Intérieur et des Finances, de la Guerre et du Fomento, des Affaires étrangères et de l'Instruct. publ.	CHEF DE L'ÉTAT. Zuldivar R., élu président en 1876, pour 10 ans. LE POUVOIR EXÉCUTIF est confié au président et au vice-président. — LE POUVOIR LÉGISLATIF au sénat (12 memb.) et à une chambre (24 membres). Le président dispose actuellement d'un pouvoir dictatorial en matière de finances. 5 MINISTÈRES : les ministères de la Justice et des Affaires étrangères, des Finances et de la Guerre, de l'Instruction publique.	CHEF DE L'ÉTAT. N***. LE POUVOIR EXÉCUTIF est exercé par le président, élu pour 4 ans. LE POUVOIR LÉGISLATIF est représenté par le sénat, composé de 10 membres, et par la chambre des représentants, comptant 11 membres. 4 MINISTÈRES : les ministères des Affaires étrangères, de l'Instruction publique, de l'Intérieur et de la Guerre, des Finances.	CHEF DE L'ÉTAT. Herrera Vicente, élu président, 1876, provisoirement (2 vice-présidents). LE POUVOIR EXÉCUTIF est confié à un congrès national composé d'une seule chambre. Les députés sont élus pour 4 ans. 4 MINISTÈRES : les ministères de la Justice, des Affaires étrangères, de l'Intérieur, de la Guerre et la Marine, du Fomento, et du Commerce.
INTÉRIEUR	Le pays est administrativement divisé en 7 PROVINCES.	La République est divisée en 47 DÉPARTEMENTS, 15 vicairies et 124 paroisses.	Le pays est administrativement divisé en 8 DÉPARTEMENTS.	Le pays est divisé administrativement en 7 DÉPARTEMENTS.	Le pays est divisé administrativement en 6 PROVINCES.
CULTES	La religion catholique règne dans l'Amérique Centrale. L'Église est dirigée par un archevêque (Guatemala) et 5 évêques (Camayagua, Caristo, San-Salvador, Nicaragua, San-José).				
FINANCES DÉPENSES RECETTES DETTES	DÉPENSES : 25 millions env. RECETTES. 24 millions 600.000 fr. env., dont les douanes fournissent 8 millions env., et les monopoles 9 millions, env. DETTE. La dette intérieure est inconnue; dette extérieure, 30.050.540 fr.	DÉPENSES : 13 mil^ons 152.135 fr. { Déficit: 1 mil^on 52.135 francs. } RECETTES : 11.180.000 fr. DETTE : Dette intérieure, 6.212.400 fr. Dette extérieure 13.174.520 — Total. 19.386.920 fr.	DÉPENSES : 8 mil^ons 762.470 fr. (dont pouvoir exécut., 148.720; postes, 31.145; télég., 74.350; armée, 2 mil^ons 220.045; instruct. publique, 239.940 fr.). RECETTES : 9 millions 600.255 fr. (dont douanes, 1.131.290; impôts et monopoles, 2.458.655; postes, 60.150; télégraphes, 26.020). DETTE : dette publique, 7.518.520 fr.	DÉPENSES : 5 mil^ons 600.000 fr. (l'entretien de l'armée et la liste forment la plus grande partie des dépenses). RECETTES : 5 millions 220.000 fr. DETTE. On a évalué la dette intérieure à env. 55.000.000 fr. Il n'y a pas de dette extérieure.	DÉPENSES : 13 millions 152.135 fr. (dont l'instruction publique, 512.150 fr.; guerre et marine, 1.806.065 fr.; police, 141.125 fr. RECETTES. 11 millions 180.000 fr. (dont les postes, 125.000 fr.; les chemins de fer, 600.000 fr.; monopoles, 5.400.000 fr.). DETTE. Dette extérieure, 60 millions de francs.
MONNAIES	MONNAIES. — Or : once d'or, ou pistole-quadrupe de 16 piastres = 81 fr. 57. Double pistole de 8 piastres ou doublon, pistole de 4 piastres, demi-pistole ou écu d'or de 2 piastres, quart de pistole ou escudillo d'une piastre en proportion. — Argent : piastre forte de 8 réaux de plate = 5 fr. 42. Demi-piastre de 4 réaux, quart de piastre de 2 réaux, réal de plate et 1/2 réal en proportion.				
GUERRE	ARMÉE ACTIVE : 600 hommes. MILICE : 6.000 h.	ARMÉE ACTIVE : 3.200 hommes. MILICE : 15.000 h.	ARMÉE ACTIVE : 1.000 hommes. MILICE : 500 h.	ARMÉE ACTIVE : 800 hommes. MILICE : 4.000 h.	ARMÉE ACTIVE : 900 hommes. MILICE : 16.400 h.
COMMERCE IMPORTATION EXPORTATION TÉLÉGRAPHES CHEMINS DE FER MARINE MARCH.	IMPORTATION : 5 millions (vêtements, objets manufacturés. EXPORTATION : 6 millions 525.000 fr. (or et argent 5 mil^ons; indigo, 1 mil^on; bétail, 600.000 fr.; bois, 900 mille fr.; cuivre, 500 mille francs. CHEMINS DE FER : en exploitation, 90 kil. En construction, 372 kilom. MARINE MARCH. : 30 navires jaugeant 1.800 tonnes. PORTS : Amapala sur l'océan Pacifique. Trujilo et Omoa sur l'Atlantique.	IMPORTATION : 15 millions 270.000 fr. (confection, bijouterie, objets manufact.). EXPORTATION : 16 millions 86.725 fr. (café, cochenille, indigo, peaux, lainages, gomme, etc.). TÉLÉGRAPHES : En exploitation, une ligne entre la capitale et le port de San-José. MARINE MARCH. : 106 nav., jaugeant 16 mille tonnes. PORTS : Izabal, San-Thomas, Puerto-de-Istapa.	IMPORTATION : 11 millions de fr. (bijouterie, horlogerie, objets manufacturés, etc.). EXPORTATION : 17 millions (indigo, café, sucre, tabac, baume, etc.). MARINE MARCH. : 64 navires, jaugeant 4000 tonnes. PORTS : Acahutla et Union sur le Pacifique.	IMPORTATION : 600 mille francs (vêtements, objets manufacturés). EXPORTATION : 750 mille francs (sucre, café, coton, peaux, gomme, indigo, etc.). MARINE MARCH. : 80 navires, jaugeant 9.000 tonnes. PORTS : San-Juan-del-Sol et Corinto sur le Pacifique.	IMPORTATION : 14.250.000 fr. (machines, vêtements, bijouterie, objets manufacturés). EXPORTATION : 22.795.395 fr. (café, peaux, caoutchouc, bois de cèdre, etc.) TÉLÉGRAPHES : Bureaux, 16; lignes, 520 kilomètres. CHEMINS DE FER : En exploitation, 50 kilom.; en construction, 50 kilom. env. PORTS : Punta-Arenas sur l'Atlantique; Puerta-Limon sur le Pacifique.
VILLES PRINCIPALES (plusieurs-habitants en mille)	Tegucigalpa, 12; Yuticalpa, 10; Comayagua, 8; Medina-Gracias-a-Dios, 8.	Guatemala, 40; Autigua, 18; Coban, 18; San-Thomas, 14; San-Marcas, 12.	San-Salvador, 20; San-Miguel, 15; Santa-Anna, 12; Santa-Vincente, 12.	Léon, 30; Masaya, 12, Managua, 10; Granada, 10; Chenardega, 8.	San-José, 25; Alajuela, 10; Carthago, 10; Matina.
SUPERFICIE	122.000 k. c. (5 hab. par kilom. carré).	105.612 k. c. (11 habitants par kil. carré).	19.000 kil. c. (52 habitants par kil. carré).	150.635 kil. carré (2 hab. par kil. c.)	55.669 kilom. carrés (5 hab. par kil. carré
POPULATION	552.000 hab.	1.190.800 hab.	600.000 hab.	250.000 hab.	165.000 hab.

ANTILLES (Sauf les Antilles anglaises)

ÉTATS	RÉPUBLIQUES		POSSESSIONS ESPAGNOLES	POSS. FRANÇAISES	POSS. HOLLAND.	POSS. DANOISES
	HAÏTI (Cap. PORT-AU-PRINCE)	SAINT-DOMINGUE (Cap. SAINT-DOMINGUE)	CUBA (Cap. HAVANA) PUERTO-RICO (Cap. SAN-JUAN)	MARTINIQUE GUADELOUPE	CURAÇAO (Cap. WILLEMSTAD)	SAINTE-CROIX (Cap. CHRISTIANSTAD)
GOUVERNEMENT — CHEF DE L'ÉTAT — POUV. EXÉCUT. — POUV. LÉGISLAT	CHEF DE L'ÉTAT. Boisrond Canal, général, élu président en 1876, pour 4 ans. LE POUVOIR EXÉCUTIF lui est confié. LE POUV. LÉGISLATIF est exercé par le Sénat (56 memb.) et la Chambre (108 memb.). 4 MINISTÈRES : les ministères de la Justice, des Cultes et de l'Instruct. publique; de l'Intérieur et de l'Agricult.; des Finances, du Commerce et des Affaires étrang.; de la Guerre et de la Marine. Cour suprême à Port-au-Prince. 7 tribun. civils, criminels et correctionnels, 6 trib. de comm.	CHEF DE L'ÉTAT. Gonzalès, élu président en 1876. LE POUVOIR EXÉCUTIF est entre ses mains. LE POUV. LÉGISLATIF est confié à la Chambre législative. 5 MINISTÈRES : les ministères de la Justice et de l'Instruction publ.; de l'Intérieur et de la Police; des Affaires étrang.; de la Guerre et de la Marine; du Commerce et des Finances. Il y a une Cour suprême à St-Domingue.	Les hauts fonctionnaires de ces îles sont : *un gouverneur capitaine-général, un commandant en chef, un secrétaire du gouvernement et un directeur général* pour l'administration civile. PUERTO-RICO est divisé en deux juridictions : San-Juan et San-German. CUBA. 3 provinces : Havana, Trinidad, Santiago. PUERTO-RICO. 8 départements : San-Juan, Aguadella, Arecibo, Bayamon, Guayama, Mayaguez, Ponce et Humacao.	Les affaires administrat. sont dirigées par un gouverneur pour chaque île. La circonscript. judiciaire comprend 1 cour d'appel, 2 trib. de 1re inst. et 4 trib. de justice de paix. Les îles dépend. sont les île de Marie-Galante, des Saintes, de la Desirade et 200 kilom. de l'île St-Martin avec l'îlot de Tenlamarre.	L'administration est entre les mains d'un gouverneur nommé par le roi. Le siège du gouvernement est à Willemstad (Curaçao).	L'autorité législ. s'exerce par le roi et le conseil, composé, dans l'île Ste-Croix, de 18 memb. (5 nommés par le roi), et dans les îles St-Jean et St-Thomas 15 memb. ensemble (4 élus par le roi).
CULTES	La religion catholique est la religion dominante. Les deux langues les plus usitées sont le français et l'espagnol.		La religion catholique domine; il y a un archevêque à Havana (Université).	La religion dominante est la religion catholique.	La religion dominante est la religion protestante réformée.	
INTÉRIEUR	La République d'Haïti est divisée en 3 départements : Département Occidental, département du Centre et département Oriental.	La République dominicaine comprend le Centre et l'Est de Haïti ; elle est divisée en 5 provinces, administrées chacune par un commandant.	CUBA est divisée en 3 provinces, administrées chacune par un président. PUERTO-RICO est divisé en 8 départements, administrés chacun par un président.	La MARTINIQUE est divisée en 2 arrondissements: Saint-Pierre et Fort-de-France; subdivisés en 25 communes. — La GUADELOUPE est divisée en 3 arrondissem. : la Basse-Terre, la Pointe-à-Pitre et Marie-Galante.	Les Antilles hollandaises comprenn. les îles Curaçao, Bonaire, Aruba, Saba, St-Eustache et un tiers de l'île St-Martin.	Les Antilles danoises comprennent les îles Sainte-Croix, St-Thomas et Saint-Jean.
FINANCES — DÉPENSES — RECETTES	Les dépenses et les recettes ne sont pas connues ; la plus grande partie des revenus provient de la douane qui s'élevait en 1875 à 25.500.000 fr. DETTE : 140.000.000 fr. env. MONNAIES, POIDS ET MESURES. On se sert des mêmes monnaies et des mêmes poids et mesures qu'en France avant le système métrique.	Les dépenses et les recettes sont inconnues. La douane a produit en 1874 : 9.000.000 fr. environ. DETTE inconnue.	CUBA. 145.000.000 fr. env. de dépenses et de recettes. DETTE inconnue. PUERTO-RICO. Dépenses et recettes, 17.000.000 fr. env. DETTE inconnue. MONNAIES, POIDS ET MESURES. On se sert des mêmes monnaies et des mêmes poids et mesures qu'en Espagne.	DÉPENSES. ? RECETTES. ? MONNAIES, POIDS ET MESURES. Les monnaies, poids et mesures à la Martinique et à la Guadeloupe sont ceux de France.	DÉPENSES. 1 mill. 800.000 fr. RECETT. 1.850.000 fr. MONN. On compte en *florins* (gulden) comme à Amsterdam. POIDS ET MESUR. les mêmes qu'en Hollande.	DÉPENSES. ? RECETTES. ? MONN. POIDS ET MESUR. Même syst. qu'en Danemark.
GUERRE	ARMÉE ACTIVE. 5.000 hommes.; MARINE. 7 nav. avec 18 canons.		CUBA. — ARMÉE : Infant., 52 bat.; caval., 55 escad. (dont 20 escad. milice); artill., 2 régim. à chev. et 1 bat. à pied. — PORTO-RICO. ARMÉE. 5.800 homm. : 1 bat. infanterie; 2 escadr. cavalerie (milice). — MARINE MARCHANDE. CUBA. 600 navires jaug. 61.000 tonn. — PUERTO-RICO. 540 navires jaug. 18.000 tonnes.			
COMMERCE — IMPORTATION — EXPORTATION — CHEM. DE FER	IMPORTAT. 52.000.000 fr. (tissus et objets manufac., ouvrages de métaux et de cuivre). — EXPORTAT. : 45.000.000 fr. env. (café, cacao, bois de campêche, d'acajou, coton, cire, cuir, etc.). — CHEMINS DE FER : 2 lig. en constr. — PORTS : Port-au-Prince, Cap Haïtien (Guarico), Jacmel.	IMPORTAT. : 5.000.000 fr. (tissus, bijouteries, confection, objets manufact., etc.). — EXPORT. : 7.000.000 fr. (tabac, café, sucre, miel, cire, cochenille, etc.) — PORTS : Saint-Domingue, Puerto-Plata.	CUBA. — IMPORTATION : 120.000.000 fr. env. (vêtements, objets manufac., horlogerie. — EXPORTATION : 190.000.000 fr. (sucre, cacao, rhum, mélasse, vanille. — CHEMINS DE FER : en exploit. 760 kilom. — PORTS. (Voir les villes). PUERTO-RICO. — IMPORTATION : 75.000.000 fr. (machines, bijouteries, articles de luxe, etc.). — EXPORTATION : 45.000.000 (sucre, mél., tabac, rhum, miel, cire, café). PORTS. (V. les vill.).	MARTINIQUE. — IMPORT. 35.000.000 fr. (subst. alim., tabac, tissus, vêtem. — EXPORTAT. : 29.000.000 fr. (sucre br., rhum, confit., cacao. GUADELOUPE. — IMPORTAT. : 23.000.000 fr. (denr. alim., tissus). EXPORTAT. 25.000.000 fr. (sucre br., mélasse, rhum, café, etc.).	IMPORT. 600.000 f. (riz, viande, sel, tab. tissus) EXP. 000.000 (rhum, liqueurs, sucre, cacao, etc.).	IMPORT. 2 mill. fr. (tissus, sel, subst. alim.). EXP. 2 mill. (café, rhum, cacao, cocon, etc.).
VILLES PRINC. — LEURS HAB. PAR MILLE	Port-au-Prince, 56; Cayes, Cap Haïtien, 10; Saint-Marc, 4; Plaisance, 5.	Saint-Domingue, 16; Azua, Puerto-Plata, 7; Isabelica, Santiago, La Vega.	CUBA : Havana, 250; Santiago, 100; Matanzas, 50; Trinidad, Pte-Principe, 50. — PUERTO-RICO. San-Juan, 52; San-German, 20; Ponce, 18; Mayaguez, 16; Arecibo, 12.	MARTINIQUE : Pte-de-France, 14 (capit.); St-Pierre, 35. GUADELOUPE : Basse-Terre, 7 (capitale); Pointe-à-Pitre, 12.	Willemstad, 11; Saint-Eustache.	Christianstad, 6; Saint-Thomas, 5.
SUPERFICIE	25.910 kilom. carr. (env. 55 hab. par kilom. carré).	55.445 kilom. carr. (env. 4 hab. par kilom. carré).	CUBA. 118.883 kilom. carr., dont 5145 pour l'île de Pinos (12 hab. par kil. carré). — PUERTO-RICO. 9.514 kilom. c., dont 250 pour les îles de Vieques, de Cubbra et de Mona (69 hab. par k. c.).	MARTINIQUE. 988 kil. carr. (157 hab. par kil. carré). GUADELOUPE. 1.795 kilom. carrés (87 hab. par kilom. carré).	1.356 kil. carr. (26 hab. par kil. carr.).	560 kil. carré (105 hab. par kil. carré).
	…000 habitant…, dont la plus…	…000 habitant…	CUBA. 4.414.500 hab., dont 650.000 hab. de couleur; la moitié…	MARTINIQUE : 156.000 hab. GUADELOUPE : 457.000 h.	56.000 hab.	58.000 hab.

	ARGENTINE CAP. BUENOS-AYRES.	**URUGUAY** CAP. MONTEVIDEO	**PARAGUAY** CAP. ASUNCION.
RÉPUBLIQUES			
SITUATION ASTRONOMIQUE	22° — 44° lat. S.; 74° 20' — 56° 40' long. O.	30° — 35° lat. S. et 56° — 61° long. O.	22° — 27° 30' lat. S. et 61° — 57° long. O.
CLIMAT	Le climat est rigoureux dans les hautes vallées des Andes; dans les *Pampas* et le *Chaco*, la chaleur est quelquefois excessive. Dans les plaines, on jouit de la plus douce température, et la végétation est une des plus heureuses. *Buenos-Ayres :* températ. plus haut + 56°, plus bas 2°, moyenne + 19°. *Montevideo :* températ. plus haut + 40°, plus bas + 4°, moyenne + 22°. *Asuncion :* moyenne + 23°.		
GOUVNEMENT CHEF DE L'ÉTAT POUV' EXÉCUTIF POUV' LÉGISL.	CHEF DE L'ETAT : Avellaneda N., Dr, élu président en 1874, pour 6 ans. Le vice-président préside le Sénat. LE POUVOIR EXÉCUTIF est confié au Président de la République. LE POUVOIR LÉGISLATIF est exercé par le Sénat (28 membres) et la chambre des députés (86 membres), 5 MINISTERES. *Les ministères de la justice, des affaires étrangères, de l'intérieur, des finances, de la guerre et de la marine.* est chargée de surveiller la marche de l'administration. — 4 MINISTERES. *Les ministères des affaires étrangères, de l'intérieur qui réunit la justice, les cultes, l'instruct. pub. et l'agricult., des financ., de la guerre et de la marine.*	CHEF DE L'ETAT : Latorre, L., colonel, élu président en 1876, pour 4 ans. Le vice-président est président du Sénat. LE POUVOIR EXÉCUTIF est exercé par le président qui est assisté du ministère. LE POUVOIR LÉGISLATIF est confié au *corps législatif,* au *Sénat* et à la *chamb. des représentants* qui siégent pendant 4 mois et demi; dans l'intervalle entre les sessions une commisssion permanente, composée de 2 sénat. et de 5 dép.	CHEF DE L'ETAT : Gill J.-B., élu président en 1874. LE POUVOIR EXÉCUTIF est confié au président qui est assisté par 5 ministres-secrétaires et par le vice-président. LE POUVOIR LÉGI-LATIF est entre les mains d'un congrès législatif composé de 2 chambres : le sénat et la *chambre des députés.* — 5 MINISTERES. *Les ministères de la justice et des cultes, des affaires étrangères, de l'intérieur, des finances, de la guerre.*
CULTES INSTRUCTION PUBLIQUE	*La religion catholique* est généralement professée dans ces républiques, mais la liberté des cultes est garantie. Il existe un archevêque (Buenos-Ayres) et 4 évêques pour la rép. Argentine; 1 vicaire apostolique relevant de la cour de Rome, mais choisi par le pouvoir exécutif, pour la rép. d'Uruguay, et l'évêque (à Asuncion) pour le Paraguay. — INSTRUCTION PUBLIQUE. Il y a une université à Montevideo et 58 écoles publiques gratuites avec 6.680 élèves. Dans les départements, 74 écoles publ. et 59 écoles particulières avec 6.738 élèves.		
INTÉRIEUR POSTES TÉLÉGRAPHES	Le pays est divisé en 14 provinces administrées chacune par un gouverneur, et 4 territoires dirigés par les commandants milit. — POSTES. Lettres 4.605.534. Imprimés et journaux 1.846.486. TELEGRAPHES : Lignes de l'ETAT 7.650 kilom. Dépêches 179.872.	L'Etat est divisé en 13 départements : Montevideo, San-José, Soriano Pay-anda, Tacuarembo, Selto, Cerro-Largo, Maldonado, Mines, Durazno, Florida, Colonia, chacun administré par un préfet.	Le pays est partagé en 8 départements · Asuncion, Villa-réal, Santiago, Concepcion, Turugnaty, Candelaria, San-Fernando, San-Hermengildo, chacun administré par un préfet.
FINANCES DÉPENSES RECETTES DETTE MONNAIES	DEPENSES — Justice.. 9.621.353 — Aff. étr. 1.122.435 — Intér.. 12.669.051 — (présid. 209.916; postes 2.985.593; télégraph. 1.020.877) — Finances 51.091.239 — Armée et marine 28.812.589 — Total.. 103.516.683. RECETTES — Dr d'exp. et d'imp. 87.131.500 — Télégr. 408.000 — Postes 1.147 500 — Chemins de fer 550.700 — Recettes diver. 14.379.983 — Total. 103.417.683 — DETTE Extér. 278.851.008 — Intér. 110.070.811 — Total. 348.921.819	DEPENSES — Intérieur (gouvernement 148.558).... 8.719.858 — Finances (post. 256.804) 3.753.454 — Guerre et marine... 11.820 504 — Affaires étrangères.. 127.889 — Total.... 24.401.705 — RECETTES — Droits d'importation.. 27.634.107 — — d'exportation.. .5.873.034 — Recettes diverses... 1.321.256 — Total.... 34.828.417 — DETTE PUBLIQUE... 217.037.174	DEPENSES — Finances (1876).. 1.992.150 — (d'prés. 115.800, guerre. 648.570, — RECETTES — Pour 1875.... 2.735.295 — (Postes 9.435 fr.) — Vente des biens nationaux.... 1.117.200 — DETTE — Dette intér. (1874) 14.577.085 — Dette extérieure. . 45.915.000 — Total.... 60.492.085
	Outre le budget général, chacune des 14 provinces a son budget particulier; le total de ces budgets s'élève, pour les recettes, à 37.754.517 fr., et, pour les dépenses, à 25.253.409 f. — MONNAIES. Or: le doublon = 16 piastres = 81 f. 56. Argent: piastre forte, = 8 réaux = environ 5 fr. 57 et les pièces divisionnaires en proportion. Il circule une grande quantité de papier monnaie : 1 piastre-argent = 25 piastres-papier d'où 1 piastre-papier = 0 fr. 21.	MONNAIES. Ces deux républiques n'ont pas de monnaies particulières; les espèces d'or et d'argent qui circulent sont celles d'Espagne (anciennes) et celles des autres républiques hi-pano-américaines et du Brésil. La piastre nationale nommée doublon vaut 5 f. 34; elle se divise en 10 réaux, lesquels se subdivisent chacun en 100 reïs La monnaie de cuivre se subd, en pièces de 5, 10, 20 reïs.	
GUERRE ARMÉE MAR. DE L'ÉTAT MAR. MARCH.	L'ARMÉE se compose de *l'armée active* et de la *garde nationale.* L'armée active comprend 3400 h. d'inf., 5760 de cavaler., 660 d'artill., 865 offi. dont 4 généraux, 325 off. sup. et 536 autres off. MARINE DE L'ETAT se compose de 28 nav. dont 2 blindés, 6 canonnières et 5 torpedos avec 88 can. et 7510 chev. *Personnel :* 2 chefs d'escadre et 19 off. sup., 55 off. subalt. et 90 off. de différent. fonctions. Infant. de la marine: 2000 h. et 900 offi. Section de torpedos : 11 off. et 80 h. MARINE MARCHANDE : 79 nav. au long cours jaugeant 95.000 tonnes.	L'ARMÉE se compose de *l'armée active* et de la *garde nationale.* L'armée active comprend : Infant. 1620 h., cavalerie 350 h., artillerie 275 h. Total 2345 h. avec 728 off. dont 8 généraux. La garde nationale 20,000 hommes. Off. en disponibilité 1091.	L'ARMÉE est presque tout entière démissionnaire dans ce moment-ci pour exonérer le budget; il n'y a que 200 sold. env. à Asuncion. En temps ordinaire, l'armée active monte à 2.000 h. LE SERVICE EST OBLIGATOIRE pour tous les citoyens valides. Le pays est divisé en 6 COMMANDEMENTS militaires qui se subdivisent en 69 districts de police.
COMMERCE IMPORTATION EXPORTATION CHEM. DE FER PORTS POIDS ET MES.	IMPORTATION : 285.401.000 fr. (objets manufacturés, vêtements, bijoux, articles de Paris).—EXPORTATION : 219.835.500 f. laine, peaux, fourrures, viandes salées, animaux, plumes d'autruche). CHEMINS DE FER: En exploitation 2120 k., en construc. 120 k., et le gouvernem. a donné une concession de 3183 k., y compris la ligne de Buenos-Ayres au Chili.— PORTS : Buenos-Ayres et Rosario. POIDS ET MESURES. Le système métr.	IMPORTATION : 109.589.000 f. (objets manufacturés, bijouterie, métaux, etc. EXPORTATION : 84.765.000 f. (peaux, viandes salées, suif, bestiaux, laine, crin, farine, etc.). CH. DE FER en exploit. 376 kil. POSTES: Lettres 1.100,978, journaux 1.090.367. TELEGRAPHES : lignes 1.542 kil. PORTS : Montevideo, Maldonado, Higueritas.	IMPORTATION : 2.827.975 fr. (tissus, objets fabriqués, vin, sucre, café, etc.). EXPORTATION : 3.058.269 fr. (thé, tabac, amidon, fruits confits, cigares, oranges, cuirs, bois, etc.). CHEMINS DE FER en exploitation 72 kil. TELEGRAPHES : lignes 72 kil.
VILLES PRINC. AV. LEURS HABIT. PAR MILLE.	Buenos-Ayres 190, Cordova 30, Rosario 24, Tucuman 18, Salta 12, Santa-Fé 11, Corrientes 11, Parana 10.	Montevideo 105, Fray-Bentos, Mercedes, Salto oriental, San-José, Higueritas.	Asuncion 25, Villa-Roca 20, Curuguaty, Humaneta.
SUPERFICIE	5.146.380 k. c. (0,6 hab. par kil. carré).	217.187 kil. c. (2 h. par kil. car. env.).	146.886 k. c. (1 h. par. k. c.).
POPULATION	1.877.490 dont : Argent. 1.530.000, Ital. 70.000, Amé. 43.500, Esp. 35.000, Fr. 52.000, Angl. 11.000, etc. Ind. et Patag. 100.000 env.	550.000 habitants. Selon M. Vaillant, chef du bureau statistique de Montevideo : 450.000 habitants.	(1873) 221.079 h. (1861) 1.337,439 h. Le nomb. des étrang. résid. au Par. 6000 d. 2500 It., 1500 Bré, etc.

(EMPIRE) BRÉSIL (CAP. RIO-DE-JANEIRO)

SITUATION ASTRONOMIQUE	4° lat. N. — 35° lat. S. 37° — 75° long. O.	**CLIMAT** Dans les plaines du N. le climat est chaud et malsain ; dans les parties moyennes et méridionales du Brésil, on trouve des vallées remarquables par leur climat salubre et fertile.

GOUVERNEMENT
CHEF DE L'ÉTAT
POUV' EXÉCUTIF
POUV' LÉGISL.

CHEF DE L'ÉTAT, Pedro II d'Alcantara, empereur, né en 1825, avénement 1831 (Thérèse-Christine-Marie, Impératrice, née en 1822). Le Brésil est une monarchie constitut. et héréd. LE POUVOIR EXECUTIF ET LE POUVOIR MODERATEUR sont confiés à l'empereur, qui est assisté du *conseil d'État* composé d'anciens ministres (7 membres ordinaires, 7 membres extraordinaires) nommés à vie. LE POUVOIR LEGISLATIF est exercé par l'empereur et par l'assemblée générale qui comprend 2 chambres : Le *Sénat*, 58 membres nommés à vie par l'empereur qui les désigne sur des listes de 3 candidats présentées par les électeurs, en cas de vacances. La *Chambre des Députés*, 122 membres élus pour 4 ans, par le suffrage à 2 degrés (élect. de paroisse et élect. de prov.). Tout citoyen âgé de 25 ans est électeur. — 7 MINISTÈRES : les ministères *de la justice, des affaires étrangères, de l'intérieur, des finances, de la guerre, de la marine, des travaux publics*. Les ministres sont assistés également d'un *conseil d'État* (12 membres ordinaires, 12 membres extraordinaires nommés à vie.)

JUSTICE — 1 *Tribunal supérieur de justice* (Rio-de-Janeiro), 11 *cours d'appel*, 4 *tribunaux de commerce*.

CULTES — Le catholicisme est la religion de l'État, et l'état civil est régi par la règle du concile de Trente. 1 archevêque métropolitain et primat du Brésil à Bahia, 11 évêques, 12 vicaires généraux, 1 297 curés.

INSTRUCTION PUBLIQUE — L'instruction publique se divise : 1° *instruction primaire* ; 2° *instruction secondaire et préparatoire* ; 3° *instruction scientifique et supérieure*. L'instruction primaire dans la capitale est à la charge de l'assemblée générale, dans les provinces à la charge de l'assemblée provinciale. L'instruction primaire accordée par la constitution est gratuite. Les écoles publiques (1874) étaient fréquentées par 140.000 élèves. 2 *Facultés de jurisprudence et de sciences sociales*, 2 *Facultés de médecine*, 11 *Facultés de théologie*, 1 *École polytechnique*, 1 *Faculté des lettres*, 1 *École des beaux-arts*, 1 *École des arts et métiers*, *Écoles militaires*.

INTÉRIEUR PROVINCES — Le Brésil est divisé en 21 PROVINCES administrées chacune par un *président* ayant le pouvoir exécutif et une *Chambre provinciale* ayant le pouvoir législatif. Les *villes* s'administrent par des *maires* de leur choix sous le contrôle d'*assemblées* élues.

FINANCES
DÉPENSES
RECETTES
DETTE
MONNAIES

DÉPENSES		RECETTES	
Dépenses ordinaires (liste civile 3.585.316 fr. culte et instruction ; 6.455.078 fr. ; frais de réception 13.172.619 fr. ; guerrre 54.312.484 fr.)	FR. 294.087.687	Recettes générales	FR. 296.800.000
		Dépôt	4.200.000
Dépenses extraordinaires et crédits spéciaux (dont chem. de fer 44.074.800 fr.)	44.858.800	Émission de monnaies en nickel . . .	560.000
		Excédant de l'exercice 1874-75. . . .	61.182.270
MONNAIES Total. . . . 338.946.487		Total	362.742.270
Or. 20.000 reis = 56 f. 60, 100 000 reis = 28 f. 30, 5000 reis = 14 fr. 15. *Argent* 2000 reis = 5 fr., 1000 reis = 2 f. 50, 500 reis = 1 f. 25. Le conto = 1.000.000 reis = 1000 milreis.		DETTE	
		Dette extérieure	486.990.932
		Dette intérieure	798.469.560
		Dette flottante	561.295.204
		Total	1.846.755.696

GUERRE
ARMÉE

Par la loi du 25 février 1875 le SERVICE OBLIGATOIRE a été introduit en admettant pourtant le remplacement. La durée du service est de 6 ans dans l'armée active et de 3 dans la réserve.

1° ARMÉE.	Paix	Guerre	
Infanterie, 21 bat.	10.200	20 000	2° GENDARMERIE, 9.900 h. (dont 1200 pour Rio-de-Janeiro.)
Cavalerie, 5 régim. 2 bat	2.500	4.800	3° LA GARDE NATIONALE.
Artillerie et génie, 3 régim. et 5 bat. . .	3.800	7.200	
Total	16.500	32.000	

MARINE

Vapeurs	Nomb.	Can.	Chev.			
Vaisseaux blindés.	19	73	1.381	*Navires à voiles*		
Frégates.	1	12	169			
Corvette.	8	61	1.303		Nomb.	Can.
Canonnières . . .	23	47	933	Corvettes	1	22
Transports. . . .	7	»	181	Petits navires	2	15
Total, . . .	58	193	3.967	Total . . .	»	37

Personnel : 15 officiers de l'état-major général, 338 officiers de 1re classe, 159 de 2me classe, 65 hom. du corps sanitaire, 24 aumôniers, 215 officiers de comptabilité, 78 gardiens, 33 machinistes, 5000 marins, 913 bat. navals.

TRAVAUX PUBLICS

CHEMINS DE FER : 1660 kil. en exploitation, 1362 kil. en construction.
POSTES : Lettres expédiées (1874), 12.392.000, dont 6 487.000 par la voie de Rio-de-Janeiro.
TÉLÉGRAPHES : 5151 kilom. ; nombre de bureaux, 87.

COMMERCE
IMPORTATION
EXPORTATION
POIDS ET MESURES
PORTS

IMPORTATION : 440.227.600 fr. environ (objets manufacturés, vêtements, bijouterie, machines, verreries, meubles, objets d'art, etc.
EXPORTATION : 521 154.400 fr. (café, coton brut, sucre, cacao, thé du Paraguay, peaux, tabac, gomme élastique, diamants, etc)
POIDS ET MESURES. Le système métrique, adopté en 1862, a été mis en vigueur en 1872 (Voir pag. 84).
PORTS : Rio-de-Janeiro, Bahia, Pernambouc, Porto-Alegre, Para, Santol.

VILLES PRINC. AVEC LEURS HABITANTS PAR MILLE — Rio-de-Janeiro 420, Bahia 180, Pernambouc 120, Maranhão 35, Victoria 50, San-Paolo 50, Parahyba 50, Caxoeïra 50, Goyaz 20, Cuyaba 15, Olinda 12.

SUPERFICIE — 8.515.840 k. c. (env. 1, 2 hab. par k. c.)

POPULATION — 10.108.291 hab. (dont 1 million 1/2 d'esclaves), en sus 1 million env. d'Indiens. Selon la nationalité, la population libre se répartit ainsi : 8.176.191 Brésiliens, 121.246 Portugais, 45.829 Allemands, 44.580 Africains, 6.108 Français, etc. Selon la religion, en 9.902.712 catholiques (dont 8.391.906 libres et 1.510.806 esclaves) et en 205.570 d'autres cultes.

TABLE ADMINISTRATIVE

21 PROVINCES	POPULATION (1872)			SUPERFICIE
	libres	esclaves	Total	kil. carrés
Matto Grosso . . .	53.750	6.667	60..17	1.579.651
Goyaz	149.745	10.652	160.595	747.511
Minas Geraes	1.669.276	370.439	2.039.755	574.855
Rio Grande do Sul .	367.622	67.791	454.813	256.555
Santa Catharina . .	144.818	14.984	159.802	74.156
Parana	116.162	10.560	126.722	221.519
San Paolo	680.742	156.612	857.354	290.876
Municipio Neutro . .	226.033	48.955	274.972	1.594
Rio-de-Janeiro . . .	490.087	292.657	782.724	68.982
Espirito Santo . . .	59 478	22.659	82.137	44.859
Bahia	1.211.792	167.824	1.379.616	426.427
Sergipe	153.620	22.625	176.245	59.090
Alagoas	512.268	55.741	548.009	58.491
Pernambouc	752.511	89.028	841.539	128.595
Parahyba	554.700	21.526	576.226	74.751
Rio Grande do Norte	220.959	15.020	255.979	57.485
Ceara	689.775	31.915	721.686	101.250
Piauhy	178.427	23.795	202.222	301.797
Maranhao	284.101	74.939	559.040	459.884
Para	247.779	27.458	275.257	1.149.712
Amazonas	56.631	971	57.616	1.897.020
Empire du Brésil	8.419.672	1.510.806	9.950.478	8.337.218
Habitants des communes non énumérées			177 813	
Total. . . .			10.108.291	

	COLOMBIE (ÉTATS-UNIS DE) (RÉPUBLIQUE) (CAP. BOGOTA)	EQUATEUR (RÉPUBLIQUE) (CAP. QUITO)	VENEZUELA (ÉTATS-UNIS DE) (RÉPUBLIQUE) (CAP. CARACAS)
SITUAT. ASTR.	0° — 12° lat. N. et 72° — 83° long. O.	2° N. – 5°,5 lat. S. et 75°—85° l. O.	2° —12° lat. N. et 62°—75° long. O.
CLIMAT	Le climat varie selon les lieux ; humide et malsain dans les parties basses et sur les côtes. Dans les Andes il est excessif ; on passe brusquement du climat brûlant de l'Afrique aux régions glaciales du Grönland.		
GOUVERNEMENT — CHEF DE L'ÉTAT — GOUV. EXÉCUT. — GOUV. LÉGISL.	CHEF DE L'ÉTAT. Parra (Don Aquileo) élu président pour 2 ans en 1876. — Le POUVOIR EXÉCUTIF est exercé par le président et 4 ministres (secretarios). — Le POUVOIR LÉGISLATIF est exercé par la *Chambre des représentants du peuple* (61 membres) élu par le suffrage universel direct, et le *Sénat* (27 membres, 3 de chaque État). — 4 MINISTÈRES : les ministères de l'intérieur, des affaires étrangères, des finances et des travaux publics, du trésor et du crédit, de la guerre et de la marine.	CHEF DE L'ÉTAT Veintimilla. élu président pour 4 ans en 1876. — Le POUVOIR EXÉCUTIF est exercé par le président, le vice-président et 4 min — Le POUVOIR LÉGISLATIF et JUDICIAIRE : le *Sénat* (22 memb., 2 de chaque prov.), la *Chambre des députés* (30 memb.). Les présid., les sén., les députés et les offic. d'admin. sont élus par le suffr. univ. et direct. — 4 MINISTÈRES.	CHEF DE L'ÉTAT. Guzman Blanco, général, élu président en 1875 pour 4 ans. — Le POUVOIR EXÉCUTIF est exercé par le président et 7 ministres. — Le POUVOIR LÉGISLATIF par le *Sénat* (40 membres, 2 de chaque État) et la *Chambre des députés* (154 memb. élus par le suff. univ.). — 7 MINISTÈRES.
JUSTICE	Il y a une Cour suprême dans la capitale des trois Républiques, composée d'un président et de 4 membres.		
CULTES	La religion catholique romaine, est la religion des 3 Républiques. Les affaires de l'Église sont dirigées : Pour la Colombie par l'archevêque de Bogota et 5 évêques.	Pour l'Equateur par l'archevêque de Quito et 6 évêques.	Pour le Vénézuela par l'archev. de Vénézuela et l'évêque de Mérida.
INTÉRIEUR	La Colombie se compose de 9 États, chacun administré par un président, et subdiv. en 59 départ. et 175 districts. (V. la table.)	L'Equateur est divisé en 11 provinces subdiv. en 41 cantons, renferm. 314 paroisses. (V. la table.)	Le Vénézuela se partage en 20 provinces, 1 district fédéral et 3 territoires.
FINANCES — DÉPENSES — RECETTES — DETTE — MONNAIE	**DÉPENSES** (FR.) : Intérieur 1.042.000 ; Finances 1.074.063 ; Guerre 1.440.000 ; Dette pub. 6.299.900 ; Trav. pub. 850.540 ; Aff. étran. 285.000 ; Trés., etc. 595.000 ; Inst. pub. 605.000 ; Postes 1.080.000 ; Total 13.271.503. — **RECETTES** (FR.) : Douanes 13.528.170 ; Ch. de fer. 1.250.000 ; Postes 275.000 ; Télégraph. 96.400 ; Biens nat. 4.274.915 ; Total 19.424.485. — **DETTE** (FR.) : Dette ext. 49.327.500 ; Dette int. 25.053.370 ; Total 74.380.870.	Les DÉPENSES sont évaluées à 20 millions de fr. env. — Les RECETTES à 19 millions de fr. env., dont la moitié à peu près provient des douanes. Les revenus municipaux s'élèvent dans toute la République à 800.000 fr. — **DETTE** (FR.) : Dette intérieure 36.250.000 ; Dette extérieure 35.600.000 ; Total 71.850.000.	Les DÉPENSES sont évaluées à 31 millions de fr. env., dont 18 env. pour l'administr. gén. — Les RECETTES sont évaluées à 33 millions et demi, dont les produits des douanes, les droits d'octroi, l'impôt de tonnage, etc., en fournissent plus des 3 quarts. — **DETTE** (FR.) : Dette intérieure 61.516.323 ; Dette extérieure 254.782.110 ; Total 313.298.435.
MONNAIE	MONNAIES. Le système monétaire français, avec quelques modifications, a été adopté par les 3 Républiques. L'unité choisie fut le réal argent = 50 centimes ; piastre = 1 fr., et vénézuelanos = 5 fr.		
GUERRE	ARMÉE ACTIVE. 2.600 hommes. En cas de guerre, 50.000 hommes.	ARMÉE ACTIVE. 1.500 h. env. Tous les citoyens entre 18 et 45 ans sont soldats en cas de guerre. — MARINE. 3 vapeurs.	ARMÉE ACTIVE. 6.000 h. dont infant. 4.000, caval. 1.000, artill. 1.000. — MARINE. 2 frégates à vapeur et 4 goëlettes.
COMMERCE — IMPORTATION — EXPORTATION — TÉLÉGRAPHES — CHEM. DE FER — POIDS — MESURES — PORTS	IMPORTATION. 50 millions de fr. env. (Vêtem., artic. manufact., horlog., vins, etc.) EXPORTATION. 51 millions de fr. (Tabac 11, or 12, café 5, peaux 2, quinquina, 9. TÉLÉGRAPHES. Lignes, 2.045 kil.; dépêches, 89.375. CHEMINS DE FER en exploitation 103 kil. — Ch. de fer de Panama 76 kil. POIDS ET MESURES Le système métrique est accepté dans les 3 Républiques (Voir pag. 84). PORTS. Panama, Colon, Sabanilla, Cuenta Carthagena, Santa-Martha, Buena.	IMPORTATION. 37 981 320 fr EXPORTATION. 19.367.680 fr. (Cacao 14, gomme 1, café 1.5. métaux précieux 1.5 million fr.) CHEMINS DE FER. En exploitation, 41.35 kilom. PORTS. Guayaquil, Esmeraldas, Manta.	IMPORTATION. 60 millions fr. EXPORTATION. 83 millions fr. (Café, cacao, coton, sucre, indigo, tabac, bois de teinture, peaux.) CH. DE FER. En expl. 113 k. En const. lig. ent. la Guaira et Caracas PORTS. La Guaira, Puerto-Cabello, Maracaïbo, Cuidad Bolivar.
VILLES PRINCIP. (Avec leurs hab. par mille)	Medellin 30, Socorro 20, Guamas 7, Colon 4, etc. (Voir la table.)	Quito 76, Cuença 25, Guayaquil 24, Rio-Bomba 18, Facunga 16, Ibaria 14, Ambato 10.	Caracas 50, Valencia 30, Maracaïbo 25, Basquisimento 25, Maturin 13, San-Carlos 11, Cumaná.
SUPERFICIE	1.531.225 kilomètres carrés. (3 habitants par kilomètre carré.)	643.295 kil. c. (2 h. par k. c.) Iles Gallapagos inhabit. 7.643 k. c.	1.044.440 kilom. carrés (2 habitants par kilom. carré env.).
POPULATION	5 millions habit. env. Dans ce nombre on compte env. 100.000 Indiens non civilisés.	1.066.157 habit. dont 200.000 Indiens env.	1.850.000 habitants.

TABLES ADMINISTRATIVES

COLOMBIE

ÉTATS (Avec leurs habitants par mille)	CHEFS-LIEUX
...NAMA, 221.	Panama, 18.
...GDALENA, 101.	Santa Martha, 2.
...TIOQUIA, 366.	Antioquia, 20.
...NTANDER, 426.	Pamplona, 3.
...LIVAR, 225.	Carthagena, 25.
...YACA, 483.	Tunja, 8.
...NDINAMARCA, 410	Bogota, 46.
...LIMA, 231.	Purificacion O.,5.
...UCA, 435.	Popayan, 20.

TERRITOIRES

Goayra.
Sierra Nevada.
Motilones.
Bolivar.
Consaure.
Est de Cordillères.
San Martin.
San Andres et San.
Luis de Providencia (îles).

EQUATEUR

PROVINCES (av. hab. p' mille)
Pichincha, 102.
Imbabura, 77.
Léon, 76.
Chimborazo, 111
Esmeraldas, 8.
Guayas, 87.
Manabi, 59.
Loja, 60.
Azuay. 149.
Tunguragua, 73
Los Rios, 62.

VENEZUELA

PROVINCES (Avec leurs habitants par mille)	CHEFS-LIEUX
Caracas, 60.	Caracas, 49.
Guarico, 191.	Calabozo, 6.
Bolivar, 129.	La Guaria, 7.
Guzman Blanco, 94	Victoria, 7.
Carababo, 118.	Valencia, 29.
Cojedes, 86.	San Carlos, 10.
Barquisimeto, 144.	Barquisimeto, 26.
Yaracui, 72.	San Felipe, 6.
Falcon, 100.	Coro, 8.
Portugueza, 80.	Guanare, 5.
Zamora, 60.	Barinas, 4.
Nueva Esparta, 31	Asuncion, 3,
Barcelona, 101.	Barcelona, 8.
Cumaná, 56.	Cumaná, 9.
Maturin, 48.	Maturin, 13.
Trujillo, 109.	Trujillo, 3.
Guzman, 68.	Merida, 10.
Tachira, 69.	San Cristobal, 88.
Zulia, 59.	Maracaïbo, 22.
Apore, 19.	San Fernando, 3.
Guayana, 34.	Cuidad Bolivar, 8.
TERR. Mareño, 7. Goajiro, 29. Amaz. 23	

LES ÉTATS-UNIS DE COLOMBIE (an. Nouvelle-Grenade) sont renommés par leurs richesses minérales, l'or et le platine y abondent sur plusieurs points ; on y exploite des émeraudes, d'autres pierres précieuses et des mines d'argent, de fer, de cuivre, de houille. Il y a d'importantes mines de sel dans quelques États.

LA RÉPUBLIQUE DE L'ÉQUATEUR possède des mines d'or et de riches salines. A l'est de l'État s'étend un pays inculte et peu peuplé, dont les habitants appartiennent presque tous aux tribus des Maynas et des Omaguas, bien plus puissantes autrefois qu'aujourd'hui ; le chiffre des Indiens dans l'État est d'env. 200.000.

ÉTATS-UNIS DE VÉNÉZUÉLA. Parmi les nombreuses tribus indiennes répandues dans le pays, on distingue : les Guaraunos, qui habitent dans le delta de l'Orénoque, les Amagpores, les Mariquitores, etc. On évalue le nombre à env. 600.000.

ÉTATS-UNIS

SITUATION ASTRONIQUE
25° — 49° lat. N.
69° — 42° 7' long. O.

CLIMAT — Les États du Nord éprouvent de grandes chaleurs en été et des froids rigoureux en hiver. Le climat est insalubre dans le Sud et dans le voisinage de la mer où règne la fièvre jaune. Dans l'intérieur des terres, le sol est plus élevé et l'air est beaucoup plus pur.

GOUVNEMENT — CHEF DE L'ÉTAT — POUV. EXÉCUT. — POUV. LÉGISL. — POUV. JUDIC.

CHEF DE L'ÉTAT. Hayes, de la prov. d'Ohio, élu président en 1877 pour 4 ans. Le POUVOIR EXÉCUTIF est confié au président; ce magistrat est élu par les électeurs de chaque État. Il gouverne par des secrétaires d'État non responsables. Le vice-président, élu aux mêmes conditions, préside le Sénat. Le POUVOIR LÉGISLATIF est exercé par le Congrès qui se divise en deux assemblées : *Le Sénat* (76 membres, 2 par chaque État; ils sont nommés pour 6 ans par les autorités législatives de chaque État). *La Chambre des representants* (292 membres) élus pour 2 ans par chaque État séparément. Le POUVOIR JUDICIAIRE est non-seulement séparé, mais indépendant. Chaque État a ses tribunaux; cependant la République a un *pouvoir judiciaire fédéral*. Les États particuliers ont la plénitude des pouvoirs *exécutif, législatif* et *judiciaire* pour tout ce que le Congrès n'a pas réglé; ils ont une législation divisée en 2 chambres : Sénat et Chambre des représentants, élus par le suffrage direct ou à deux degrés et sous des conditions de fortune qui varient selon les États. 9 DÉPARTEMENTS (ministères). Les départements de l'État, de la justice, de l'intérieur, du trésor, de la guerre, de la marine, des postes, de l'agriculture.

JUSTICE — Les cours de justice de l'Union sont à 4 degrés : 1° *Cour suprême*, qui tient annuellement une session à Washington; 2° *Cours de circuit* ou *circonscription*. Les États-Unis sont divisés en 10 *circonscriptions judiciaires*; 3° *Cours de district* (chaque État en a une, même le district de Colombie, les plus grands en ont deux, et deux États (Alabama et Tennessee) en ont 3. Total 51; 4° *Cour des griefs*, qui juge les prétentions et les plaintes élevées contre le gouvernement; elle se compose de 5 juges qui ont tous leur résidence à Washington. Les *territoires* ont chacun un tribunal (*territoire* : portion du sol qui ne compte pas 93.000 habitants.)

CULTES — Il n'y a pas de religion d'État, vu que l'État et l'Église sont complètement séparés. Les 10 archevêques catholiques sont à Baltimore, Boston, Cincinnati, San Francisco, St-Louis, Milwankee, Nouvelle-Orléans, New York, Orégon, Philadelphia. Tous les cultes sont libres et protégés. Les sectes les plus répandues après le catholicisme sont les baptistes, les méthodistes, les presbytér., les luthér., les épiscopa., les congrégational., les quakers, les calvinist., les universalist., les svédenborgiens, les hernhutes, les juifs, les mormons.

INSTRUCTON PUBLIQUE — L'enseignement est libre. Les plus petites villes, les moindres villages ont une école; aussi tout le monde sait au moins lire et écrire, et l'instruction publique est portée à un plus haut degré dans nulle autre contrée du globe. Le total de la dépense annuelle pour l'instruction s'élève à 220 millions de fr. On avait en 1868, 17.000 écoles particulières, secondaires et académies, 1.500 pensions, 130 collèges, 38 séminaires, 23 écoles de droit, 45 écoles de médecine, 50 institutions pour les aveugles, les sourds-muets, les aliénés, les idiots, etc. Total qui surpasse 18.500 écoles.

INTÉRIEUR — ÉTATS — Les États-Unis comprennent 38 ÉTATS et 8 TERRITOIRES. Chaque État est administré par un *gouverneur* élu, et a ses *cours de justice* composées de membres élus. Le DISTRICT DE COLOMBIE, qui renf. *Washington*, siège du gouvern., est administré par 3 commiss. Les TERRITOIRES sont administrés par le Congrès.

FINANCES — DÉPENSES — RECETTES — DETTE

DÉPENSES	FR.
Service civil	86.754.650
Affaires étrangères	6.527.090
Dépenses diverses	262.891.775
Intérieur (pensions et Indiens)	189.204.565
Département de la guerre	203.605.250
— de la marine	107.488.150
Intérêts de la dette publique	515.468.725
Amortissement de la dette	97.029.680
Total	**1.470.147.645**

RECETTES	
Douanes	785.858.610
Ventes des terres publiques	7.068.200
Contrib. indir. (Droits sur les spirit., tabac, boiss., ferm., banques, timbres, amendes	550.037.270
Recettes diverses	97.035.775
Total	**1.459.999.855**
Bilan du Trésor	755.658.470
Total	**1.193.658.325**

DETTE	
Dette, intér. payés en espèces	8.485.427.250
— en pap. ay. c. f.	70.000.000
— — ayant cessé de c'.	19.512.100
— qui ne porte pas intér.	2.329.035.985
Total	**10.901.975.335**

TABLE ADMINISTRATIVE

ÉTATS ET TERRITOIRES	Kil. carrés	POPULATION	HABIT. par kilom.	VILLES PRINCIP. avec leurs hab. p' mille
ETATS DE LA NOUVELLE-ANGLETERRE				
Massachusets	20.202	1.457.551	72	Boston, 256.
Maine	90.646	626.915	6	Postland, 55.
Connecticut	12.501	537.454	4	Hartford.
Vermont	26.447	550.551	12	Montpellier.
New Hampshire	24.035	518.300	13	Concord Dower.
Rhode-Island	3.582	217.353	64	Providence, 70.
	177.013	3.487 924	20	
ETATS DU MILIEU				
New York	121.725	4.582.758	56	New-York, 1.046.
Pennsylvanie	119.155	3.521.951	30	Philadelphia, 675.
New-Jersey	21.547	906.096	42	Jersey City, 82.
Maryland	28.811	780.891	27	Baltimore, 270.
Virginie occid.	59.568	422.014	7	Wheeling.
Delaware	5.491	125.015	25	Wilmington, 52.
Dist. Colombie	166	131.700	753	Washington, 110.
	556.445	10.270.425	29	
ETATS DU SUD-EST				
Virginie	99.317	1.225.165	12	Richmond, 352.
Géorgie	150.214	1.184.109	7	Savannah.
Caroline du N.	131.518	1.071.561	8	Raleegh.
— du S	88.036	705.606	8	Charleston, 54.
Floride	155.498	187.748	1	Tallahassec.
	622.405	4.373.987	7	
ETATS DU SUD				
Kentucky	97.587	1.521.011	14	Louisville, 100.
Tennessee	118.099	1.258.521	11	Memphis, 40.
Alabama	131.365	996.992	7	Mobile, 50.
Mississipi	122.129	827 922	6	Natchez, Jackson.
Texas	710.554	818.579	1	Auslin, Galweston
Louisiane	107.082	726.915	6	Nouv. Orléans,192
Arkansas	135.187	484.471	3	Litt'e-Rock.
	1.422.005	6.434.410	2	
ETATS DU CENTRE				
Ohio	103.502	2.665.260	26	Cincinnati, 220.
Illinois	145.596	2.550.891	18	Chicago, 500.
Missouri	169.290	1.721.295	10	Saint Louis, 312.
Indiana	87.562	1 680.637	19	Indianopolis, 50.
Iowa	142 561	1.194.020	8	Des Moines.
Michigan	146.202	1.184.059	8	Détroit, 80.
Wisconsin	159.658	1.054.670	7	Milwankee, 72.
Minnesota	216.556	459.706	2	Saint-Paul.
Kansas	210.605	364.399	1	Kansas City, 55.
Nebraska	196.819	122.905	0,6	Omaha City.
	1.556.051	12.966.950	9	
ETATS DE L'OCEAN PACIFIQUE				
Californie	489.411	560.247	1	San Francisco,150
Orégon	246.750	90.925	0,4	Portland, Salem.
Nevada	269.672	42.491	0,2	Carson City.
	1.005.865	693.664	0,7	
TERRITOIRES				
Nouv. Mexique	515.898	91.874	0,5	
Arizona	295.050	9.668	0,05	
Utah	218.784	86.786	0,4	
Colorado	270.644	39.864	0,1	
Washington	181.275	23.955	0,1	
Idaho	225.492	14.999	0,06	
Montana	372.567	20.585	0,05	
Dakota	390.898	14.181	0,04	
Wioming	253.506	9.118	0,04	
Indiens	178.679	296.766	17	
Alaska	1.495.580	70.461	0,04	

ÉTATS-UNIS

MONNAIES
MONNAIES, Eagles (aigles) en or = 10 dollars. Dollar = 100 cents. Dime = 100 cents ou 100 milles. Le dollar vaut 5 fr. environ. (Le franc aux douanes américaines = 18 3/5 cents.) Depuis la guerre de sécession, il existe du papier-monnaie (greenbacks et autres) dont le cours est inférieur à sa valeur nominale.

GUERRE
ARMÉE
DIV. MILITAIRE

L'ARMÉE comprend : l'armée active et la milice. Les soldats de l'armée active se recrutent par engagements contractés pour 5 ans. La milice est formée par tous les citoyens valides compris entre 18 et 45 ans.

L'ARMÉE ACTIVE en temps de paix se compose de 25 régiments d'infanterie dont 2 de noirs, 10 régim. de cavalerie, 5 régim. d'artillerie, 1 bataillon d'ingénieurs. Total : 25.018 homm. et 1.507 offic. dont 10 généraux, 61 colonels, 78 lieutenant-colonels et 242 majors.

DIVISIONS MILITAIRES. Le pays comprend 4 divisions militaires et 11 départements militaires : 1° Missouri avec 5 départements; 2° division de l'Atlantique avec 2 départements; 3° division de l'océan Pacifique avec 3 départ.; 4° division du Midi avec 1 départ.

MARINE
MARINE DE L'ETAT
MARINE MARCHANDE

La MARINE DE L'ETAT compte 146 navires, 1.192 canons, jaugeant 152.567 tonnes, dont 24 vaisseaux blindés avec 72 canons; 59 vapeurs à hélice avec 699 canons; 8 vapeurs à aubes avec 50 canons; 18 navires à voiles avec 159 canons; 27 remorqueurs à vapeur avec 14 canons; 7 navires de réserve avec 172 canons; 3 navires à provisions avec 26 canons. *Personnel :* 14 amiraux, 25 commandeurs, 50 capitaines, 90 commandants et 597 subalternes, 156 chirurgiens, 126 officiers payeurs, 226 ingénieurs et 24 aumôniers; on a en outre 1.049 officiers en non-activité.

La MARINE MARCHANDE compte 52.285 navires, jaugeant 4.855.732 tonnes dont 2.981 nav. et baleinières, 27.116 nav. de cabotage.

TABLE DES PRINCIPALES TRIBUS INDIENNES
DANS L'AMÉRIQUE DU NORD

NOMS DES TRIBUS	NOMBRE pr mille.	LIEUX D'HABITATION
Apaches	17.5	Nouv. Mexique et Washington.
Arrapahoës	4	Sur le fleuve d'Arkansas.
Blackfeet	2	Sur le Missouri supérieur.
Bloods	2.5	—
Californiens (div. trib.)	55.6	Californie.
Cherokees	17.5	Arkansas de l'Ouest.
Chickasaws	20	—
Chippeways	19	Michigan et Minnesota.
Chocktaws	16	Arkansas de l'Ouest.
Comanches	2	Sur le fleuve d'Arkansas.
Creeks	25	Arkansas de l'Ouest.
Crows	4	Sur le Mississipi supérieur.
Delawares	2	Kansas.
Flatheads	5	Dakota (territoire).
Idahos ou Peccas	9 5	Idaho —
Kickapoys	1.5	Kansas.
Menomonees	2	Wisconsin.
Navajoes et Moquis	15	Nouveau Mexique.
Omahas, Shoshomes	17.5	Orégon et Nebraska (territoire).
Pueblos	10	Nouveau Mexique.
Pawnees (4 familles)	3.6	Nebraska (territoire).
Senecas, Oncïdas, etc.	5	New York.
Shawnees	2	Kansas et Arkansas.
Sioux	14.6	Sur le fleuve Platte et Missouri.
Two Kettles	5	Mississipi supérieur.
Uncopapas	3	—
Utahs (les diff. familles)	18.5	Utah et Nouveau Mexique.
Winnebagos	2	Sur le Missouri supérieur.
Yanktonnais	4	—

POSTES
Bureaux (1875) 55.547; *lettres* pour l'intérieur environ 680 millions, pour l'étranger 25 millions, dont 19 millions pour l'Europe.

COMMERCE
IMPORTATION
EXPORTATION
CHEMIN DE FER
CANAUX
TÉLÉGRAPHES
PORTS

IMPORTATION 2.769.500.000 fr. (denrées coloniales 806 millions, boissons 48, métaux bruts 88, peaux 175, matières textiles 108, objets manufacturés 893, métaux précieux 105).

EXPORTATION 3.215.500.000 fr. (céréales 560 millions, tabac 140, animaux 415, matières textiles 955, bois 75, objets manufacturés 173, huiles, graisses 203, métaux précieux 420).

CHEMINS DE FER en exploitation 120.148 kilom. — CANAUX. Les Etats-Unis possèdent de nombreux canaux, les plus importants sont : le grand canal ou canal d'Erié et le canal de Pennsylvanie. — TELEGRAPHES. Bureaux 6.172; *lignes* 116 051 kilom.; *dépêches* (1874) 16.687.829. — PORTS. Boston, New York, Brooklyn, Jersey City, Philadelphia. Baltimore, Norfolk, Charleston, Savannah, sur l'océan Atlantique; Nouvelle-Orléans, Galveston, Mobile, Pensacola, Key-West, sur le golfe du Mexique; San-Francisco sur le Pacifique.

SUPERFICIE
9.555.680 kilom. carrés sans les lacs ni la superficie des fleuves. (4 habitants environ par kilom. carré).

POPULATION
POPULATION. 38.925.598 habitants, dont 53.589.377 blancs, 4,968.994 hommes de couleur (Chinois et Japonais 63.254, Indiens civilisés 25.731).

COLONIES ANGLAISES

TERRE-NEUVE (*Newfoundland*). *Situation astronomique* + 46° 45' + 51° 46' lat. Nord et + 54° 51' + 62° long. Ouest. *Climat.* Le climat est brumeux et beaucoup plus froid que celui du nord de la France. L'île de Terre-Neuve forme un seul district administré par un gouverneur qui porte le titre de *Responsible Governor. Dépenses* 5.100.000 fr. *Recettes* 4.400.000. *Dette* 5.750.000 fr. environ. *Marine marchande* 1.050 navires jaugeant 71.000 tonnes. *Importation* 55.000.000 fr. environ. *Exportation* 41.000.000 fr. environ.

Le sol est peu susceptible de culture, mais on pêche beaucoup de morues sur les côtes et principalement sur le *Grand banc de Terre-Neuve* qui s'étend au sud-ouest de l'île sur une longueur de 9 degrés *Ville* Saint-John's avec 22,585 hab. *Superficie* env. 100.000 kil. carrés. *Population* 146,506 hab.

ILES BERMUDES

SITUATION ASTRONOMIQUE : + 32° 29' lat. Nord et 67° long. Ouest. Ces îles sont administrées par un gouverneur; à la tête de l'administration militaire est un commandant. *Dépenses* 875.000 fr environ. *Recettes* 825.000 fr. environ. *Dette* 350.000 fr. *Armée.* La garnison anglaise, dans ces îles, comprend 2.100 h., dont 1.680 soldats d'artillerie et de génie et 420 d'infanterie. *Marine marchande* 45 navires jaugeant 3.500 tonnes. *Importation* environ 6.400.000 fr. *Exportaiton* 1.600.000 fr. environ. *Superficie* 106 kilom. carrés. *Population* 12.121 hab.

COLONIE FRANÇAISE

SAINT-PIERRE ET MIQUELON. *Situation astronomique* + 57° 4' lat. Nord, + 58° 40' long. Ouest. A la tête de l'administration se trouve un *commandant* et un *commissaire.*

Saint-Pierre est le chef-lieu de la colonie. Miquelon se divise en grande Miquelon au Nord où est située Miquelon, et en petite Miquelon au Sud où se trouve Langlade.

La principale industrie est la pêche de la morue, dont le produit pour l'île est d'env. 12 millions de kilogrammes, représentant une valeur de 4 millions de fr. environ. *Superficie* 216 kilom. carrés. *Population* 4.000 hab.

COLONIE SUÉDOISE

La petite île de Saint-Barthélemy dans les Antilles; elle compte env. 3,000 hab. *Ville* Gustavia. La plupart des habitants sont catholiques.

MEXIQUE

(RÉPUBLIQUE) — (CAP. MEXICO)

SITUATION ASTRONOMIQUE	15° — 35° lat. Nord. 89° — 119° 30′ long. Ouest.
CLIMAT	Sur les côtes, le climat est très-chaud et fort malsain. Dans le centre et dans les parties élevées il est tempéré.

GOUVERNEMENT / CHEF DE L'ÉTAT / POUV. EXÉCUT. / POUV. LÉGISLAT. — CHEF DE L'ÉTAT. Lerdo de Tejada, Sébastien, élu, ainsi que le vice-président, par le congrès en 1876, pour 4 ans. LE POUVOIR EXÉCUTIF est entre les mains du président. LE POUVOIR LÉGISLATIF est exercé par un congrès composé de 2 Chambres : le *Sénat*, 56 membres (2 par chaque État); *la Chambre des représentants*, 331 membr. élus pour 2 ans (1 par 80.000 hab.). LE POUVOIR JUDICIAIRE. 6 MINISTÈRES : les ministères de la justice, de l'intérieur, des finances, de la guerre et de la marine, des affaires étrangères, des travaux publ.

JUSTICE — Cour suprême de justice à Mexico.

CULTES — Tous les cultes sont libres. La religion catholique n'est pas reconnue comme religion de l'État. 3 archevêchés : Mexico, Michoacan, Guadalajara.

INTÉRIEUR — Le Mexique est divisé en 27 États et 2 territoires (voir la table), administrant chacun leurs affaires locales par leur gouverneur.

FINANCES / DÉPENSES / RECETTES / DETTE / MONNAIES

DÉPENSES	fr.	RECETTES	fr.
Pouv. législ. et jud.	7.011.930	Douanes	57.351.930
— exécutif	240.860	Contrib. div., timb.	14.935.420
Aff. étrangères	1.049.500	Biens nationaux	1.063.240
Intérieur	9.817.480	Monnaie	4.710.270
Justice et inst. publ.	4.552.665	Instruct. publique	394.795
Travaux publics	28.116.265	Postes	2.749.100
Finances	20.895.355	Recettes div. ord.	6.553.820
Guerre et Marine	52.773.735	Recettes extraord.	31.479.760
Total	124.457.610	Total	119.038.355

DETTE. Un chapitre pour les dépenses de la dette figure au budget du ministère des finances, mais le montant de la dette n'est pas connu.

MONNAIES. Le *dollar* à 100 cents = 5 fr. 18.

GUERRE

L'ARMÉE se compose de :

Infanterie	765 offic.	14.642 homm.	
Cavalerie	297 —	4.843 —	
Artillerie	148 —	1.315 —	
Gardes-côtes	22 —	71 —	
Invalides	19 —	265 —	
Total	1251 —	21.136 —	

DIVISIONS MILITAIRES : 5 districts militaires.

TRAV. PUBL. — CHEMINS DE FER : En exploitation. 595 kilom. POSTES : Nombre de bureaux, 855. Lettres, 1.565.000. TÉLÉGRAPHES. Nombre de bureaux, 194 (73 à l'État, 121 à des compagnies particulières). Lignes, 9.250 kilom.

COMMERCE / IMPORTATION / EXPORTATION / MARINE MARCH. / POIDS ET MES. / PORTS — IMPORTATION : 145.312.035 fr. (cotonnades, soieries, toile, coton, drap et autres objets manufacturés, etc.). EXPORTATION : 158.295.755 fr. (métaux précieux, bois d'ébénisterie et de teinture, cochenille, indigo, café, vanille, cacao, gomme, peaux, etc.). MARINE MARCHANDE se compose de 357 navires de long cours et de cabotage et de 672 barques de petit cabotage. POIDS ET MESURES. Le système métrique est employé. PORTS : Vera-Cruz, Tampico, Saint-Juan de Nicaragua, Acapulco, Mazatlan, Punta-Arenas, de la Union.

VILLES PRINCIP. / HAB. PAR MILLE — Mexico, 250; Leon, 100; Guadalajara, 71; Puebla, 68; Guanaxato, 65; Morelia, 37; San-Luis-Potosi, 34; Zacatecas, 31.

TABLE ADMINISTRATIVE

ÉTATS	kilom. c.	habitants	hab. k.
Sonora	204.600	109.388	0.5
Chihuahua	216.850	180.668	0.8
Coahuila	131.800	98.397	0.7
Nuevo-Leon	61.200	178.872	2
ÉTATS DU NORD	614.450	567.325	0.9
Tamaulipas	78.280	140.000	2
Vera-Cruz	67.920	504.950	7
Tabasco	50.680	83.707	3
Campêche	66.890	80.366	1
Yucatan	76.560	422.365	6
ÉTATS DU GOLFE	320.550	1.231.388	4
Sinaloa	93.730	168.031	2
Jalisco	101.430	966.689	10
Colima	9.700	65.827	7
Michoacan	61.400	618.240	10
Guerrero	63.570	320.069	5
Oaxaca	86.950	662.463	8
Chiapas	41.550	193.987	5
ÉTATS DU PACIFIQUE	458.550	2.995.306	7
Durango	110.070	190.846	2
Zacatecas	59.550	397.945	7
Aguas-Calientes	7.500	89.715	12
San Luis-Potosi	71.210	525.110	7
Guanajuato	29.550	729.988	25
Queretaro	8.300	171.666	21
Hidalgo	21.130	404.207	19
Mexico	20.300	663.557	33
Morelos	4.600	150.384	33
Puebla	34.120	697.788	22
Tlaxcala	4.200	121.663	29
ÉTATS DU CENTRE	367.530	4.142.869	11
District fédéral	1.200	315.996	180
Terr. de la Basse-Californie	159.400	23.195	0.1
Territoires	160.600	339.191	2

SUPERFICIE — 1.921.240 kilom. carré, env — **POPULATION** — 9.276.079 hab. (5 hab. par kilom. carré).

GUYANE

ÉTATS	GUYANE FRANÇAISE Cap. CAYENNE	GUYANE ANGLAISE Cap. GEORGE-TOWN	GUYANE HOLLANDAISE Cap. PARAMARIBO	GUYANE INDIGÈNE Comprend env. 230.000 ind.
SITUATION ASTRONOMIQUE	2° — 6° lat. Nord. 54° — 57° long. Ouest.	1° — 8° lat. Nord. 59° — 63° long. Ouest.	2° — 6° lat. Nord. 56° — 68° long. Ouest.	On connaît dans les Guyanes plus de 30 différentes tribus indiennes dont les principales sont :
CLIMAT	Le climat des Guyanes n'est pas aussi malsain ni aussi chaud qu'on le croit généralement; l'action des vents alizés, les forêts et le grand nombre de cours d'eau diminuent l'intensité de la chaleur; durant la nuit, la température est très-rafraîchie par les brises de la mer.			Les Cohoados . . 50.000
GOUVNEMENT	Chaque État a un gouverneur respectif à la tête de l'administration.			— Apiacas . . . 20.000
FINANCES	DÉPENSES : 9.000.000 fr. RECETTES : 2.000.000 fr.	DÉPENSES : 9.750.000 fr. RECETTES : 2.000.000 fr.	DÉPENSES : 5.750.000 fr. RECETTES : 3.900.000 fr.	— Camixi . . . 20.000 — Nambiraguas 20.000 — Quiniquinas. 20.000 — Araras . . . 15.000 — Cauyas . . . 12.000 — Caliris.
COMMERCE	IMPORTATION : 7 mill. de fr. env. (vivres, vêtements, objets manufact.). EXPORTATION : 2 mill. de fr. env. (cocons, bois, maïs, etc.).	IMPORTATION : 44 millions de fr. (épicer., objets métalliques et manufact.). EXPORTATION : 55 mill. de fr. (sucre, cacao, coton, gomme, etc.).	IMPORTATION : 9 mill. de fr. (tissus, vêtements, objets manufacturés, etc.). EXPORTATION : 6 millions de fr. (café, riz, vanille, etc.).	— Coupourouis. — Roneonyèmes. — Ouraous. — Accaonais. — Araonates, etc.
VILLES PRINCIP. / HAB. PAR MILLE	Cayenne, Sinamari, Iracoubo, Moca, Kourou.	Georgetown ou Demerara, 36; New-Amsterdam.	Paramaribo, 20; Batavia, Leyden, Savanda.	Parmi le chiffre total on compte env. 4000 indigènes dans la Guyane française; 40.000 indig. dans la Guyane hollandaise, et 100.000 dans la Guyane anglaise.
SUPERFICIE	124.413 kilom. carrés (1 hab par kil. carré.)	258.500 kilom. carr. (0.9 hab par kil. carré).	162.580 kilom. carrés (0.4 hab. par kilom. carré).	
POPULATION	24.200 hab (150/0 blancs).	215.000 hab.	60.000 h. (1200 blancs env.)	

<table>
<tr>
<td>ÉTATS</td>
<td>PÉROU
RÉPUBLIQUE CAP. LIMA</td>
<td>BOLIVIE
RÉPUBL. (C. SUCRE)</td>
<td>CHILI
RÉPUBL. (C. SANTIAGO)</td>
</tr>
<tr>
<td>SITUAT. ASTRO.</td>
<td>3°59' — 22° lat. S. — 72°-85° 40' long. O.</td>
<td>24°15'-9° at. S.; —60°-74°10. O.</td>
<td>24° — 45° lat. S.; — 72° — 76° long. O.</td>
</tr>
<tr>
<td>CLIMAT</td>
<td>Le climat est doux et salubre, l'air y est rafraîchi par les brises de mer et le vent qui souffle des Cordilleras</td>
<td>Le climat est tempéré jusqu'à une élév. de 3000 m.; au delà de 4 500 m. règnent des neiges ét.</td>
<td>Le climat est le plus sain et le plus agréable de toute l'Amérique du Sud</td>
</tr>
<tr>
<td>GOUVERNEMENT
CHEF DE L'ÉTAT
POUV. EXÉCUT.
POUV. LÉGISL.
POUV. JUDIC.</td>
<td>CHEF DE L'ÉTAT. Prado, J. M., général, élu président en 1876 pour 4 ans. Le POUVOIR EXÉCUTIF est confié au président de la république, élu par tous les citoyens; il est assisté d'un Conseil des ministres 6 membres. LE POUVOIR LÉGISLATIF appartient au Sénat (44 membres) et à la Chambre des députés (110 membres). Le POUVOIR JUDICIAIRE est représenté par la Cour suprême de justice. 5 MINISTÈRES: justice et cultes, aff. étrangères, intérieur, finances, guerre.</td>
<td>CHEF DE L'ÉTAT. Frias, Th. (Dr.) élu président en 1874 pour 4 ans. Le POUVOIR EXÉCUTIF est délégué au président de la république, assisté d'un ministère. Le POUVOIR LÉGISLATIF est confié à un Congrès composé d'un Sénat et d'une Chambre des représentants. 4 MINISTÈRES. Les ministères de la justice et des cultes, de l'intérieur et des aff. étrang., des fin. et de l'ind., de la guerre.</td>
<td>CHEF DE L'ÉTAT. Pinto, Annibal, général, élu président en 1876 pour 5 ans. Le POUVOIR EXÉCUTIF est exercé par le président de la république et le Conseil d'État (16 membres, dont les 5 ministres). LE POUVOIR LÉGISLATIF est entre les mains du Sénat (35 membres) et de la Chambre des députés (108 membres). POUVOIR JUDICIAIRE. La magistrature judiciaire est inamovible: les membres sont nommés par le président, sur présentation du conseil d'État. 5 MINISTÈRES.</td>
</tr>
<tr>
<td>JUSTICE</td>
<td>1 Cour suprême, à Lima. Les tribunaux d'appel sont établis à Lima, Cuzco, Arequipa, Truxillo, Ayacucho et à Puno.</td>
<td>Les différents degrés sont: Cour suprême, Cour des Districts, Cour de justice de paix, Cour d'Instruction.</td>
<td>1 Cour suprême de justice, à Santiago et 3 Cours d'appel; à Santiago, concepcion et à Serena, 1 Cour des comptes.</td>
</tr>
<tr>
<td>CULTES</td>
<td colspan="3">CULTES. La religion catholique est la religion des États. Le Pérou a 1 archevêque à Lima et 6 évêques. La Bolivie a 1 archevêque métropolitain à Sucre et 3 évêques: le Chili a 1 archevêque à Santiago et 3 évêques.</td>
</tr>
<tr>
<td>INSTRUCTION PUBLIQUE</td>
<td colspan="3">INSTRUCTION PUBLIQUE. En BOLIVIE, l'instruction est libre et gratuite. On compte 332 établissements pour l'instruction primaire et secondaire; 3 universités: Sucre, Cochabamba, La Paz, avec des facultés de médecine, de jurisdiction et de théologie. Au PÉROU, l'instruction primaire et l'inst. secondaire sont données gratuitement par l'État. Il existe des écoles primaires et des lycées dans chaque province. On a en outre 1 école militaire, 2 écoles navales, 1 école de médecine, 1 conservatoire de musique, etc. L'Université se divise en 5 facultés. On compte 995 écoles avec 50.887 élèves. Au CHILI, les collèges de l'État étaient (1860) fréquentés par plus de 2.000 élèves. Les collèges particuliers au nombre de 30, dont 26 pour les garçons, avec 6000 élèves, et 24 pour les filles, avec environ 2000. — Les écoles primaires, en 1867, étaient au nombre de 995, recevant 91.887 élèves. Pour l'enseignement supérieur on a une université à Santiago.</td>
</tr>
<tr>
<td>INTÉRIEUR
DÉPARTEMENTS
PROVINCES</td>
<td>Le pays est divisé en 16 DÉPARTEMENTS administrés chacun par un préfet nommé par le président; chaque commune par une junte municipale élue. DÉPARTEMENTS: Cuzco, Puno, Lima, Junin, Ancacs, Ayacucho, Arequipa, Cajamarca, Huancavelica, Piura, Moquegua, Libertad, Callao, Amazonas, Ica, Loreto.</td>
<td>Le pays se divise en 9 DÉPARTEMENTS, subdivisés en provinces (sous-préfectures). Les départements sont administrés chacun par un gouverneur. DÉPARTEMENTS: La Paz de Ayacucho, Cochabamba, Potosé, Chuquisaca, S^a Cruz, Veni, Oruro, Tarija Atacama. Dir. tribus ind.</td>
<td>Le pays se divise en 16 PROVINCES et territoires, administrés chacun par un Intendente préfet. PROVINCES: Chiloé, Llanquihue, Voldivia, Aranco, Concepcion, Nuble, Maule, Linares, Talca, Curico, Colchagua, Santiago, Valparaiso, Aconcagua, Coquimbo, Atacama.</td>
</tr>
<tr>
<td>FINANCES
DÉPENSES
RECETTES
DETTE</td>
<td>DÉPENSES: 494.000 0 fr.
RECETTES: 527.850.700 fr.
DETTE
Dette intérieure. . 122.769.790 fr.
» extérieure. . 829.652.650
» flottante. . 115.000.000
Total. . . . 1.067.315.440 fr.</td>
<td>DÉPENSES: 22.527.520 fr., dont guerre 5.654.580, finances et dette int. (rente) 10.590.065 f.
RECETTES: 14.647.870 fr., dont guano 1.500.000 fr., contrib. des Indi., 5.451.555, empr. Church. 5.250.000. DETTE. 85.000.000 f.</td>
<td>DÉPENSES: 110.260.935 fr. environ.
RECETTES: 106.471.915 fr. environ.
DETTE
Dette intérieure. . . 54.648,000 fr.
» extérieure. . . 178.445.000
Total. . . . 233.093.000 fr.</td>
</tr>
<tr>
<td>MONNAIES</td>
<td colspan="3">MONNAIES. Le PÉROU et la BOLIVIE ont adopté la monnaie française (voir FRANCE). L'unité monétaire du Chili est une pièce d'argent qui s'appelle peso = 5 francs, et se subdivise en 10 centavos. Pièces d'argent: 1 peso, 50 cent. 20 cent. 10 cent et 5 cent. Pièces d'or: condor = 10 pesos, doblone = 5 pesos, escudo = 2 pesos. Pièces de cuivre: 1 centavo, 1 medio-centavo de ½-centavo.</td>
</tr>
<tr>
<td>GUERRE
ARMÉE
MARINE</td>
<td>L'ARMÉE ACTIVE compte 13.200 hommes, dont 8 bataillons d'infanterie, 5.600 hommes; 3 régiments de cavalerie, 1200 hommes; 2 brigades d'artillerie, 1000 hommes; la gendarmerie à pied et à cheval, 5.400 hommes. MARINE DE L'ÉTAT. 2 monitors à 5 canons chacun; 1 frégate blindée, à 14 canons; 18 navires à 150 canons ensemble. MARINE MARCHANDE. Environ 180 bâtiments jaugeant 50.000 tonnes.</td>
<td>ARMÉE ACTIVE: 3.000 hommes environ, avec 1022 officiers, dont 8 généraux (1 officier pour 2 soldats). MARINE DE L'ÉTAT: 3 navires à vapeur avec 28 canons. 6 bricks et petits navires à voiles. MARINE MARCHANDE: 38 navires au long cours, jaugeant environ 7000 tonnes.</td>
<td>L'ARMÉE se compose de l'armée active et de la garde nationale. L'armée active: 3,500 h., dont l'inf. 2000 h., caval. 700 et l'artill. 800. Offic. 490, dont 10 généraux et 485 autres officiers. La garde nationale: 24.500 h. et 974 offic. MARINE DE L'ÉTAT. 15 vaisseaux, avec 70 canons et 2830 chevaux. Équipage. 11.700 hommes et 110 officiers, dont 3 amiraux. MARINE MARCHANDE. 87 navires jaugeant 22.455 tonnes.</td>
</tr>
<tr>
<td>COMMERCE
IMPORTATION
EXPORTATION
CHEM. DE FER
POSTES
TÉLÉGRAPHES
PORTS
POIDS ET MES.</td>
<td>IMPORTATION: 150.000.000 fr. environ. Objets manufacturés, vêtements, articles de Paris, etc.). EXPORTATION: 187.500.000 francs. (Guano, nitrate de soude, sucre, métaux, coton, laine d'alpaga, etc.) CHEMINS DE FER. En exploitation: 19 lignes de 1375 kilomètres, et en construction 140 kilomètres environ. PORTS. Callao, Islay, Payta, Arica, Trujillo. POIDS ET MESURES. Système métrique.</td>
<td>IMPORTATION: 28.750.000 fr. environ. (Confection, objets manufacturés). EXPORTATION: 25.000.000 fr. (Guano, cuir, quinquina, étain). PORTS: Cobiga, Antofagasta. POIDS ET MESURES. On se sert des poids et mesures de Castille, dont l'unité pour les poids est la livre = 460 gr., et pour les mesures de longueur, e pied = 278.33 millim.</td>
<td>IMPORTATION: 190.630.000 francs. (Objets manufacturés, vêtements, articles de Paris, etc.) EXPORTATION: 179.640.000 francs. (Cuivre, argent, bestiaux, coton, farine, etc.). CHEMINS DE FER. En exploitation, 922 kilom.; en construction, 508 kilom. POSTES. Lettres, 5.116.797, imprimés et échantillons, 6.233.926. TÉLÉGRAPHES. Bureaux, 55; lignes, 4265 kilom.; dépêches, 270.198. PORTS. Valparaiso, Constitution, Valdivia. POIDS ET MESURES. Système métriq.</td>
</tr>
<tr>
<td>VILLES PRINCIP. AVEC LEURS HABITANTS MILL.</td>
<td>Lima, 100; Cuzco, 40; Callao, 50; Arequipa, 30; Tacnay, 11; Islay, 11; Arica, 6.</td>
<td>La Paz, 76; Cochabamba, 40; Sucre, 24; Potosi, 23; Santa-Cruz, 10; Oruro, 8.</td>
<td>Santiago, 150; Valparaiso, 100; Chillan, 20; Talca, 18; Concepcion, 18; Serena, 12; Quillao, 12; Copiapo, 11.</td>
</tr>
<tr>
<td>SUPERFICIE</td>
<td>1.605.742 kilom. carrés; 2 habitants par kilom. carrés.</td>
<td>1.155.520 kilom. carrés 2 habitants par kilom. carré env.</td>
<td>576,069 kilom. carrés. (5 habitants par kilom. carré.</td>
</tr>
<tr>
<td>POPULATION</td>
<td>2.720.735 habitants, non compris les Indiens.</td>
<td>2.200.000 habitants.</td>
<td>2.068.424 habit. Naissances. 90.571; mariages; 16.670; décès, 55.891.</td>
</tr>
</table>

POSSESSIONS ANGLAISES

<table>
<tr><th>POSSESSIONS</th><th>DOMINION DU CANADA</th><th colspan="5">ANTILLES</th></tr>
<tr><td></td><td></td><th>JAMAICA
et les îles Turks.</th><th>ILES DE BAHAMA
et de Caïcos.</th><th>ILES DU VENT
Windward Islands</th><th>ILES SOUS LE VENT
Leeward Islands</th><th>TRINITÉ
Trinitad</th></tr>
<tr><td>SITUATION ASTRONOMIQUE</td><td>42° — 77° lat. N ; 60° — 140° long. O.</td><td>17° 50'—18° 50' lat. N.
78° 30'—80° 40' long. O.</td><td>21°—27° lat. N.
75°—82° long. O.</td><td>44° 40'—44' lat. N.
64°50'—64°40' long. 0</td><td>45°—48°40' lat. N.
63°30'—67° long. 0.</td><td>40°—44' lat. N.
63° 2'—64° 20' long.0</td></tr>
<tr><td>CLIMAT</td><td>Au sud, le climat est le même que celui du N. des Etats-Unis. Dans la partie septentrionale il règne un froid extrême.</td><td colspan="5">Ces îles, faisant partie des Antilles, ont le même climat (voir les Antilles, page 00).</td></tr>
<tr><td>GOUVNEMENT
POUV^r. EXCUT.
POUV^r. LÉGISL.</td><td>LE POUVOIR EXECUTIF est entre les mains du GOUVERNEUR GÉNÉRAL et du conseil privé, qui l'exer-cent au nom du souverain de la Grande-Bretagne et d'Irlande. LE POUVOIR LÉGISLATIF est confié au parlement composé de 2 chamb., le Sénat (78 memb. inamovibles nommés par le gouverneur), la Chambre des Communes (206 memb. élus par le peuple, pour 5 ans). 9 MINISTÈRES : les ministères de la justice, des douanes, de l'intérieur, des finances, des revenus intérieurs, de la défense militaire, de la marine et des pêches, des postes, de l'agriculture.</td><td colspan="5">Chaque possession est administrée par un gouverneur.</td></tr>
<tr><td></td><td></td><td colspan="5" align="center">DIVISIONS ADMINISTRATIVES ET NATURELLES</td></tr>
<tr><td>INTÉRIEUR
PROVINCES</td><td>Le Dominion du Canada comprend les 7 PROVINCES de Ontario, de Québec (autrefois haut et bas Canada), de la Nouvelle-Ecosse, du Nouveau-Brunswick, de Manitaba, de la Colombie anglaise et de l'île du Prince-Edouard. Ces 2 provinces ont chacune une administration et un parlement particuliers avec un lieutenant-gouverneur. Ils ont plein pouvoir de régulari-er leurs affaires locales et de disposer de leurs revenus.</td><td rowspan="2">Jamaïca forme, avec les 3 îles du Caïman, 8 districts, administrés chacun par un prési-dent-spanish. Tower est le siège du gouver-nement. Les îles Turks sont également admi-nistrées par un prési-dent.</td><td rowspan="2">Les îles de Ba-hama sont admi-nistrées par un gouverneur sié-geant à Nassau, et les îles de Caï-cos par un prési-dent.</td><td rowspan="2">Les îles princi-pales sont :
Barbade, 462.000 h.
Grenade, etc , 39.944
St-Vincent, 35.700
Ste-Lucie, 34 600
Tabago, 47.686</td><td rowspan="2">Les îles princi-pales sont :
Antigoa, 55.640 h
Dominique, 27.200
S. Christophe 28.200
Névis et Vierges 48 200
Monserrat, 8.700
Chacune de ces îles est adminis-trée par un lieutenant—gouver-neur.</td><td rowspan="2">L'île de Trinitad est divisée admi-nistrativement en 2 districts : le district oriental et le district oc-cidenial, chacun administré par un président.</td></tr>
<tr><td>INSTRUCT. PUBLIQUE</td><td>Les provinces de Québec et de Ontario ont des écoles de droit particulières adaptées à l'élément re-ligieux qui domine. Chaque cité dans la province de Ontario est divisée en plusieurs sections scolaires selon les besoins des habitants. Les écoles communales sont soutenues en partie par le gouvernement et en partie par une taxe votée par la cité même. On compte 2 écoles militaires pour l'infanterie dans la province de Ontario, 2 dans celle de Québec, 1 dans celle de la Nouvelle-Ecosse et 1 dans celle du Nouveau-Brunswick.</td></tr>
<tr><td>CULTES</td><td colspan="6">Il n'y a pas de religion d'Etat dans le Dominion du Canada. L'église anglicane est gouvernée par 9 évêques, l'église catholique romaine par 4 archevêques et 14 évêques, l'église presbytérienne du Canada ainsi que celle de l'Ecosse par des synodes annuels présidés par les "moderators".</td></tr>
<tr><td>FINANCES</td><td>DÉPENSES : 256.754.220 f. (dont postes 7.604.505, chem. de fer 10.697.865, douanes 5.415.370, etc.).
RECETTES : 260.185.085 f. (dont douanes 76.735.060, postes 5.776.660, chem. de fer, canaux 7.161.800).
DETTE. Dette payable à Londres 451.250.560, dette payable au Canada 580.414.590. Tot. 1.031.675.150.
MONNAIES. L'unité est le dollar = 100 cents.</td><td>DÉPENSES 13.100.000
RECETTES 12.730.000
DETTE 15.280.000</td><td>DÉP. 1.525.000
REC. 1.550.000
DETTE 140.000</td><td>DÉP. 5.210.000
REC. 5.175.000
DET. 1.050.000</td><td>DÉP. 2.475.000
REC. 2.200.000
DET. 1.600.000</td><td>DÉP. 8.150.000
REC. 7.050.000
DET. 1.800.000</td></tr>
<tr><td></td><td></td><td colspan="5">MONNAIES. On emploie généralement les monnaies anglaises. (Voir Angleterre.)</td></tr>
<tr><td>GUERRE</td><td>En outre des troupes anglaises, qui ont été réduites à 2000 h. (1871), il existe un corps de volon-taires et une milice, dans laquelle tout homme valide, entre 18 et 60 ans, peut être appelé. L'armée se compose de l'armée active qui comprend les volontaires, la milice régulière et la milice maritime, et de la réserve de la milice qui compte 655.000 h. En 1874, l'armée active a été réduite à 5.000 h. La durée du service est de 5 ans pour les volontaires et de 2 ans pour les autres soldats. DIVISIONS MILITAIRES. Le Canada se divise en 11 districts militaires : 4 pour Ontario, 3 pour Québec, 1 pour la Nouvelle-Ecosse, 1 pour le Nouveau-Brunswick, 1 pour Manitaba, et 1 pour la Colombie anglaise.</td><td colspan="5" align="center">GUERRE</td></tr>
<tr><td></td><td></td><td>1.500 hom. de garnis.</td><td>410 h. de garn.</td><td>250 h. de garn.</td><td>Env. 100 h. de g.</td><td>100 h. de g. env.</td></tr>
<tr><td></td><td></td><td colspan="5" align="center">MARINE MARCHANDE</td></tr>
<tr><td>MARINE</td><td>MARINE DE L'ÉTAT comprend 3 vapeurs à hélices, 2 vapeurs à aubes et 2 vapeurs de fleuves.
MARINE MARCHANDE compte 6783 nav. jaugeant 1.073.718 tonnes, 6930 navir. de 1.158.365 tonnes dont 634 vapeurs de 76.487 tonnes, y compris les nav. sur les lacs et les fleuves et les remorqueurs.</td><td>85 nav. jaugeant 2.540 tonnes.</td><td>194 nav. jaugeant env. 7000 tonnes.</td><td>154 nav. jaugeant env. 5.600 tonnes</td><td>68 nav. jaugeant env. 1 950 tonnes</td><td>70 nav. jaugeant 2.400 tonnes.</td></tr>
<tr><td></td><td></td><td colspan="5" align="center">COMMERCE</td></tr>
<tr><td>COMMERCE</td><td>IMPORTATION. 641.067.910 f. env. (fer, laine, coton, épiceries, etc.). — EXPORTATION. 449.257.640 f. env. (produits des forêts, des champs, des mines, de la pêche ; animaux, métaux précieux.)
PORTS : Québec, Montréal, Halifax, Lunenbourg, Charlotte-Town.
POIDS ET MESURES : système anglais. (Voir Angleterre.)</td><td>IMPORTAT. 48.520.000
EXPORTAT. 50.650.000</td><td>IM. 6.100.000
EXP. 4.520.000</td><td>IMP. 41.200.000
EXP. 59.450.000</td><td>IMP. 11.775.000
EXP. 13.475.000</td><td>IMP. 55.100.000
EXP. 43.350.000</td></tr>
<tr><td></td><td></td><td colspan="5">POIDS ET MESURES. Le système anglais est généralement employé. (Voir Angleterre.)</td></tr>
<tr><td></td><td></td><td colspan="5" align="center">VILLES PRINCIPALES AVEC LEURS HABITANTS PAR MILLE</td></tr>
<tr><td>TRAV. PUB.</td><td>POSTES. Nombre de bureaux 4.842, nombre de lettres et cartes postales expédiées 34,579,000, journaux 25.480.000. — TÉLÉGRAPHES. Lignes 16.121 kil., bureaux 529, dépêches expédiées (1871) 1.141.547. — CHEMINS DE FER en exploitation 6,719 kil.</td><td>Kingston 56, Spanish-Town 7, Fahlmouth.</td><td>Nassau 7, St-Georges, Hamilton.</td><td>Bridgetown 35, St-Geo ge 5, Castries 5.</td><td>St-John 16, Roseau 5, Charlestown 4.</td><td>Post of Spain 42, Plymouth.</td></tr>
<tr><td>VILLES A. LEURS
HAB. PAR VILLE.</td><td>Toronto 46, Hamilton 26, Ottave 21, London 15, Montréal 107, Québec 59, Halifax 29, St-John 29, Charlotte-Town 8.</td><td>SUPERFICIE : 10 859 k. c. (46 h. par kil. carré).
Iles Turks : 25 k. c. (75 h. par kil. carré.)
POPULATION : 508.032 habit, dont 4.878 pour les îles Turks.</td><td>SUPERF. 15.005 k. c. (2 h. par k. carré.)
Iles Caïcos : 550 k. c. (5 h. par k. carré.)
POPULAT. 42.007 hab. d. 2845 p. les îl. Caïcos.</td><td>SUPERF. 2.152 k. c. (132 h. p. k. carré.)
POPULAT. 284.078 hab.</td><td>SUPERF. 4.849 k. c. (66 h. par k. carré.)
POPULAT. 120.491 hab.</td><td>SUPERF. 4.544 k. c. (24 h. p. k. carré.)
POPULAT. 409.638 hab.</td></tr>
<tr><td>SUPERFICIE</td><td>9.009.441 kil. car. (0.4 hab. par kil. car.) — POPULATION : 5.474.664 hab.</td><td colspan="2"></td><td colspan="3">HONDURAS BRIT. : Dép. 456.050 fr. Rec. 945,750. Imp. 3.779.725. Exp. 4.375.825. Ville : Belise. Sup. 21.600 k. c. Pop. (1870) 24.740 hab.</td></tr>
</table>

OCÉANIE

SITUATION ASTRONOMIQUE

35° latit. N. — 55° latit. S. et 90° longit. E. — 111° longit. O.

DIVISIONS

On divise l'Océanie en 4 parties, savoir : MALAISIE, MICRONÉSIE, POLYNÉSIE et AUSTRALASIE ou MÉLANÉSIE.

BUDGET

DÉPENSES. . . . . 705 millions de francs.
RECETTES. . . . . 747 millions de francs.
DETTE. . . , ... 1.187 millions de francs.

COMMERCE

IMPORTATION . . . . 1.107 millions de francs.
EXPORTATION . . . . 988 millions de francs.

TÉLÉGRAPHES

LIGNES. . . . . 28.847 kilomètres.

CHEMINS DE FER

LIGNES. . . . . 3.079 kilomètres.

SUPERFICIE

8.865.684 kilomètres carrés (0,5 habit. par kilom. carré).

POPULATION

4.748.600 habitants.

MALAISIE

La Malaisie comprend les îles de LA SONDE, de BORNÉO, de CÉLÈBES, les MOLUQUES et les PHILIPPINES

	COLONIES HOLLANDAISES	COLONIES ESPAGNOLES
SIT. ASTRON.	20° N. — 12° latitude S. et 92° — 155° longitude E.	
CLIMAT	La température est très-chaude et très-humide dans ces contrées. Par la magnificence de leur végétation elles rappellent les plus étonnantes vallées de l'Inde et du Brésil.	Le climat est tempéré et sain, mais on y éprouve des pluies violentes, des orages et quelquefois des tremblements de terre.
GOUVNEMENT	Le Gouverneur général est à la tête de l'administration et le chef des forces de terre et de mer. Chaque résidence est séparément administrée par un gouverneur.	Le Gouverneur général est le chef de l'administration dans toutes les branches, et dispose des forces de terre et de mer.
CULTES	La religion dominante est le protestantisme.	La religion dominante est le catholicisme.
INTÉRIEUR	Les colonies sont partagées en 18 résidences.	Les îles sont classées en 4 groupes. Les îles *Philippines*, *Paolos*, *Carolines* et *Marianes*. Les Philippines forment 45 prov. et les aut. gr. chac. 1, administ. par des PRÉSIDENTS. La plus gr. part. des îles *Mindanao* et *Palavan* aussi bien que le gr. de *Soulou* et les pet. îles de *Batanes* et *Babuyanes* sont indép. On compte 1.600.000 âmes dans les Philippin. n'appart pas à l'Esp., dont 1.200.000 nègres, 400.000 Malais, Chinois, Siamois, etc. (Les îles Carolines et Marianes font partie de la Micronésie. (Voir ci-dessous.)
FINANCES · **DÉPENSES** · **RECETTES** · **MONNAIES**	DÉP. 275.828 820 fr. (dont administration 225.871.143 fr., bail de l'opium 34.811.508 fr., douanes 16.960.000 fr.) REC. 299.851..83 fr. (v^le du café 113.370.571, impôt fonc 40.556.408. sucre 358.782 fr.) MONNAIES. On se sert de celle des Pays-Bas.	**FINANCES** DÉPENSES 81 mill^s f. | RECETTES. 88 mil. f. MONNAIES. On se sert des monnaies espagnoles.
GUERRE · **ARMÉE**	L'Armée active se compose de 34.000 h. de 1.425 off., dont l'infant. 27.000 h., 800 off. Caval. 920 h., 59 off. Artill. 5.041 h., 90 off. Génie 558 h., 5 off., etc. Il y a en outre des corps d'armée indigène (pradjocrils, barissans, légions, etc., composés d'Européens et d'indigènes (10.600 h. env.)	**ARMÉE** 7 rég. inf. indig., 1 escad. lanciers, 1 rég. artill., 2 compag. génie, 2 rég. garde civiq. — ÉTAT-MAJOR. 12 offic., 50 offic. de santé et médecins et 5 pharmaciens.
MARINE	MARINE DE L'ÉTAT. Nombre de navires (?) 600 miliciens de marine et 701 matelots indigènes. MARINE MARCHANDE. 517 navires, jaugeant 57.972 tonnes.	
COMMERCE · **IMPORTATION** · **EXPORTATION** · **CHEMIN DE FER** · **POSTES** · **TÉLÉGRAPHES** · **POIDS & MESUR.**	IMPORTATION 198.205.160 fr. (Tissus, objets manufacturés, confections, etc.) EXPORTATION 305.729.440 fr. (Café, sucre, étain, indigo, peaux, riz, épices, tabac, thé.) CHEMINS DE FER à Java, en exploitation 260 kilomètres. POSTES. Lettres et imprimés, 4.585.500 Recettes, 1.478.100 fr. TÉLÉGRAPHES. *Bureaux :* 50 à Java, 16 à Sumatra. *Lignes :* à Java 3.480 kilom., à Sumatra 2.024 kilom., non compris 105 kilom. pour le câble entre les deux îles. *Dépêches :* 822.898. — Recettes nettes 979.961 fr. POIDS ET MESURES. (Voir Pays-Bas.)	**COMMERCE** IMPORT. 50 mill^s. (Tissus, objets manuf., confect., etc.)—EXPORT. 76.080.000 f. (Sucre, café, chanvre, cigares, tabac, indigo, etc.) POIDS ET MESURES. (Voir Espagne.)
VILLES PRINC. *AVEC LEURS* HAB. PAR MILLE	Batavia, 150 ; Sourabaya, 90 ; Samorang, 70 ; Palembang, 40 ; Macassar, 40 ; Padang, 50 ; Banjer-Massin, 20 ; Poutianak, 20 ; Amboina, 16 ; Bencoulen, 12 ; Muntok, 12 ; Cheribon, 10.	Manila, 165 ; Zamboanza, 50 ; Iloïo, 20 ; Zebou, 12 ; Cecita, 6 ; Melila. 4 ; Mindanao ou Selangon, 40.
SUPERFICIE	1.952.500 kilom. carrés (12 habitants par kilom. carré).	175.960 kilom. carrés (35 hab. par kil. c.).
POPULATION	24.070.600 habitants dont Java et Madura 27.571 Européens, 191.821 Chinois, 8.755 Arabes, et Hindous 14.728.	6.055.000 habitants, dont 6.000.000 dans les Philippines.

TABLE ADMINISTRATIVE (Colonies Hollandaises)

RÉSIDENCES	HABITANTS	KIL. C.
Java et Madura	18.125.269	154.600
Sumatra occident..	1.621.000	121.170
— orient.	70.000	45.450
Bornéo occident.	566.000	154.500
— côtes S. et E.	890.000	361.650
Célèbes	556.000	118.58.
Palembang	577.000	160.540
Benkoulen	140.000	25.087
Lampongs	113.000	26.155
Menado	495.000	69.770
Les Moluques	548.000	110.220
Timor et Sumba	900.000	57.400
Bali et Lombok	860.000	10.460
Banca	64.000	13.050
Biliton	26.000	6.552
Nouvelle Guinée	200.000	176.750

TABLE ADMINISTR. (Colonies Espagnoles)

ÎLES PRINCIP.	KIL. C.
PHILIPPINES :	
Luzon	110.940
Mindoro	9.646
Palavan	?
Panay	11.790
Negros	8.700
Pajol	3.200
Leyte	9.500
Samar	12.170
Masbate	5.640
Polillo	3.100
Mindanao	?
PAOLOS	897
CAROLINES	1.384
MARIANES	1.080

ÉTATS INDÉPENDANTS

SUMATRA — La partie indépendante est partagée en divers États ; royaume d'ATSJIN (Archem), capitale Atsjin, confédération de BATAK, royaume de SIAK, cap. Siak. Tous ces pays sont situés au nord et au nord-est de l'île. Les populations sont plus ou moins sauvages ; cependant dans certains endroits, à Batak par exemple, presque tous les habitants savent lire et écrire.

BORNÉO — Les indigènes appellent Bornéo *Tana-Busar-Kalemanton* (grande terre de Kalemonton). L'île est partagée entre les Hollandais et les États indigènes, parmi lesquels on remarque principalement le royaume de BORNÉO ou BROUNEI et le royaume de SAVAWAK. La population se compose de Malais, de Javanais, de Boughis, natifs de Célèbes, de Chinois, qui tous habitent les côtes. Dans l'intérieur on remarque les Dayaks, les Tidouns, etc. (anthropophages).

MICRONÉSIE

La Micronésie se compose des ILES DE MAGELLAN qui se divisent en 2 groupes : les *Volcans* et les *Bomni-Sima* (peuplées de Japonais et dépendantes de l'empire du Japon), les ILES D'ANSON ; les ILES PALAOS. dont la principale est *l'île de Babell, Sovays*, les ILES MARIANES, dont *Guam* est la plus importante (elles dépendent de l'Espagne. Les ILES CAROLINES se composent d'environ 520 îles qui forment une chaîne très-étendue. On remarque entre autres le groupe de *Duperroy*, *l'île Oualan*, le groupe de *Siriavini* dont la principale est *Ponapi*, le groupe d'*Hogolon*, les *îles Caulial* et *Lamoursek*, le souverain de cette île est le plus puissant de l'Archipel ; les ILES MARSHALL qui comprennent les îles de *Ralick*, de *Radack* et de *Gilbert*.

Le climat des archipels de la Micronésie est en général bon et très-favorable, le sol est fertile ; il produit du coton, de l'indigo, du cacao, du riz, du maïs, des cannes à sucre.

La langue et les habitants varient d'un groupe à l'autre.

POLYNÉSIE

LA POLYNÉSIE comprend : 1° Les ILES SANDWICH ou HAVAII. (Voir ci-dessous.)
2° Les ILES SAMOA, dont les principales sont : *Pola* ou *Sévia*, *Oyolava*, *Maouna*, *Toutouillah*, *Rose*, etc. (avec 36.800 hab., dont 2,500 étrangers environ (1874), sur 3.011 kilom. carrés, et les ILES WALLIS, HORNE et ROGGEWEEN.
3° La POLYNÉSIE AMÉRICAINE qui se compose des *Iles Phœnix*, du *Groupe de l'Union*, de l'île *Jarvis*, de l'île *Maldon* et l'Ile *Penrhyn*. Ces îles appartiennent aux Etats-Unis.
4° LES ILES TONGA (avec environ 15,000 hab., dont *Tonga-Tabou* env. 8,000) et KERMADEC (660 kil. carrés).
5° LES ILES MANAIA connues aussi sous le nom d'HERVEY et de COOK (elles comptent 7,600 hab. sur 793 kilom. carrés) les îles TOUBOUAI, dont deux sont sous le protectorat de la France.
6° LES ILES DE LA SOCIETE ou ARCHIPEL DE TAITI sous la protection de la France (1,257 kil. carrés et env. 4,000 hab.), nt l'île *Raiatéa* 1,200, *Tahaa* 900 hab.
7° LES ILES TOUAMOTOU formant env. 80 îles et comptant 8,000 hab., dont l'île *Anaa* 1,500 et l'île *Makalea* 150.
8° LES ILES MENDANA ou MARQUISES (1,257 kil. carrés avec env. 6,000 hab.), composées des îles *Hiva-oa* avec 2,000 hab., *ouka-Hiva* avec 666 hab., *Tahouala* avec 400, *Tatou-Hiva* 400, *Anapao* 600, *Onahouga* 255.
9° L'ILE DE PAQUES.
LA POPULATION en général dans la Polynésie diminue considérablement,
LE CLIMAT est généralement bon et salubre, la terre fertile; elle produit les bambous, le mûrier à papier, le bois de rose, bois de fer, le sandal, l'arbre à pain, la canne à sucre, le bananier, l'ananas, la patate douce, le mûrier blanc.

ROYAUME ILES SANDWICH ou HAVAII (CAP. HONOLULU)

T. ASTRON.	18° 50° — 29° lat. Nord et 157° — 180° long. Ouest.
CLIMAT	Le CLIMAT est doux et les PLUIES sont fréquentes.
GOUVERNEMENT / POUVOIR EXÉC. / POUVOIR LÉGIS. / MINISTÈRES	CHEF DE L'ETAT : Kalakaua 1, roi, né en 1836, avènement 1874 (Kapiolani, reine. William-Pitt Lelewhoku, frère du roi, successeur présomptif). Monarchie constitutionnelle. LE POUVOIR EXÉCUTIF appartient au roi, qui est assisté d'un cabinet (ministère). Pour les affaires importantes le roi consulte le *conseil intime* qui se compose des ministres actuels et d'un nombre illimité de membres choisis, moitié parmi les indigènes, moitié parmi les étrangers. LE POUVOIR LÉGISLATIF est exercé par le *Parlement*, comprenant les deux chambres réunies des nobles et des représentants, nommés par les citoyens âgés de 21 ans, possédant une propriété de 300 francs ou un revenu de 250 francs et sachant lire et écrire. 4 *ministères :* les ministères des affaires étrangères, de l'intérieur, de la justice et des finances.
JUSTICE	Il y a une cour suprême à Honolulu et 4 cours de district, une dans chaque gouvernement.
CULTES	Tous les cultes sont libres. Il y a un vicaire apost. pour le culte romain et un évêque pour l'église anglicane.
INST. PUBL.	L'instruction est libre. On compte 7,367 élèves dans les écoles dites havaïennes et 985 dans les écoles où l'anglais est enseigné.
INTÉRIEUR	Le royaume est composé des îles suivantes : Hawaii, Maui-Kauai, Oahu, Molokai, Lanai, Nihau, Kadulaw, toutes habitées, et de 14 petites îles inhabitées. Ces îles sont divisées en 4 gouvernements, administrés par un gouverneur : Honolulu (Oahu), Lahaina (Maui), Hilo (Hawaii), Nawiliwili (Kanai).

FINANCES / DÉPENSES / RECETTES / DETTE / MONNAIES

DÉPENSES	FR.	RECETTES	FR.
Liste civile, apanages	298.445	RECETTES (dont douanes 1,753,285)	5.682.620
Corps législatif	121.510	DETTE (1874)	1.733.230
Ministères, etc.	2.648.050	MONNAIES. Il circule des piastres espagnoles et améri-	
Instruction publique	447 160	caines et des pièces de 5 fr. Monnaies de compte : le	
Dépenses diverses	852.350	dollar 5 fr. 33.	
Total	4.367.515		

ARMEE	Le roi a le droit d'appeler sous les drapeaux tous les indigènes sans exception.
COMMERCE / IMP. EXPORT.	IMPORTATION : 6,550,000 fr. EXPORTATION : 9,195,000 fr. (sucre, riz, café, suif, peaux, laine, etc.) PORTS : Honolulu 14,852 hab. POIDS ET MESURES : On emploie les poids et mesures des Etats-Unis.
SUPERFICIE	19,756 kilom. carrés (3 hab. environ par kilom. carré).
POPULAT.	(1872) 56,897 hab., dont 49,044 indigènes, 2,485 métis, 2,559 Européens, 889 Américains et 1,958 Chinois.

AUSTRALASIE ou MÉLANÉSIE

L'AUSTRALASIE comprend : 1° L'AUSTRALIE avec LA TASMANIE et la NOUVELLE-ZELANDE. (Voir page 82.). L'Australie, continent tout à fait austral, relève en entier de l'Angleterre ; elle est partagée en 5 grandes colonies. Queensland, Nouvelle-Galles du Sud, Australie méridionale, Australie occidentale et Victoria. La population indigène est, depuis l'invasion des blancs, réduite à environ 70,000 âmes.
LA TASMANIE, séparée du continent par le détroit de Bass, forme une colonie à part ; l'ancien nom de la Tasmanie était île Van Diemen. La Tasmanie est sans contredit la mieux dotée comme situation et comme climat de toutes les colonies australiennes, mais malheureusement une émigration constante affaiblit le pays. (Voir page 82.)
LA NOUVELLE ZELANDE appartient aussi à l'Angleterre et forme une colonie, elle se compose de deux grandes îles, séparée par le détroit de COOK. Les indigènes (Maoris) diminuent chaque année et on compte aujourd'hui à peine 35,000. (V. p. 82.)
2° LA NOUVELLE GUINÉE (710,160 kil. carrés avec environ 2,500,000 hab.) ; toute la partie occidentale, *la Louisrade*, les *Vaigion* et *Aron* appartiennent aux Pays-Bas.
3° L'ARCHIPEL DE LA NOUVELLE-BRETAGNE (environ 28,900 kil. carrés), comprenant la *Nouvelle-Bretagne proprement* île, la *Nouvelle-Irlande*, le *Nouveau-Hanovre*, les *îles de l'Amirauté*, etc.
4° L'ARCHIPEL SALOMON (env. 53,000 kil. carrés, y compris l'*Archipel de la Peyrouse*), dont les principales îles sont : *Bouinville*, *Choiseul*, *Isabelle*, *Guadalcanar*, etc.
5° L'ARCHIPEL DE LA PEROUSE, îles principales : Santa-Cruz, Vanickoro, etc.
6° L'ARCHIPEL DES NOUVELLES HEBRIDES OU DU SAINT-ESPRIT (14.795 kil. carrés et 150,000 hab.), dont l'*île du Saint-Esprit* est la plus grande. Les autres îles sont : *Aneciyma* avec 1,500 hab., *Fuluna* avec 900, *Aniva* avec 508, *Nguna* avec 500 hab., *Pelé* avec 150 et *Malaso* avec 80, etc.
7° LA NOUVELLE CALEDONIE avec les ILES LOYALTY. Ces îles appartiennent à la France et se composent de la *Nouvelle-Calédonie proprement dite* ou île *Balade*, de l'île *des Pins* ou *Kounié* et les îles *Loyalty*, comprenant les îles *Haglan*, *abrol* et *Britannia* et un grand nombre d'îlots. LA POPULATION INDIGÈNE, divisée en tribus, peut être estimée à 54,650 ies. LA POPULATION BLANCHE monte à environ 10,000 individus, dont plus de 6,000 transportés. LA SUPERFICIE est de 720 kil. carrés, dont les îles Loyalty 2,147 kil. carrés. Ces îles produisent l'igname et le taro, la patate, la canne à sucre et tabac. On y trouve aussi de la houille, du fer et de l'or. L'EXPORTATION dépasse 5,000,000 de francs. CHEF-LIEU Nouméa.
8° LES ILES VITI OU FIDJI composées des deux grandes îles *Viti-Lévou* ou *Paon* et *Vanoua Lévou*, et d'un grand nombre utres îles plus ou moins importantes. Ces îles comptent env. 140,000 indig. et 2,940 blancs, sur une surface de 20,783 kil. c.
9° LES ILES NORFOLK, 54 kil. carrés avec environ 481 habitants.

AUSTRALASIE ou MÉLANÉSIE (SUITE)

ÉTATS	QUEENSLAND	N^lle GALLES du SUD (NEW-SOUTH-WALES)	AUTRALIE MÉRID. (SOUTH-AUSTRALIA)	AUSTRALIE OCCID. (WESTERN AUSTRALIA)	VICTORIA	TASMANIE (TASMANIA)	NOUVELLE ZÉLANDE (NEW-ZEALAND)
SITUATION ASTRONOMIQUE	15° 40' — 29° lat. Sud. 156° — 151° 20' long. Est.	29° — 37° 50' lat. Sud. 158°40' — 151° 20' long. E.	16° — 38° lat. Sud. 126° 40' — 138° 40' long. E.	18° 50' — 35° 40' lat. Sud. 110° 50' — 126° 40' long. E.	34° — 39° 10' lat. Sud. 158° 40' — 147° 40' long. E.	40° 40' — 43° 55' lat. Sud. 142° 20' — 146° long. Est.	54° 20' — 47° 50' lat. Sud. 167° — 178° 40' long. Est.
CLIMAT	Sur les bords de la mer, le climat est tempéré par les brises marines. Le centre rappelle de près le Sahara par l'aridité et l'immensité des déserts.						
GOUVERNEMENT	Le POUVOIR EXÉCUTIF est confié, par le chef de l'État de l'Angleterre, à un gouverneur pour chaque division. Ce gouverneur est assisté d'un ministère. Le POUVOIR LÉGISLATIF est entre les mains du Parlement, dont la composition varie pour chaque division. Le gouverneur est chef des forces militaires. — CONSEIL LÉGISLATIF, 21 memb., nommés à vie par la Couronne. ASSEMBLÉE LEGISLATIVE, 42 memb. élus pour 5 ans. 6 MINISTRES : 1er secrétaire de la Colonie, secrétaire des Terres publiques et du Trésor, Procureur gén., secrétaire des Travaux publ. et des Mines, maître général des Postes.	CONSEIL LÉGISLATIF, 21 memb. nommés par la Couronne. ASSEMBLÉE LEGISLATIVE, 72 memb., nommés par les 66 constitutions. 7 MINISTRES : 1er secrétaire de la Colonie, secrétaire du Trésor colonial, ministre de la Justice, ministre des Travaux publ., maître gén. des Postes, ministre des Mines.	CONSEIL LÉGISLATIF, 16 memb. élus pour 12 ans. 6 memb. sont remplacés tous les 4 ans. ASSEMBLÉE LEGISLAT. 56 memb. élus pour 5 ans par les 18 distr. 6 MINISTR. : 1er secrét., Procur. gén., trésorier commiss. des Terres de la Cour., commiss. des Trav. publ., minist. de la Just., et de l'Instruct. publ.	CONSEIL LÉGISLATIF. Se compose de 6 memb. nommés et de 12 memb. élus. Des 6 memb. 3 sont officiels. Le gouverneur est assisté d'un conseil exécutif composé de 4 memb. 4 MINIST. : secrét. de la Colonie, Procureur général, commandant des forces, intendant général.	CONSEIL LÉGISLAT., 50 memb. élus p. 10 ans, selon la fortune, 6 memb. sont remplacés tous les 2 ans. ASSEMBLÉE LÉG., 90 memb. élus pour 5 ans par le suffr. univ. 8 MINIST. : secrét. d'État et du Trés. 1er secr., Proc. gén., minist. de la Just., de l'Instr. publ., des Mines, commiss. des douan. et chem. de fer.	CONSEIL LÉGISLATIF. 6 memb. élus par la Couronne (selon la fortune). ASSEMBLÉE LEGISL. 32 memb. élus par les chefs de famille et par les propriét. 5 MINIST. : secr d'État, secrét. de la Colonie, secrét. du Trésor colonial, procureur général, ministre des Terres et des Travaux publics.	CONSEIL LÉGISLATIF. 49 memb. nommés à vie par la Couronne. CHAMBRE REPRESENTATIVE, 78 memb. élus par le peuple pour 4 ans. 6 MINISTRES : 1er secrét. de la Colonie, ministre des Affaires indigènes, ministre des Travaux publ., Trésor. gén., minist. des Douanes, minist. de la Justice.
INTÉRIEUR	Le Queensland est divisé en 17 municipalités.	La Nouvelle-Galles du Sud est divisée en 55 districts.	Cette colonie est divisée en 25 comtés et 18 districts électoraux.	Cette colonie est divisée en 12 districts, administrés par des intendants.	La Victoria est divisée administrativement en 57 comtés.	La Tasmanie est divisé en 18 districts.	La colonie est divisée en 9 prov. : 4 dans l'île du Nord et 5 dans l'île du Sud.
CULTES	La religion anglicane domine; les autres sectes sont les presbytériens, les wesleyans, les méthodistes. On compte aussi un grand nombre de catholiques romains.						
FINANCES	DÉPENSES (1876) : 35.104.950 f. RECETTES (1876) : 31.556.600 f. DETTE (1875) : 131.232.150 f.	DÉPENSES (1875) : 84.975.600 f. RECETTES (1875) : 105.049.900 f. DETTE (1875) : 286.765.925 f.	DÉPENSES (1876) : 29.791.575 f. RECETTES (1876) : 32.919.850 f. DETTE (1876) : 73.453.750 f.	DÉPENSES : 2.745.575 f. RECETTES : 5.570.800 f. DETTE : N'existe pas.	DÉPENSES : 108.151.925 f. RECETTES : 110.172.650 f. DETTE : 512.155.700 f.	DÉPENSES : 6.989.775 f. RECETTES : 6.856.550 f. DETTE : 56.740.000 f.	DÉPENSES (1875) : 76.805.200 f. RECETTES (1875) : 68.389.900 f. DETTE (1875) : 347.429.025 f.
	MONNAIES. On se sert principalement des monnaies anglaises. On se sert aussi du *dollar*.						
GUERRE MARINE	Le Gouvernement anglais n'entretient pas de troupes dans les colonies. Les troupes qui existent sont des volontaires, qu'on évalue à 10.000 hommes env. dans les 7 provinces. Pour la défense des côtes, le Gouvernement anglais a une escadre en Australie d'environ 12 bâtiments et 400 hommes.						
COMMERCE IMPORTATION EXPORTATION TÉLÉGRAPHES POSTES CHEM. DE FER	IMPORT. (1875): 85.200.225. EXPORT. (id.) : 96.459.575. (laine, étain, coton écru). TELEGR. (1875) : 7.574 kil.; 98 bur.; nombr. de dépêch. 135.000. POSTES (1875). Nombre de lettres 2.850.000; journaux, 1.794.000; paquets, 99.000. CHEMINS DE FER. En exploitation, 420 kilom.; en construct. 235 kilom. (1875).	IMPORT. (1875): 237.255.250 francs. EXPORT. (id.) : 341.789.525 (laine, houille, poudre d'or, cuivre, etc.). TELEG. 1036 kil.; 105 bur.; nombr. de dépêch. 585.000. POSTES. Lettr. 9.300.000; journ. 4.720.100; paquets, 235.000 (1875). CHEMINS DE FER. En exploit. 699 kil.; en construction, 406 kilom.	IMPORT. (1875). 105.095.050 francs. EXPORT. (id.) 120.126.275 f. (laine, blé, farine, cuivre, etc.). TELEGRAPH. (1875). 6.400 kilom. CHEMINS DE FER (1875). 405 kilom. en exploitation et 205 kilomètres en construction.	IMPORTATION. 8.746.000 francs. EXPORTATION. 9.780.425 francs (laine, étain, etc.). TELEGRAP. 2.575 kilom.; 20 bureaux. CHEMINS DE FER. En exploitation, 38 kilom.	IMPORTAT. 417.146.850 f. EXPORT. 369.174.550 fr. (or, laine, etc.). TELEGRAP. 7.424 kilom.; 165 bureaux; dépêches, 718.324. POSTES. 825 bureaux; lett. 16.200.000; journ. 6.985.000; paquets, 1.551.000. CHEMINS DE FER. En exploitation, 974 kilom.	IMPORT. 105.095.050 fr. EXPORT. 120.126.275 fr. (laine, etc.). TELEG. 772 kilom.; 55 bureaux; dépêc. 49.626. POSTES. 170 bureaux; lettres, 1.695.256; journaux. 1.351.440; paquets, 71.998. CHEMINS DE FER. En exploitation, 206 kilom.	IMPORT. (1875). 200.729.500 francs. EXPORT. (id.). 56.896.100 f. (laine, blé, viande conservée, or, etc.). TELEGR. 5.049 kilom.; 111 bureaux; dépêches, 995.525 (1875). POSTES. 97 bur.; lettres, 5.055.403; journ. 2.767.682. CHEMINS DE FER. En exploitation, 878 kilom.
VILLES PRINCIP. HAB. P. MILLE	Brisbane, 20; Ipswich, 5; Rokhampton, 6.	Sydney, 135; Parramata, 7; Newcastle, 10; Bathurst.	Adelaïde, 30; Rapunda, 8; Kinsington-Norwood, 10.	Perth, Albany.	Melbourne, 194; Ballorat, 70; Sandhurst, 28; Geelong.	Hobart-Town, 20; Launcerstown, 15; Dewon, 6.	Auckland, 13; Dunedin, 18; Wellington, 11.
SUPERFICIE	Env. 1.764.560 kilom. c. (0.1 hab. par kilom. carré).	857.701 kilom. carrés (0.7 hab. par kilom. carré).	1.378.298 kilom. car. (0.2 hab. par kilom. carré).	1.750.737 kilom. carrés (0 02 hab. par kil. carré).	229.062 kil. carr. (3 hab. par kilom. carré).	67.895 kilom. carrés (5 hab. env. par kilom. carré).	265.200 kil. carrés (1.4 hab. par kilom. c.).
POPULATION	(1876) 173.180 Européens. Naiss. 6.383; mariag. 1.340;	Env. 600.525 hab. Naiss. 22.178; mariag. 4.343; dé-	Env. 206.476 hab. Naiss. 7.696; mariages, 1.611; dé-	24.785 hab. Naiss. 876; mariages, 181; décès, 487.	829.824 hab. Naissances, 26.800; mariag. 4.925; décès, 12.222.	185.626 hab. Naissances, 3.097; mariages, 712; décès, 1.689.	Env. 575.856 hab. Naiss. 12.844; mariag. 2.828; décès, 4.161.

TABLE COMPARATIVE

PAYS	LISTE CIVILE et appointem (Francs)	ARMÉE ACTIVE HOMMES (nombre)	ARMÉE ACTIVE DÉPENSES (Francs)	MARINE DE L'ÉTAT (Dép. Fr.)	MARINE Nav.	MARINE MARCH. (Navires)	INSTRUCT. PUBLIQUE (Dép. Fr.)	CULTES DÉPENSES (Francs)	BUDGET DÉPENSES (Francs)	BUDGET RECETTES (Francs)	DETTE PUBLIQUE (Francs)	TÉLÉGRAPHES (Kilom.)	COMMERCE IMPORTATION (Francs)	COMMERCE EXPORTATION (Francs)	CHEMINS DE FER (Kilom.)	SUPERFICIE (Kilom. carrés)	POPULATION (Nombre)	HABIT. par KIL. C.
FRANCE	1.500.000	450.000	500.058.115	126.387.481	480	15.600	58.220.415	55.727.995	2.570.475.515	2.573.028.582	23.405.206.933	51.615	4 111.000.000	4.280.000.000	28.574	528.570	56.102.000	70
AUTRICHE	11.669.000	296.158	253.400.462	25.525.475	68	7,440	28.751.805	15.872.965	1.010.171.199	955.880.854	9.576.057.858	52.855	1.426.500.000	1.102.000.000	10.597	500.191	20.594.980	67
HONGRIE	11.625.000						9.810.500		586.010.184	550.546.297		14.556			6.431	525.854	15.509.455	48
BELGIQUE	5.500.000	46.277	43.959.546		10	509	8.197.682	5.768.061	245.220.640	250.244.860	1.165.422.766	5.950	1.292.502.000	1.114.602 000	2.024	29.455	5.536.651	181
DANEMARK	2.019.562	27.766	12.030.546	6.684.725	65	2.906	1.505.777		65.575.100	67.520.555	141.128.514	2.545	526.502.000	251.556.200	1.260	58.237	1.905.000	49
ESPAGNE	3.000.000	151.668	245.731.957	32.681.177	158	2.836	5.600.000	?	510.404.543	544.794.531	10.508.060.008	12.020	569.000.000	442.000.000	3.796	494.946	16.262.422	35
GRANDE-BRETAGNE	14.096.025	129.051	593.650.000	282.225.000	531	25.461	62.448.325	?	1.883.650.000	1.929.975.000	18.126.482.265	169.457	9.348.489 425	7.040.318.095	26.470	514.951	33.089.257	108
GRECE	1.125.000	14.065	7.469.500	1.959.890	21	5.202	2.106.410		59.061.841	58.826.800	450.082.902	1.600	110.000.000	76 000.000	12	50.125	1.457.894	29
ITALIE	14.250.000	409.426	189.918.779	57.716.941	65	19.715	21.021.513	?	1.518.612.252	1.521.142 386	11.567.989.226	21.457	1.215.000.000	1.050.000.000	7.704	296.015	27.482.174	92
PAYS-BAS	2.014.000	62.927	51.334.952	28.901.084	105				245.575.509	219.866.729	1.956.211.614	3.440	1.425.580.000	1.077 384.000	1.602	52.839	3.899.527	115
PORTUGAL	5.616.936	40.737	21.714.641	6.000.000	57	575	5.184.692	5.220.861	143.601.684	147.844.083	2.144.888.066	5.525	190.657.600	152.245.000	1.051	89.355	3.990.750	46
ROUMANIE	1.200.000	19.052	16.550.991		9		6.161.915	1.748.775	97.894.427	97.894.427	570.000.000	5 820	81.000.000	142.000 000	1.528	120.250	5.180.000	45
RUSSIE	36.116.956	760.000	721.068.076	100.153.524	255	1.785	60.614.028	59.159.848	2.130.820.480	2 280 555.252	7.100.460 216	81.545	1.827.152.000	1.714.852.000	19.947	21.753.968	86.586.000	4
SERBIE	504.000	4.000	4.345.696				1.855 041		14.618.898	14.842.110		1.576	50.985.000	27.500 000		43.555	1.577.000	51
SUEDE	1.772.400	35.500	17.899.700	6.765.960	52	4.568	11.556.059		109.560.949	117.816.005	196.205.710	7.959	429.554.000	512.664.800	5.656	444.814	4.583.291	11
NORWEGE	645.700	12.750	7.405.800	2.479.400	12	7.664	1.669.500		54.655.000	56.821.640	67.650.640	6.480	260 086.000	196 668.200	557	316.964	1.817.257	6
SUISSE	746.555	106.156	12.096.607						42.622.000	41.487.400		6.545	?	?	2.307	41.401	2.669.147	64
TURQUIE	50.099.487	100.000	125.815.475		170	224	2.258.735		650.505.695	556.866.150	5.500.000 000	28 055	?	?	1.550	565.300	8 477 214	25
BAVIERE	6.785.588	32.687	51.797.777	Pour tout l'Empire 91 navires. Dépenses de la marine fédérale 52.507.226		Tout l'Empire 4.602 navir. dont 3.105	24.857.846		521.700.954	521.700.954	1.560.726.658	7.146	TOTAL pour tous les pays qui font partie du Zollverein : 4.594.250.000	5.041.000.000	5.961	75.864	5.002.904	66
WURTEMBERG	2.627.228	17.757	Armée act. fédérale 418.670 h. Dépenses 440.124.187				9.201.440		128.391.703	128 591.705	400.151.569	2.419			1.213	19.504	1.881.505	96
BADE	2.235.437	14.550					5.055.135	269 402	40.880.247	40.460.054	404.689.157	Pour le reste de l'Empire 152,009			1.150	15.257	1.506.551	99
PRUSSE	16.652.528	510.829					57.571.208	18.504.601	814 286.750	814.286.750	1.185.891.557				16.244	348.359	25.772.562	74
SAXE	4.316.621	24.200					7.377.546		67.521.221	67.521.221	405 492.094				1.795	14.993	2.760.592	184
ETATS-UNIS	250.000	27.525	205.605.250	107.488.130	146	52.285	220.000.000		1.470.147.640	1.459.999.855	10.901.975.555	116.051	2.769.500.000	3.215.500.000	120.148	9.533.681	38.925.598	4
BRESIL	5.585.516	16.500	54.512.484	55.967.190	61	?	6 455.078		558.946.487	562.742.270	1.846.755.696	5.151	440.227.600	521.154.400	1.660	8.515.840	10.108.291	1
MEXIQUE	240.860	15.586	52.775.755		?	1.029	?	?	124.457.610	119.058 555	?	9.250	145.512.035	158.295.755	595	1.921.240	9.276.079	5
EGYPTE	8.565.940	22.500	22.262.110		?	600	1.156.200	?	275.688.350	274.104.090	5.746.515.060	6.485	145.000 000	340.000.000	1.528	2.251.600	16.949.000	7
CHINE	?	668.000			826	8.000	?	?	?	1.500.000.000	15.691.875	?	640.000.000	620.000.000	9	10.290.600	425.000.000	41
JAPON	5.130.000	35.000	37.550.000	14.850.000	17	20 000	9.180.000	?	556.269.889	570.175.635	5.054.515.732	2.852	165.000.000	252.000.000	105	582.500	34.223.000	89
INDE	925.000	58.171	384.579.800	—	—	—	?	?	1.562.515.725	1 265.244.425	2.883.171.650	25.000	895.000.000	1.415.000.000	10.625	2.450.260	191.500.000	79
PERSE	10.000.000	30.000	17.500.000	—	—	—	?	?	45.000.000	48.000.000	—	3,966	25.000.000	12.500.000	—	1.644.000	6.500.000	4

SYSTÈME MÉTRIQUE

DE POIDS ET MESURES

La grandeur du quart du méridien terrestre, dont la dix-millionième partie, sous le nom de MÈTRE (du grec μετρον, mesure), est l'unité fondamentale du système.

Le système métrique décimal fut rendu obligatoire et exclusif pour toute la France le 2 novembre 1801.

MESURES LINÉAIRES

	KILOM.	HECT.	DÉCAM.	MÈTRES.	DÉCIM.	CENTIM.	MILLIM.		
Myriamètre =	10	100	1.000	10.000	—	—	—	10.000	mètres.
Kilomètre =		10	100	1.000	—	—	—	1.000	—
Hectomètre =			10	100	1.000	10.000	100.000	100	—
Décamètre =				10	100	1.000	10.000	10	—
MÈTRE =					10	100	1.000	1	—
Décimètre =						10	100	0.1	—
Centimètre =							10	0.01	—
Millimètre =								0.001	—

MESURES DE SURFACE OU DE SUPERFICIE

	DÉCIM. CARRÉS	CENTIM. CARRÉS.	MILLIM. CARRÉS.		
Mètre carré =	100	10.000	1.000.000	1.	mètre carré.
Décimètre carré =		100	10.000	0.01	—
Centimètre carré =			100	0.0001	—
Millimètre carré =				0.0000001	—

MESURES TOPOGRAPHIQUES

	KILOM. CARRÉS.	HECTOM. CARRÉS.	DÉCAM. CARRÉS.	MÈTRES CARRÉS.		
Myriamètre carré =	100	10.000	1.000.000	100.000.000	1.	myriamèt. carré.
Kilomètre carré =		100	10.000	1.000.000	1.	kilomètre carré.
Hectomètre carré =			100	10.000	0.01	—
Décamètre carré =				1	0.0001	—

MESURES AGRAIRES

ARE, la mesure de superficie pour les terrains, égale à un carré de 10 mètres de côté :

	ARES.	CENTIARES.	MÈTRES CARRÉS.		
Hectare =	10	10 000	10.000	= 1.	hectare.
ARE =		100	100	0.01	—
Centiare =			1	0.0001	—

MESURES DE VOLUME

	DÉCIM. CUBES.	CENTIM. CUBES.	MILLIM. CUBES.		
MÈTRE CUBE =	1.000	1.000.000	1.000.000.000	1.	mètre cube.
Décimètre cube =		1.000	1.000.000	0.001	—
Centimètre cube =			1.000	0.000001	—
Millimètre cube =				0.000000001	—

MESURES DE BOIS DE CHAUFFAGE

STÈRE. La mesure destinée particulièrement au bois de chauffage et qui est égale au mètre cube.

	STÈRES.	DÉCISTÈRES.	STÈRES.
Décastère =	10	100	10
STÈRE =		10	1
Décistère =			0.1

MESURES DE CAPACITÉ

LITRE. Mesure de capacité, tant pour les liquides que pour les matières sèches, dont la contenance est celle du cube de la dixième partie du mètre.

	HECTOL.	DÉCAL.	LITRE.	CENTIL.	DÉCIL.		
Kilolitre =	10	100	1.000	10.000	100.000	= 10	hectolitre.
Hectolitre =		10	100	1.000	10.000	1	—
Décalitre =			10	100	1.000	0.1	—
LITRE =				10	100	1	litre.
Décilitre =					10	0.1	—
Centilitre =						0.01	—

POIDS

GRAMME est le poids absolu d'un volume d'eau pure égal à celui de la centième partie du mètre et à la température de la glace fondan e.

	QUINT.	KILOG.	HECTOG.	DÉCAG.	GRAMMES.	DÉCIG.	CENTIG.	MILLIG.		
Tonnes métriques =	10	1.000	10.000	100.000	1.000.000	—	—	—	1.000	kilog.
Quintal =		100	1.000	10.000	100.000	—	—	—	100	—
Kilogrammes =			10	100	1.000	10.000	100.000	1.000.000	1	—
Hectogrammes =				10	100	1.000	10.000	100.000	0.1	—
Décagrammes =					10	100	1.000	10.000	0.01	—
GRAMME =						10	100	1.000	1	gram.
Décigramme =							10	100	0.1	—
Centigramme =								10	0.01	—
Milligramme =									0.001	—

SYSTÈME MONÉTAIRE

La France, la Suisse, la Belgique, l'Italie, ont conclu une convention monétaire le 23 décembre 1865, par laquelle le FRANC a été accepté comme unité monétaire.

CONDITIONS DE FABRICATION DES MONNAIES DE L'UNION

NATURE DES PIÈCES.		POIDS EXACT.	DIAMÈTRE.
OR	Fr. 100	32.258 grammes	35 millimètres.
	» 50	16.129 —	28 —
	» 20	6.451 —	21 —
	» 10	3.225 —	19 —
	» 5	1.612 —	17 —
ARGENT	» 5	25 —	37 —
	» 2	10 —	27 —
	» 1	5 —	23 —
	» 0.50	2.50 —	18 —
	» 0.20	1 —	16 —
BRONZE	» 0.10	10 —	30 —
	» 0.05	5 —	25 —
	» 0.02	2 —	20 —
	» 0.01	1 —	15 —

PARIS — TYPOGRAPHIE LAHURE
Rue de Fleurus, 9